JN409002

브라질 역사

이 광 윤

부산외국어대학교 출판부

브라질 역사

2009년 6월 30일 초판 발행

저 자/ **이광윤**
발행인/ **유선규**
발행처/ **부산외국어대학교 출판부**
등 록/ 제 카7-53호 (1988. 9. 1.)
주 소/ 608-738 부산광역시 남구 우암동 산 55-1
전 화/ 051)640-3439, 3440 팩스/ 051)640-3580
인터넷/ http://press.pufs.ac.kr

편 집/ 주간 · 김수환, 디자인 · 배영수
인쇄처/ 세종문화사 (051)463-5898
공급처/ 한국출판협동조합 (02)716-5616~9

ISBN 978-89-8312-317-6 93960

값 14,000원

História do Brasil

LEE, KWANG-YOON

Para o Brasil,

a minha Segunda Terra Natal

e o Paraíso Eterno do Meu Coração !

책머리에

BRICs의 중요한 일원이며 중남미의 대국인 브라질은 광대한 영토에 자원과 노동력이 풍부하여 21세기 이후 최대의 경제대국으로 성장할 수 있는 무한한 가능성을 잠재하고 있는 나라임에 틀림없다. 그러나 1억 8천만 명에 이르는 브라질 인구가 사용하는 공용어 포르투갈어가 특수 언어요, 제 3세계 언어라는 이유로 그 사용국가인 브라질에 대한 연구는 지금까지 극히 제한되고 미미한 수준에 머물렀었다. 세계화의 큰 흐름 앞에서 해외 지역연구의 중요성이 날로 확대되어가고 있는 현 시점에 마땅히 체계적인 연구와 이해가 따라야 할 브라질의 역사와 문화가 소홀히 취급되어져 왔음은 우리의 학문적 편향성이 그만큼 심각하다는 것을 반증하고 있는 것이다. 이러한 의미에서 국내에서 처음으로 출판되는 이 책은 브라질을 커피와 축구, 그리고 삼바의 나라로만 편협하게 이해해온 독자들에게 기본적인 입문서의 역할을 할 것이며 아울러 브라질 역사 형성의 제 요소들의 특징을 살펴보고 나아가 발전적 측면에서 브라질 역사를 총체적으로 이해하게 하는데 그 목적이 있다.

이를 위하여 이 책은 전체적으로 2개의 부분, 즉 제 1부에서는 식민 시대의 브라질, 제 2부에서는 독립 이후의 브라질로 나누어 역사적 발전과정을 살펴보고자 하였다. 제 1부에서는 브라질 발견 이전의 역사에서 시작하여, 포르투갈의 식민화 과정의 역사를 경제주기의 변화에 주목하여 조명하고자 하였으며 나아가 독립 이전에 식민주의의 위기와 독립의식을 잉태한 다양한 혁명들이 어떻게 독립을 이끌어냈는지를 살펴보고자 하였다. 그리고 제 2부에서는 독립 이후 왕정시대와 공화정 시대를 거쳐 군부 독재의 시대와 현재에 이르기까지 브라질의 발자취를 시대별로 상세하게 살펴보고자 하였다.

저자는 이 책을 쓰면서 학설이나 이론의 종합적 비판 속에서의 기술보다는 브라질의 역사를 종합적으로 이해할 수 있는 입문서의 모양을 갖추고자 하였지만 브라질의 역사와 기원으로부터 출발하여 오늘날의 현재성을 일목요연하게 기술하는 작업이 저자의 학문적 수준이나 식견에 비추어 다소 어렵기도 하여 부족한 점이 많으리라 고백하지 않을 수 없다. 그러나 이는 미래에 끊임없이 치열하게 이루어져야 할 보다 깊이 있고 광범위한 연구를 위한 기초적인 작업이라 생각하고 기회 있을 때마다 수정·보완하는 노력을 게을리 하지 않으리라 다짐하면서 독자의 비판과 제언을 언제나 수용하고자 한다.

끝으로, 대한민국 이 땅에서 처음으로 브라질의 역사를 체계적으로 소개할 수 있는 본서가 출간되는 사실에 먼저 큰 기쁨을 느끼며, 이 책이 출간되기까지 소리 없이 응원해준 뜨거운 핏줄, 가족과 학문 선후배들 그리고 학생들과 독자들에게 깊은 고마움을 전하고자 한다. 아마도 그들 모두가 없었으면 나와 이 책이 존재하지 못했을지도 모른다는 생각이 앞서기 때문이다. 모쪼록 이 책이 모든 독자들에게 브라질을 한결 가까이 이해하게 해주고 나아가 그 땅의 자연과 사람들을 진지하게 사랑하는 계기가 되었으면 하는 바램으로 이 글을 맺는다.

2009년 6월

李 光 潤

목차

제5장 사탕수수 경제주기

제6장 내륙탐험대와 금의 경제주기

제7장 스페인 지배 하의 브라질

제8장 가톨릭과 식민지 지배

제9장 토착주의 의식과 반 포르투갈 혁명

제10장 포르투갈 왕실의 브라질 이전

제2부 독립 이후의 브라질

제11장 브라질의 독립

제12장 섭정시대(1831–1840)

제13장 제 2 왕정시대(1840–1889)

제14장 노예제도의 폐지

제15장 공화정의 선포

제16장 구(舊) 공화국(1889–1930)

제1부

식민시대의 브라질

제1장 브라질 발견 이전의 포르투갈

Ⅰ. 포르투갈의 기원

1. 이베리아 반도

포르투갈이 탄생한 이베리아 반도는 지중해에 위치하면서 서쪽으로는 대서양을 끼고 있고 남쪽으로는 지브랄타 해협을 경계로 아프리카 대륙과 접해 있다. 그 전체적인 모양은 사각형의 형태를 보이고 있으며 전체 면적의 3/5은 스페인 메세타라는 광대한 중앙을 이루고 있으며 스페인과 갈라져 대서양 쪽인 포르투갈로 갈수록 지형은 점차 저지대의 모습을 보이고 있다. 곳곳에 거대한 건조성 초원들이 자리하고 있는 이 고원으로부터 여러 갈래의 강들이 흐르면서 이베리아 반도 전역에 물을 공급하는데 이러한 환경 때문에 강물의 범람과정에서 발생한 충적토들이 강 주위에 쌓이면서 광활한 초원과 수목지대를 형성하기도 한다.

또한 이베리아 반도는 전체적으로 볼 때 등고선의 변화가 매우 급하며 물의 공급도 아주 불규칙적이라 할 수 있다. 특히 중앙으로부터 주변 지역으로의 지형이 급격한 경사지들로 이루어져 있어서 강줄기를 따라 항해하기가 매우 어려우며 또한 강우량이 일정치 않아 이 지역의 농업에 큰 장애가 되고 있다.

이러한 자연환경을 가진 이베리아 반도에 처음 거주하기 시작한 민족은 아프리카 북부 지역으로부터 온 것으로 추측되는 이베로(ibero)인으로 여겨지며 또한 그리스, 페니키아 출신의 상인과 항해사들도 반도에 진출하였던 것으로 역사에 기록되어 있다. 이들의 뒤를 이어 이베리아 반도에는 B.C 750년경 지금의 프랑스에 해당하는 지역으로부터 켈트(celta)족들이 들어왔으며 이들과 원주민인 이베로족 간에 인종 혼합이 발생, 켈티베로(celtibero)족이 탄생하게 되었다. 이 종족은 여러 부족 집단으로 세분되는데 그중에서도 도우루(Douro)강과 구아디아나(Guadiana)강 사이로 여겨지는 이베리아 반도 서부지역일명 루지따니아(Lusitania)라는 지역에 **루지따누스(lusitanos)족**이 거주하였는데 이들이 바로 오늘날의 포르투갈인들의 조상으로 여겨진다.

한편, 그리스, 페니키아인들에 이어 과거 아프리카 북부의 페니키아의 옛 식민지였던 카르타고인들도 급속히 세력을 확대하면서 이베리아 반도로 들어와 곳곳에 여러 도시들을 세우기에 이르렀다. 하지만 새로운 문명을 일으키며 지중해의 상권과 세력 확대를 노린 로마인들이 이를 좌시하지 않으며 카르타고를 물리친 후 이베리아 반도는 다시 로마 제국의 영향력 하에 놓이게 되었다.

2. 로마인과 서고트족

지중해 상권과 세력 확장을 놓고 카르타고인들과 3차례에 걸쳐 치른 전쟁(246－146 a.C)에서 로마가 승리하면서 카르타고를 축출한 로마인들은 이베리아 반도의 새로운 지배자가 되었다. 이들의 지배 기간 동안 이베리아 반도는 많은 변화를 겪게 되는데 그중에서도 이베리아 반도의 여러 토착 부족들이 로마의 문화에 점차 동화하게 되는 **로마화**(Romanização)과정이 가장 두드러진다. 특히 루지따니아인들은 포르투갈어의 모태가 되었던 '통속 라틴어'(Latim Vulgar)를 접하게 되었을 뿐만 아니라 가톨릭을 비롯한 새로운 문화와 생활양식 그리고 각종 행정 조직 및 다양한 문명의 혜택을 입게 되었다. 하지만 로마제국의 지배는 서기 409년 알라노(alano), 수에보(suevo), 반달(vandalo)족 등과 같은 게르만 민족이 이베리아 반도를 침공하면서 서서히 그 영향력을 잃게 되었다.

야만족으로 불리던 게르만족들은 반 유목민 생활을 하는 등 로마 문명과는 비교가 안될 정도로 낮은 수준의 문명을 갖고 있었으며 또한 서로 간에 주도권 전쟁을 일삼아 그 세력이 점차 약화되기 시작하여 414년 아따울푸(Ataulfo)가 이끄는 서고트족(visigodos)에 의해 수세에 몰리게 되었다. 서고트족은 알라노족, 수에보족 등 기존의 게르만족을 정복하기 시작하였으며 586년 서고트족의 왕이던 레오비질두(Leovigildo)가 사망할 무렵 이베리아 반도는 사실상 서고트족에 의해 통일되기에 이르렀다.

서고트 왕국은 기존에 이베리아 반도를 지배하고 있던 로마 문명에 비해 보잘 것 없는 국가여서 실제로 반도를 무력으로 진압하였어도

라틴어를 쓰기 시작하였으며, 로마법과 세금체계를 따르는 등 문화적, 종교적, 사회적으로는 로마의 문화에 오히려 흡수되는 양상을 보였다. 특히 레오비질두 왕의 아들로서 그를 뒤이은 헤까르두(Recardo; 586-601)는 가톨릭을 국교로 채택하였다.

3. 무어족의 침략

마호메트가 사망한 지 70여년이 채 지나지도 않아 이슬람세력은 인도양에서 대서양 연안 국가에 이르기 까지, 곧 아시아와 아프리카지역에 광범위하게 확장해 가고 있었다. 이러한 상황에서 서기 709년 아프리카 북부 지방에 있던 이슬람교도들, 즉 무어족이 이베리아 반도를 침공하였는데 당시 이베리아 반도의 서고트 왕국은 710년 즉위한 호드리구(Rodrigo) 왕에 의해 통치되고 있었으나 심각한 내분을 겪고 있던 상황이라 무어족을 효과적으로 막지 못하였다. 그 결과 호드리구 왕은 711년 무어족의 따리끼(Tárique) 장군이 이끄는 무어족에 의해 얀다(Janda)호수 전투에서 대파하고 말았으며 이후 이베리아 반도는 무어족의 실질적인 지배하에 놓이게 되었다.

이렇게 8세기 초부터 이베리아 반도를 점령한 무어족은 13세기 중반 이베리아 반도 남부 그라나다(Granada)로 패퇴하기까지 거의 6세기동안 이베리아 반도를 지배하며 큰 영향을 남겼다. 무어족의 지배기간 동안 이베리아반도에는 쌀과 사탕수수, 면화 등을 비롯한 다양한 농작물이 유입되어 재배되었으며 이와 함께 새로운 경작법이 도입되어 전반적으로 농·목축업이 크게 발전하였다. 또한 양털로 짠 카페트, 비단 그리고 금은 세공술도 크게 발전하였으며 건축술, 수학, 철학, 자연과학, 천문학, 의학 등의 새로운 지식도 전파되었다. 그리고 이베리아 반도인과 서고트족의 혼혈인인 모사라비(moçarabe)들은 일정액의 세금을 낼 경우 자유로이 가톨릭을 유지, 전파할 수 있었고 상대적으로 평화로운 분위기에서 생활할 수 있었다.

이렇게 큰 영향을 끼친 무어족은 그러나 점차 지역에 따라 자기 부족만의 자치권을 가지려고 하였기 때문에 서로 간에 불신과 반목 그리고 분열이 발생, 향후 이어지는 이베리아인들의 반격에 대해 결속된 모습을 보여주지 못하게 되었다.

4. 재정복(Reconquista)

무어족의 침입과 더불어 이베리아 반도 북쪽 산악 지방인 아스뚜리아(Astúria)로 피신한 일부 서고트족들은 전열을 재정비하여 반격할 태세를 갖추게 된다. 그러나 무어족의 침입 시 자신들의 지도자였던 호드리구 왕이 사망하였으므로 서고트족들은 뻴라지우(Pelágio)왕자를 중심으로 무어족에 반격하며 잃어버린 영토의 탈환을 위한 재정복 즉 헤꽁끼스따(Reconquista)를 지속적으로 전개하였으며 뻴라지우는 708년 꼬바동가(Covadonga) 전투에서 무어족을 대파하였다. 이를 시발점으로 아스뚜리아스엔 아스뚜리아스 기독교 왕국이 탄생하게 되고 이후 남하 작전이 활발히 진행되면서 레엉(Leão), 나바하(Navarra), 아라가웅(Aragão), 가스뗄라(Castela) 등 소규모의 기독교 왕국이 이베리아 반도 곳곳에 탄생하기에 이르렀다.

이러한 상황에서, 지금의 이베리아 반도 한 가운데에 위치한 똘레도(Toledo)를 침략하던 중 무어족의 대반격이 있게 되자 당시 이베리

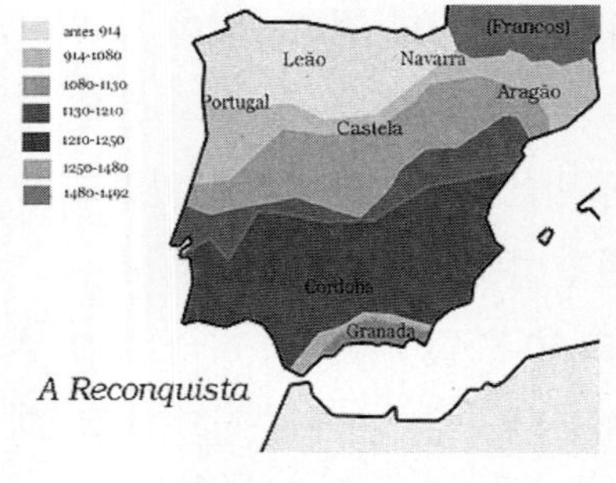

〈재정복 시대의 이베리아 반도〉

아 반도에서 가장 큰 왕국의 하나였던 레엉 왕국의 아퐁쑤 6세(Afonso VI)는 프랑스에 도움을 요청하였으며 이때 프랑스 보르공냐(Borgonha) 백작의 아들인 동 하이문두(D. Raimundo)와 그의 사촌인 동 엥리께(D. Henrique)가 원정을 오게 되었다. 예루살렘을 탈환하기 위해 유럽의 기독교 왕국이 벌인 십자군 전쟁에 빗대어, 서쪽에 위치한 이베리아 반도에서 이교도들에 대한 전쟁을 하였기에 이를 '서십자군 전쟁'이라고 지칭한 이 전쟁에서 뛰어난 공적을 세워, 아퐁쑤 6세는 이들의 도움에 감사하는 의미에서 자신의 친딸인 우하까(Urraca) 공주를 동 하이문두에게, 그리고 자신의 서녀인 떼레자(D. Teresa)를 동 엥리께에게 각각 결혼시켰다. 그리고 남하 작전이 순조로이 진행됨에 따라 아퐁쑤 6세는 사위가 된 동 하이문두에게는 지금의 갈리자(Galiza) 지방을 그리고 동 엥리께에게는, 현재의 도우루 강 하구에 존재했던 마을의 이름을 딴 뽀르뚜깔레(Portucale) 지방을 각각 하사하여 통치토록 하였다. 이리하여 현재의 포르투갈의 기원이라고 할 수 있는 **뽀르뚜깔렝스 백작령**(Condado Portucalense)이 탄생한 것이다.

5. 포르투갈의 탄생

아퐁쑤 6세로부터 뽀르또깔렝스 백작령을 하사받은 동 엥리께는 정치적으로 갈리자에 종속된 형태여서 틈나는 대로 자주성을 회복하려

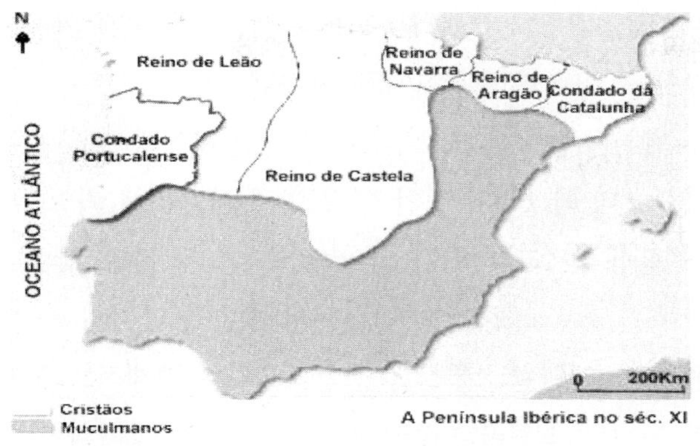

〈11세기의 이베리아 반도와 뽀르뚜깔렝스 백작령〉

노력하였지만 그러나 이 같은 시도는 그의 아들인 동 아퐁쑤 엥리께스(D. Afonso Henriques)에 들어와서야 비로소 현실화되기에 이르렀다. 동 아퐁쑤 엥리께스는 레엉 왕국에 반대하면서 완전한 독립국으로서의 면모를 갖추고 싶었고 또한 무어족과의 전쟁을 통해 더 많은 영토를 확보하고자 하였다. 그는 수차례의 전쟁을 통해 무어족을 대패시켰으며 드디어 당시 교황 이노쎈시우 3세(Inocêncio III)의 중재로 1143년 **사모라 협정**(Tratado de Samora)을 통해 하나의 독립된 왕국으로 인정받기에 이르렀다. 이후 포르투갈 왕국의 지위를 확고히 한 동 아퐁쑤 엥리께스는 십자군의 도움으로 지속적인 남하정책을 펼쳐 리스본 남부 지방을 무어족으로부터 탈환하여 영토를 확장하였다. 또한 1185년에는 현재의 포르투갈 남부 알가르비 지방과 알렝떼주 지방 일부를 재탈환하게 되었다. 이후 그의 후계자인 동 산슈(D. Sancho, 1185－1211)는 부왕의 업적을 계승하여 알보르와 실베스 지방을 무어족으로부터 탈환하였다. 이후 동 아퐁쑤 3세(D. Afonso III, 1248－1279) 통치하의 포르투갈은 1249년 남부 지방에 있던 무어족을 완전히 몰아냄으로써 오늘날 영토의 모습을 갖추게 되었다.

한편, 14세기에 들어선 포르투갈은 1348년 흑사병(Peste Negra)이 만연하여 그로부터 약 1세기 동안 이 질병에 시달리게 되었다. 이로 인해 민심이 흉흉해지고 사회가 불안해졌으며 이 같은 상황은 1383년 동 페르난두(D. Fernando)가 사망하면서 후손을 남기지 않은 탓에 왕위 계승전까지 발생, 포르투갈은 정치적으로나 경제적으로 위기 상황에 놓이게 되었다. **보르공냐 왕조**(Dinastia de Borgonha)의 마지막 왕이었던 동 페르난두의 사망 후 왕위 계승 문제를 놓고 미망인인 레오노르 뗄레스(Leonor Teles)와 1383년 가스뗄라 왕궁의 동 주엉 1세와 결혼한 베아뜨리쓰(Beatriz)가 물망에 오른다. 하지만 왕비인 레오노르 뗄레스는 임시로 섭정인의 역할을 하면서 자신의 딸 베아뜨리쓰와 까스뗄라의 동 주엉 1세를 왕으로 추대하려고 하나 이에 대해 국민들이 들고 일어났으며 곧이어 중산층들이 주도한 국민혁명으로 그녀의 계획은 무산되고 말았다. 동시에 반대 세력들은 당시 아비스 종교 기사단(Ordem de Avis)의 수장이었던 동 주엉(D. João)을 '왕국의 지배자요, 수호자'로 칭하며 실질적인 국왕으로 추대하였는데 이에 불복한 레오노르 뗄레스는 까스뗄라로 피신하여 사위에게 포르투갈을 침공토록 요청하였고 이로 인해 포르투갈과 까스뗄라는 3차례에 걸친 전쟁을 치르게 되었다.

1차 전쟁에서 까스뗄라는 남부와 중부를 통해 침공하였으나, 남부로 들어온 까스뗄라군은 아비스 종교기사단의 수장을 지지하는 누누 알바레스 빼레이라(Nuno Álvares Pereira) 군대에 의해 1384년 아똘레이루스 전투(Batalha de Atoleiros)에서 패배하였으며 그리고 중부를 통해 들어와 수도인 리스본을 포위했던 동 주엉 1세의 군대는 흑사병으로 인해 포위를 풀고 후퇴하지 않을 수 없게 되었다. 이로써 1차 전쟁은 포르투갈의 승리로 끝났으며 그때까지 왕위 계승에 있어서 까스뗄라편을 들던 귀족과 일부 중산층들이 대거 동 주엉을 지지, 드디어 1385년 그를 포르투갈의 왕으로 공식 추대하였다. 이에 불만을 품은 까스뗄라 왕국은 2차 침공을 개시하였지만 영국의 지원을 받은 포르투갈 군대가 1385년 알주바호따 전투(Batalha de Aljubarrota)에서 대승함으로써 사실상 왕위 계승을 둘러싼 까스뗄라와의 분쟁은 종식을 고하게 된다. 물론 이듬해인 1386년 카스텔라는 3차 침공을 하였지만 이미 포르투갈군은 사기가 충천한 상태라 그들을 쉽게 물리치고 만다.

까스뗄라와의 전쟁을 통해 포르투갈은 정치, 경제, 사회적으로 상당한 변화를 맞게 되었다. 먼저 동 주엉 1세의 등극으로 보르공냐 왕조는 끝이 나고 제 2 왕조인 **아비스 왕조**(Dinastia de Avis)가 시작되었으며 이 왕조의 탄생은, 사실상 그때 당시 상업과 해외 무역을 통해 부를 축적한 중산 계층의 지지가 절대적이었던 만큼 이들 계층의 정치적 부상이 눈에 두드러지기 시작하였으며 아울러 귀족과 성직자들의 권위는 상대적으로 약화 될 수밖에 없었다. 또한 왕권도 과거 봉건시대와는 달리 상당히 강화되었으며 이 같은 상황은 향후 있게 될 포르투갈의 해외 영토 확장에 상당한 영향을 미치게 되었다.

Ⅱ. 15-16세기의 경제적 변화

1. 영지(領地)에서 바다로

16세기 이전까지만 해도 유럽은 봉건 경제체제 하에 있었다. 봉건체제는 지배의 권리가 소유의 권리로부터 발생되는 정치, 경제, 사회적 체제를 말하고 있으나, 유럽의 모든 국가에서 동일한 방식으로 존재하지는 않았으며 특히 포르투갈에서는 봉건체제를 알지도 못하고 있었을 뿐 아니라 다른 유럽 국가들과는 아주 다른 특징을 지니고 있었다. 봉건체제 하에서의 유럽사회는 농업을 위주로 하는 대규모의 토지를 소유한 영주와, 자유민 그리고 농노라는 신분 체계를 이루고 있었다. 이들 중 자유민이란 귀족과 성직자, 직업군인, 상인, 가내 수공업자 그리고 일부 농민을 의미한다. 농노는 자신을 군사적으로 보호해주고 자신들에게 평생 임대해주는 영주의 토지 일부를 경작하였는데, 영주의 뜻에 따라 추방되기도 하였으며 자신이 죽으면 영주의 동의하에 토지를 자식에게 물려주었다. 그리고 영주는 하나 이상의 봉토를 소유할 수 있었으며 봉토의 관리이외에 이들의 주된 일은 사냥과 때때로 전쟁을 하는 것이었다.

이러한 사회 구조 하에서 십자군 원정을 통해 동양의 향료와 특산물이 전해지고 그에 따라 해외 무역을 통해 부를 축적하기 시작한 이른바 중산계급(burguesia)이 부상하면서 포르투갈을 포함한 유럽의 중세 사회는 서서히 무너져 내리게 되었다. 당시 동양과의 무역은 주로 인도의 향료에 국한되어 있었으며 유입 경로는 주로 홍해와 페르시아만 그리고 중앙아시아를 통한 육로로 이루어졌다. 이러한 교역으로 콘스탄티노플과 알렉산드리아 그리고 동양과 유럽의 중계 무역을 하던 이탈리아의 베네치아와 제노바가 세계적인 무역항으로 부상하였다.

2. 항해술의 발전

국제무역의 활성화와 더불어 항해술도 급격히 발전을 보이기 시작하였다. 특히 나침반의 사용은 유럽인들에게 보다 완벽하고 활력적인 항해를 허용하게 되었다. 유럽에서의 나침반은 이미 기원전에 존재했던 중국의 나침판이 아랍인들을 통해 전파되면서 보다 완벽하게 개발된 형태로 발전되게 되었다. 이의 사용으로 더 이상 해안을 따라 또는 별의 움직임에 의존하는 전통적인 항해술은 자취를 감추게 된다.

〈포르투갈 범선〉

그리고 각종 기계의 발명과 화약의 사용은 조선술(造船術)의 획기적인 발전을 가져오게 되었다. 이와 함께 과거 지중해지역이나 기타 유럽의 해안지역에 한정되었던 항해도 멀리 대서양까지 진출하게 됨에 따라 전통적으로 노에만 의존하던 선박은 점차 자취를 감추게 된다. 대서양으로의 진출은 또한 오랜 항해에 필요한 대규모의 물자 수송이 가능하도록 선박의 규모를 대형화시켰으며 또한 거친 대양의 풍파를 견딜 수 있도록 보다 완벽한 선박의 건조 기술을 발전시킬 수 있었다. 이와 함께 대양의 각 방향에서 불어오는 바람을 자유자재로 활용할 수 있도록 한 삼각 혹은 사각 돛을 단 선박의 개발을 가능하도록 하였는데 이는 조선술의 획기적인 진보로 기록되고 있다. 이외에도 지도제작과 천체의 움직임을 관측할 수 있는 다양한 형태의 천측계기들도 보다 정밀하게 만들어져 항해술의 발전을 보다 진보하게 하는데 일조를 하게 된다.

3. 중상주의

항해술의 발달과 동양과의 교역증대 이와 함께 대서양을 통한 교역확대의 필요성은 근본적으로 15세기 이후 유럽사회에 확산되기 시작한 중상주의(Mercantilismo)의 물결과 그 맥락을 같이하고 있었다. 중상주의란 타인이나 타국에 손해를 끼치지 않은 상태에서 이득을 올리기란 불가능하다는 생각에 바탕을 두고 있다. 따라서 어떻게든 금, 은보화 등의 부를 축적하고 이를 외국에 유출하지 않는 것이 최상이라고 생각하였다. 그래서 모든 국가는 자국의 상품을 수출하여 돈을 버는데 최선을 다하는 대신 외국 상품의 경우는 높은 관세를 부과하여 자국의 부가 타국으로 유출되는 것을 필사적으로 막았다. 따라서 자국 상품을 많이 만들어 수출하기 위해서는 원자재구입을 용이하게 하는 정책을 추진한 반면 자국에서 생산되는 원자재는 가능한 한 외국으로 수출되지 못하도록 하는 정책을 구사하였다. 결국 중상주의는 국가의 시장개입이 강하여 국가가 직 · 간접으로 생산 활동에 참여하였으며 그들이 특히 금과 같은 보화에 강한 집착을 보인 것은 이것이 국제적으로 통용되는 가장 유효한 수단이었기 때문이며 곧 국력을 의미하는 재화였기 때문이다. 따라서 이러한 시대적 상황에 따라 유럽 각 국가는 해외 영토 확장에 관심을 집중하기에 이르렀으며 포르투갈이 그 선두에 서기 시작했던 것이다.

Ⅲ. 포르투갈의 해외영토 확장

1. 배경

■ **유럽의 상황** - 포르투갈이 15세기 초부터 본격적으로 해외로 눈을 돌리며 스페인과 경쟁적으로 해외영토 확장에 나서게 된 배경을 살펴보기에 앞서 당시의 유럽 상황을 전체적으로 조망할 필요가 있다.

유럽은 1150년을 정점으로 로마제국의 멸망에 뒤이은 게르만민족의 지배에서 벗어나 농업과 상업 활동이 팽창하면서 서서히 변화된 모습을 보이기 시작하였다. 당시 유럽은 근본적으로 농업사회였으며 도시를 중심으로 한 물물교환의 상거래행위는 상당히 위축된 상태에 있었다. 또한 로마제국의 문화적 관습과 제도 그리고 법체계 등은 전 유럽에 여전히 잔재하고 있었지만 정치권력은 지방 분권화로 분산되어 있었다. 특히 농산물을 중심으로 한 상업 활동이 활기를 띠었으며 당시 각국 정부의 인센티브 역시 상업의 팽창에 상당한 도움을 주었다. 그것은 무엇보다도 물물교환에 의한 잉여 상품들이 농촌에서 소비되지 못한 채 점차 증가해왔으며 직업의 전문화 및 세분화에 따라 순수한 농경활동이외의 영역에서 생산되는 상품의 수요가 증가하였고 나아가 귀족층의 사치품 수요가 증가한 것 역시 당시 유럽의 상업 활동 확장에 큰 영향을 주었기 때문이다. 이에 따라 유럽의 도시들은 특정 상품을 만드는 직공들과 도제들 그리고 상인들을 포함하여 새로운 삶을 찾아 농촌을 떠나 도시로 몰려드는 농노들의 집결지로 탈바꿈하면서 농촌과는 달리 상대적인 풍요와 자유를 만끽하며 외형적인 성장을 거듭하고 있었다.

한편 13세기를 시작으로 유럽 여러 나라들 사이에서는 잦은 국경분쟁이 발발하였으며 프랑스와 영국, 스페인 등은 이 시기에 이미 오늘날의 국경을 사실상 매듭지었으며 이러한 국경 분쟁이 마무리되면서 유럽 각국은 하나의 중앙집권화가 이루어진 국가로 탈바꿈하게 되었다. 물론 그 중심에는 왕과 귀족을 중심으로 한 관료조직들이 특권층으로 자리 잡았으며 이러한 과정은 수세기를 걸쳐 1450년대와 1550년대 사이에 거의 정점을 이루게 되었다. 이러한 상황에서 기독교라는 종교적 성격을 띤 유럽 국가들의 영토 확장이 이루어져 15세기의 해양탐험과 같은 대장정의 시작을 예고하였지만 당시 이베리아 반도는 8세기 이후 아프리카 북부의 무어족에 의해 점령되어 있었고 지중해는 아랍세력이 장악하여 유럽 국가들은 단 한 척의 배도 지중해에 띄워 놓을 수 없는 상황이었다. 그러나 12세기 말부터 십자군원정이 진행되면서 상황이 바뀌기 시작하여 쉬프리, 팔레스타인, 시리아, 크레타 섬 등 에게 해 지역의 섬들이 십자군의 지배하에 놓이게 되었고 유럽 북서부지역의 경우 스코틀랜드와 아일랜드 그리고 갈리국이 영국의 지배 하에 놓이게 되었다. 그리고 동유럽의 경우는 독일과 스칸디나비아인들이 발틱 해 지역과 슬라브 지역을 차지하게 되었다.

하지만 이러한 외적인 팽창에도 불구하고 유럽 전역은 13세기 말부터 14세기 초까지 농촌에 대한 중앙정부와 지방정부의 지나친 착취로 인하여 내부의 혼란과 반란 그리고 귀족 계급간의 불화가 끊이지 않아 심각한 충격과 위기를 맞고 있었다. 유럽 전역에서 발생한 이러한 혼란은 특히 13세기 말 이탈리아 북부를 시작으로 덴마크(1340년), 프랑스(1358년) 등의 지역에서 심각한 수준에까지 이르렀다. 이러한 상황에서 1347년과 1351년 유럽에서는 이른 바 흑사병이 퍼져 인구 감소는 물론 식량 부족, 전염병 등이 만연하여 엄청난 크기의 농촌 지역이 황폐화되었으며 지도상에서 사라진 지역도 부지기수였다. 이러한 상황은 내부의 사회적 위기와 더불어 새로운 형태의 상업적 착취를 목적으로 한 봉건귀족의 토지 및 영토 확대가 낳은 필연적 결과의 하나이기도 하였다. 농촌 지역을 포함한 유럽의 이러한 사회적 위기는 크게 보면 중세 사회의 한계로 설명되어질 수 있는 것으로써 실제로 당시의 여러 가지 조건들로 보아 농촌의 구조상 생산성 향상을 위한 농업에의 투자가 충분치 않았다는 점과 그로 인해 각 사회계층의 부(富) 역시 한계상황에 도달할 수밖에 없어 결국 농민과 봉건 영주간의 싸움이 불가피했으며 사회전체가 침체상태에 빠져들 수밖에 없었던 것이다. 따라서 서유럽국가들의 이와 같은 위기에 대한 유일한 해결책은 착취 가능한 영토 및 인구의 확대일 수밖에 없었으며 그 결과가 15−16세기 해양 탐험으로 이어질 수밖에 없었던 것이다.

■ **포르투갈의 상황**−이러한 상황에서 포르투갈이 15세기 중반, 즉 콜럼버스보다 1세기 가량 앞서 유럽에서 가장 먼저 해외영토 확장을 시도했던 배경은 무엇일까?

그 배경은 한 마디로 설명되어 질 수 없는 복합적 상황을 품고 있지만 그러나 전체적 상황을 고려해보면 당시 포르투갈은 여타 유럽 국가들에 비해 상대적으로 많은 자율성을 지닌 국가로서 지리적으로나 국민성으로나 그들은 항상 바다 건너 해외로 진출하려는 성향이 남달리 강했다는 점이다. 또한 포르투갈은 이미 13세기와 14세기를 거치면서 당시 이탈리아의 베니스나 제노바 상인들과는 비교할 바 아니지만 상대적으로 장거리 무역 경험을 쌓고 있었다. 그것은 포르투갈인들이 국제 무역권을 장악하기 전에 이탈리아의 제노바 상인들이 포르투갈의 리스본을 거대한 세계적 상업중심지로 탈바꿈시켜 자신들의 주 활동 무대로 이용하고 있었으며 이로 인해 포르투갈인들은 일찍부터 지중해의 이슬람 상권과 잦은 접촉을 경험하고 있었던 것이다.

또한 포르투갈은 지리적으로 대서양상의 섬들과 아프리카 북부해안과도 가까운 위치에 놓여있었을 뿐만 아니라 당시 먼 바다로 나가는데 필수적이었던 바다의 조류도 포르투갈의 모든 항구와 스페인의 남서부 지방을 거쳐 흐르고 있었던 것이다. 여기에 '**항해왕자**'로 불렸던 **동 엥리께**(Dom Henrique)의 항해관련 기술 개발과 노력 등이 가미되면서 포르투갈은 유럽의 그 어느 나라보다도 최상의 해외진출 조건을 갖고 있었던 것이다.

게다가 15세기 들어서면서 포르투갈은 완전에 가까운 통일 국가로서의 면모를 갖추고 있었고 또한 스페인, 영국, 프랑스, 이탈리아 등 주변 국가들보다도 내분이나 전쟁 등 불안정 요인이 덜했었다. 특히 1383－1385년에 벌어졌던 왕위 계승전을 통해 동 주엉(Dom João)이 리스본의 상업 부르주아 계급의 지지를 얻어 스페인의 침략을 물리치면서 왕권을 수호하는데 성공, 정통성이 분명한 새 왕조, 아비스 왕조 시대를 출범시켰다는 것은 상당한 의미를 지니고 있었다. 이 전쟁은 포르투갈의 왕위를 인수하려 하였던 스페인의 침략으로부터 얻어진 것으로 일부 역사가들은 이를 독립전쟁 또는 부르주아 혁명으로까지 묘사하고 있어 그 의미가 크다고 할 수 있다.

어쨌든 포르투갈은 새 왕조의 출범과 더불어 왕을 중심으로 귀족, 상인 그리고 신생 부르주아 계급들이 집결하면서 중앙집권형태의 새로운 국가가 탄생하였는데 이는 포르투갈이 다른 유럽 국가들보다 앞서서 해외로 진출할 수 있는 필수불가결한 조건을 갖추게 되었음을 의미하였다. 왜냐하면 당시 상황으로 보아 국가 즉, 왕실만이 해외영토 확장이라고 하는 거대한 프로젝트를 수행할 수 있는 여건을 갖고 있기 때문이었다.

이외에도 포르투갈이 해외로 눈을 돌리게 된 배경에는 무엇보다도 국내정세에 있어 각각의 사회계층간의 이해관계에 정확하게 부합하고 있었다는 점이다. 즉 동 주엉을 왕으로 옹립하는데 결정적인 공헌을 한 계층인 중산층에게는 해외영토 확장이 새로운 시장의 확대를 의미하고 있었으며, 또한 왕의 입장에서는 재정력이 취약한 상황에서 새로운 부가 발생할 수 있는 기회로 여겨져 왕실 스스로가 재력을 바탕으로 한 귀족들의 입김에서 '해방'될 수 있었기 때문이었다. 또한 귀족계급과 성직자들은 야만인인 타 종교국가들을 기독교화 시킬 수 있는 기회였을 뿐 아니라 갈수록 차지하기 힘들어지는 관직과 권위를 회복할 수 있었고, 일반 국민들의 입장에서는 해외영토 확장을 통해 새로운 삶에 대한 비전을 가질 수 있을 것으로 생각되어졌다.[1)]

1) 물론 해외 영토 확장에 불이익을 볼 수 있는 계층도 있었는데 그것은 대규모 농사를 짓는 지주계층이었다. 이들에게는 해외진출이 노동력 부족으로 직결될 것이 뻔하므로 해외 영토 확장을 달가워하지 않았다. 그러나 이 계층은 극소수에 불과한 관계로 해외진출이라고 하는 대세를 막기에는 사실 역부족이었다.

2. 금과 향료

포르투갈인들이 해외영토 확장 과정에서 가장 관심을 갖고 있었던 것은 바로 금과 향료였다. 금은 이미 아시아의 여러 나라에서 궁전이나 사원 그리고 의복의 치장과 장식 등에 많이 사용되고 있었으며 유럽에서는 화폐로도 사용되고 있었다. 향료의 경우, 음식에 넣는 조미료, 약품 또는 방향제로 이용되면서 고가의 상품으로 인식되어졌으며 초기에는 설탕 역시 향료로 각광을 받았으나 대량생산이 시작되면서 향료로서의 범주에서 벗어나 일반 상품으로 취급되어졌다. 당시에 향료로 각광을 받던 품목으로는 호두, 정향과 계피, 그리고 고추 등이 있었다. 향료가 고가의 상품으로 인식된 까닭은 무엇보다 당시 유럽인들의 음식문화 특히 음식물 보존 기술이 낙후했었다는 점에 기인하고 있었다. 중세의 서유럽은 문자 그대로 육식문명 하에 있었다. 따라서 엄청나게 많은 가축들이 초여름에 도살되어 저장되었는데 이때 소금으로 절이거나 훈제법을 이용하거나 또는 햇볕에 건조하는 방법만이 통용될 뿐이었다. 물론 어류를 장기간 보관하는데도 유사한 방법을 썼는데 가장 큰 문제는 그러나 이런 공정을 거칠 경우 음식물에서 악취가 나기 십상이었으며 이때 고추가 그러한 냄새를 은폐하는데 가장 유효한 해결책이었기 때문이다. 따라서 이 시대에는 향료의 가치가 상당히 높을 수밖에 없었으며 이와 함께 사회 계층에 따라 향료의 소비 형태가 또한 달랐다. 곧 저소득층의 경우, 마늘이나 양파와 같은 냄새가 강한 조미료를 사용한 반면 고소득층은 꽃향기와 같은 세련된 고급 조미료를 사용함으로써 향료의 소비 형태가 사회 계급을 대변할 정도였었다.

3. 가톨릭의 전파

역사적으로 포르투갈의 건국은 이베리아 반도에서 무어 족을 추방하고자 하는 서십자군, 즉 재정복 전쟁과 특별한 관계를 맺고 있다. 포르투갈은 해양진출을 종교적으로 적대 관계에 있던 무어인들에 대한 십자군 전쟁의 연장으로 여기고 종교적 사명을 계승하고자 하였다. 실제로 포르투갈인들은 하느님이 자신들에게 부여한 소명, 즉 이교도들을 가톨릭으로 개종시켜야 한다는 의무를 일찍부터 인식하고 있었다. 따라서 포르투갈인들에게 있어서 15세기의 해양진출은 실질적인 영토 확장과 더불어 미신과 이교의 죄악에 있는 이민족을 개종시킴으로써 가톨릭 신자의 수를 증가시키고 가톨릭 왕국을 확장하라는 하느님으로부터 소명, 즉 선교의 수행이었던 것이다.

〈예수회 소속의 선교사〉

그래서 당시 동양을 향해 리스본 항구를 떠났던 수많은 선단에는 신부가 꼭 승선했다는 사실뿐만 아니라 이후 예수회, 프란시스코회 등 수많은 선교사들이 동양과 아프리카, 아메리카에 대한 유럽의 진출에 큰 역할을 했다는 사실은 이를 증명해 주고 있다. 포르투갈은 바로 이 해양진출을 통해 자신들이 추구했던 탐험과 정복사업을 가톨릭 전파라는 종교적 목적을 달성할 수 있는 길이라고 생각하였던 것이었다.

4. 아프리카 해안지역 탐험과 무역소

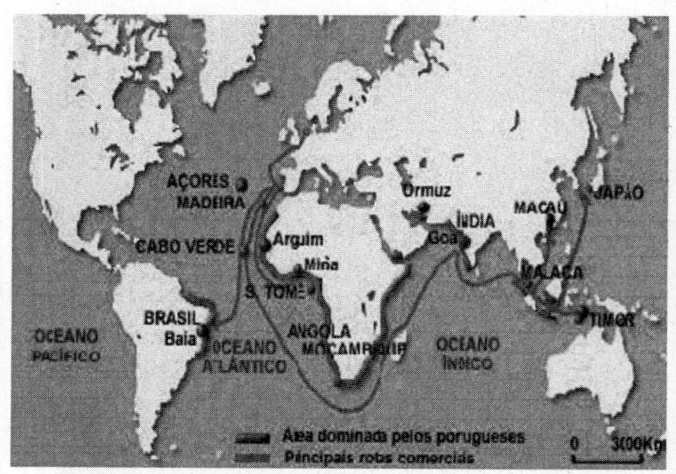

〈대항해 시대의 포르투갈 영토 확장〉

포르투갈의 해외영토 확장은 1415년 북 아프리카의 쎄우따(Ceuta) 정복을 그 출발점으로 하고 있다. 그러나 이 사건은 향후 전개될 포르투갈의 해양진출과는 약간 다른 양상을 보이고 있었다. 포르투갈의 역사가들은 이 지역의 정복에 대해 서로 다른 견해를 피력하고 있는데, 일부에서는 쎄우따 정복의 주목적이 수단에 존재하는 금을 찾기 위한 길을 여는 것이었으며 나아가 그때까지 포르투갈 해안을 종종 침략하던 아랍 해적들을 통제하기 위한 것이라고 주장하고 있다. 또 다른 일각에서는 쎄우따 정복이 약탈과 모험을 위해 왕의 주도 하에 이루어진 귀족들의 위대한 탐험이었다고 주장하고 있다.

어쨌든 쎄우따 정복에서부터 **바르똘로메우 디아스**(Bartolomeu Dias)가 1487년 희망봉(Cabo da Boa Esperança)를 돌아 인도양으로 향하는 길을 발견하던 기간 동안 아프리카 서해안에는 이른바 **무역소**(貿易所, Feitoria)가 곳곳에 세워졌는데 그 곳은 주로 상업적 목적을 가진 군 요새로 보는 것이 옳다. 즉 무역소의 존재 형태로 보아 당시 아프리카인들과의 물물교환은 그렇게 활발하지 못하였으며 교역활동을 위해 군대의 보호를 요구하는 상황이 자주 일어났었기 때문이었다. 군 요새이자 무역소이기도 한 이 곳은 이른 바 '페이또르'(Feitor)라는 직책을 가진 사람에 의해 관리되었는데 그의 주 임무는 현지 아프리카 상인들과 물물교환 형태를 통하여 상품을 구입하여 무역소에 보관하였다가 포르투갈 상선이 오면 실어 보내는 역할이었다. 이처럼 포르투갈이 까부 베르지(Cabo Verde) 군도 남쪽 지역에서 무력으로 영토를 점령하지 않고 무역소를 설립하는데 그친 것은 무엇보다도 아프리카 탐험의 근본 목적이 인도항로를 찾는데 있었기 때문에 아프리카 내륙에 위치한 국가들의 땅을 점령하고자 할 경우 치러야하는 막대한 재정적, 군사적 손실을 피하고자 하였기 때문이다. 그 대신 포르투갈은 아프리카 해안지역 곳곳에 무역소를 세움으로써 이 지역과의 무역을 통해 막대한 경제적 이득을 취할 수 있었다. 이와 함께 아프리카 무역을 관장하는 무역청(Casa)을 이 지역에 설립함으로써 아프리카 무역을 독점하였다. 이 지역으로부터 들어온 상품들은 당시만 해도 아랍인들이 이집트를 통해 독점해오던 금과 상아가 주 품목이었으나 이후 후추 등의 향료를 비롯하여 흑인 노예로까지 확대되었다.

5. 대서양 연안의 섬 지역

아프리카 서부 지역을 탐험하면서 대서양 연안을 왕래하던 포르투갈인들은 오래전부터 대서양 연안지역에 산재하는 섬들의 존재에 대해 인지하고 있었으며 그런 이유로 이 지역 섬들의 정복은 아프리카 서부 대륙지역에 대한 정복과는 상당히 다른 양상을 띠고 있었다. 왜냐하면 대륙지역의 경우는 인도항로를 열기 위한 과정의 일부로써 탐험되었으며 이와 함께 이들 지역의 금과 흑인 노예, 상아, 후추 등과 같은 상품을 약탈 혹은 물물교환의 형태를 통하여 본국으로 가져왔지만, 대서양 연안지역의 섬들의 경우는 흑인 노예를 이용하여 대단위 농작물을 경작하는 실험지로 활용하였기 때문이었다.

그래서 가장 먼저 포르투갈인들의 시야에 들어왔던 카나리아군도(Ilhas Canárias)를 둘러싸고 스페인과 불화를 겪은 뒤, 그 소유권을 상실한 경험을 갖고 있었던 포르투갈은 다른 대서양지역 섬들에 대한 소유권 문제에 있어서는 적극적으로 대처하여 1419년 마데이라(Madeira), 1427년 아쏘리스(Açores) 그리고 1460년 까부 베르지(Cabo Verde), 1471년 싸웅 또메(São Tomé)의 섬들을 각각 정복하여 지배하기에 이르렀다. 특히 마데이라 섬에서는 당시의 주식(主食)이었던 밀을 생산하기 시작하여 상당수의 포루투갈 농민들이 이주하였으며, 이와 함께 이탈리아 제노바 및 유태인 상인들의 적극적인 관심과 개입으로 이 섬에서는 고부가가치 상품이었던 사탕수수가 흑인 노예들을 이용하여 재배되기 시작함으로써 향후 브라질에서의 사탕수수 산업의 밑거름 역할을 하기도 하였다. 그리고 싸웅 또메 섬의 경우, 마데이라 섬에서의 주 노동력이었던 흑인 노예를 공급해주는 중간 거점지로 역할을 수행하여 이 섬을 통해 본국 포르투갈과 브라질로 흑인 노예들이 건너가기도 하였다.

6. 항해왕자 동 엔리께

〈동 엔리께〉

동 주엉 1세의 아들이며 일명 '항해 왕자'로 불리고 있는 동 엔리께(D. Henrique, 1394－1460)는 포르투갈의 해외 진출을 위해 일찍부터 준비를 해 온 인물로 기록되고 있다. 그는 일찍이 남부 알가르비(Algarve) 지방 싸그레스(Sagres)에 **항해 학교**(Escola de Sagres)를 설립하여 항해에 필요한 각종 자료를 수집하고 나아가 수학자, 지도학자, 항해 기술자 등의 항해 관련 전문가들을 육성하였고, 왕실에서도 선박의 건조 및 해외 무역에 대해 각종 혜택과 장려책을 쓰는 등 적극적인 보호에 나서게 된다. 이러한 동 엔리께 왕자의 개인적인 활동과 포르투갈왕국의 해양진출의 꿈과 노력은 해외 영토 확장의 밑거름이 되었다. 이는 곧, 당시 동양과 서양을 연결해주던 콘스탄티노플이 투르크족에 의해 무력으로 점령(1453년)되기 이전인 1415년에 아프리카의 북부 지방인 쎄우따(Ceuta)를 정복함으로써 아프리카 대륙을 통한 정보를 얻었을 뿐 아니라 아프리카 대륙 해안지역에 대한 식민지 확보라는 실제적인 현실로 나타나게 된 것이다.

7. 희망봉과 인도항로의 발견

아프리카 해안지역의 발견 및 정복과 함께 인도항로를 발견하려는 원대한 목적을 가진 동 주엉 2세(D. João II, 1481－1495)는 1482년 디오구 까웅(Diogo Cão)의 지휘 하에 싼따 까따리나 곶(Cabo de Santa Catarina) 이남의 아프리카 해안과 인도양으로 가는 항로를 발견하기 위한 선단을 출발시켰다. 디오구 까웅은 1년 뒤인 1483년 자이레에 도착하고 이후 앙골라 해안을 개척하며 콩고 왕국을 발견한 후 귀국하게 되었다. 귀국 후 얼마 되지 않아 그는 인도항로를 발견하리라는 계획 하에 2차 원정을 나서게 되나 앙골라 해안과 그 이남 지역에 대한 탐사에만 그치고 1486년 귀국하고 말았다. 2차례에 걸친 디오구 까웅의 항해 실패에도 불구하고 동 주엉 2세는 인도항로 발견이라는 계획을 포기하지 않고 1487년 바르똘로메우 디아스(Bartolomeu Dias)를 선장으로 한 선단을 파견하였다. 그러나 리스본 항구를 출발한 바르똘로메우는 항해 도중 대폭풍을 만나 아프리카대륙의 남단으로부터 인도양으로 표류하여 후에 동 주엉 2세에 의해 '희망봉'(Cabo de Boa Esperança)이라고 명명된 '폭풍의 곶'까지 도착하게 되었다. 실제 이 폭풍의 곶을 발견한 우연한 사건은 동부 아프리카로 항해할 수 있는 계기가 되는데 이는 대서양과 인도양을 연결하는 것이었으며 이 사건은 1498년 **바스꼬 다 가마**(Vasco da Gama)가 인도항로를 발견하는데 결정적인 자료 역할을 하게 되었다.

〈바스꼬 다 가마〉

1497년 동 마누엘(D. Manuel) 왕의 명령을 받은 바스꼬 다 가마는 바르똘로메우 디아스의 항로를 따라 인도항로를 개척하고 나아가 동양의 향료와 특산물의 독점을 꾀하고자 리스본 항구를 출발하였다. 그는 아프리카 동쪽해안을 따라 멜린데(Melinde)항에 입항하면서 한 아랍상인을 태우게 되었는데 이 상인이 인도의 캘커타로 향하는 길을 알려주게 되었는데 그 이듬해 바스꼬 다 가마는 인도로 가는 항로를 발견하고 동양의 향료와 특산물을 가득 싣고 귀국한다. 이로서 포르투갈은 유럽 내에서 이들 특산품의 무역 독점국으로 부상하게 되었는데, 곧 바스꼬 다 가마의 신항로 발견은 대서양을 통하여 유럽과 동양의 해상항로를 발견하였다는 의미보다는 무엇보다도 포르투갈이 해양진출을 통한 무역의 독점국가로서의 이미지를 당시 세상에 과시하기 시작하였다는 데 있었다.

8. 신대륙 발견과 또르데질랴스 조약

■ **신대륙 발견**–포르투갈의 항해 사업은 유럽에서 이미 널리 알려져 있었으며 그래서 유럽 각국에서는 많은 수의 항해, 천문, 해도(海圖), 무역 등의 전문가가 몰려들고 있었는데 콜럼버스도 그들 중의 한 사람이었다. 콜럼버스의 출신이나 출생에 대해서는 아직도 논란이 많으나 일반적으로 알려지고 있는 사실들은 그가 제노바 출신의 항해사였으며 대략 1451년경에 출생했다는 것이다. 그는 값진 향료와 금과 은의 대륙인 동양으로 가는 새로운 항로를 발견하기 위해 1483년 당시 스페인과 함께 해양진출에 적극적이었던 포르투갈의 동 주엉 2세에게 후원을 요청하였으나 거절당하였다. 당시 포르투갈은 아프리카 서안지역의 항해가 착실한 성공을 거두고 있었으므로 막대한 비용이 드는 콜럼버스의 계획에 관심을 보이지 않았던 것이다. 이후 제노바, 영국 그리고 프랑스 왕실에도 도움을 요청하였던 그는 결국 스페인의 이사벨 여왕의 도움으로 항해를 준비하여 출발하기 전 1492년 4월 스페인 왕실과 **싼따 페**(Santa Fé) 협정을[2] 체결하고 드디어 1492년 8월 3일, 싼

〈콜럼버스〉

따 마리아(Santa Maria)와 삔따(Pinta)와 니냐(Niña) 호 3척의 배로 스페인의 빨로스(Palos) 항을 출발, 카나리아군도와 고메라(Gomera)를 거쳐 서쪽으로 항해하여 10월 12일, 지금의 바하마 군도의 한 섬에 도착하였다. 원주민들이 과나아니(Guanaani)라고 부르는 이 역사적인 섬을 콜럼버스는 자신이 인도의 한 부분에 도착한 것으로 확신하고 신에 대한 감사의 표시로 '성스러운 구원자'라는 의미를 가진 산 살바도르(San Salvador)라고 명명하였다. 그러나 콜럼버스나 항해에 동승했던 어느 누구도 그들이 신대륙을 발견했다는 것을 알지 못하였으며 콜럼버스 자신도 죽기 전까지 자신들이 발견한 땅이 중국의 한 영토에서 멀지 않은 곳이라고 믿고 있었다.

어쨌든 콜럼버스의 항해는 무모하고 외로운 여정이었지만, 유럽인들이 오랜 세월동안 꿈꾸어 왔던 유럽과 아시아를 연결하는 새로운 항로의 발견이라는 원대한 이상을 실현시켜 주는 데 충분하였다. 즉, 고대와 중세시대를 거쳐 오는 동안에 유럽인들이 막연하게 생각해 왔던 이상적인 세계는 이제 새로운 현실로 유럽인들 앞에 다가온 것이다.

■ **또르데질랴스 조약(Tratado de Tordesilhas)**–1493년 3월 스페인으로 귀국한 콜럼버스의 새로운 땅의 발견 소식은 순식간에 유럽으로 퍼져 나갔고 이로 인해 스페인과 포르투갈 간에는 마찰이 생기게 되

2) 이 협정은 새롭게 발견되는 지역에 대하여 왕실이 소유권을 갖고 콜럼버스는 총독과 제독의 권리를 세습적으로 인정받으면서 교역 이익의 10%를 소유한다는 일종의 양자 간의 계약이라고 할 수 있다. 이와 함께 그는 이 지역에 대한 독자적인 사법권도 확인 받았는데 이러한 계약은 스페인의 국토회복전쟁시대(무어 족에 대항하여 수행된 스페인의 영토탈환전쟁시대)에 군사 지도자에게 왕실이 보상계약을 맺었던 관례에 의한 것이었다.

었다. 콜럼버스의 귀환이후 스페인은 재빠르게 스페인의 아라겅 출신 교황인 알렉산더 6세에게 새로 발견된 지역의 영토 소유권을 인정받고자 하였다. 그래서 1493년 5월 14일 교황 알렉산더 6세는 칙서를 통해 아프리카 중서 해안에 위치한 까부 베르지(Cabo Verde)의 서쪽 100 레구아(1 레구아는 약 5㎞)를 기점으로 동쪽은 포르투갈의 영토로, 서쪽은 스페인의 영토로 인정하게 되었다. 그러나 교황의 이러한 양국간의 경계선 설정에 불만을 품은 포르투갈의 왕, 동 주엉 2세는 포르투갈에게 다소 넓은 땅의 소유권이 보장되도록 외교적인 항의를 행사한다. 교황으로 하여금 1494년 6월 7일, 까부 베르지의 서쪽 370 레구아를 기점으로 자오선을 설정하고 그 동쪽에 위치하는 땅은 포르투갈, 서쪽에 위치하는 땅은 스페인의 영토로 인정하는 이른바 **또르데질랴스 조약**이라는 새로운 경계선 설정 조약을 취하게 된다. 이 조약으로 양국은 신대륙의 발견과 정복에서의 배타적인 독점권을 인정받게 되었다.

또르데질랴스 조약으로 설정된 자오선으로 당시 포르투갈은 북쪽으로는 오늘날의 빠라(Pará)주의 벨렘(Belém)과 남쪽으로는 싼따 까따리

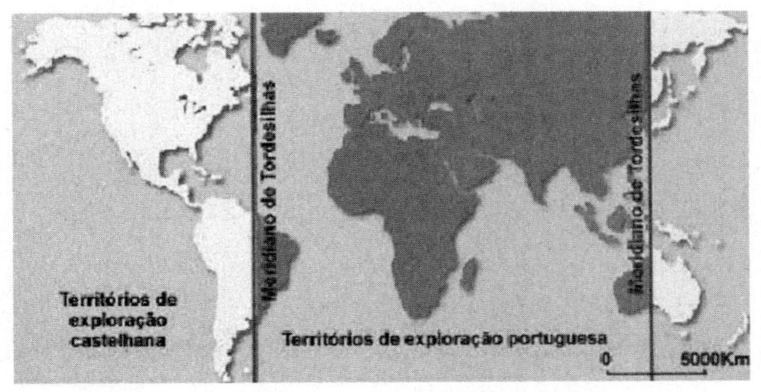

〈또르데질랴스 조약에 의거한 영토 결정〉

나(Santa Catarina)주 라구나(Laguna)를 연결하는 총 면적 약 2,800,000㎢에 이르는 영토를 차지하게 되었다.

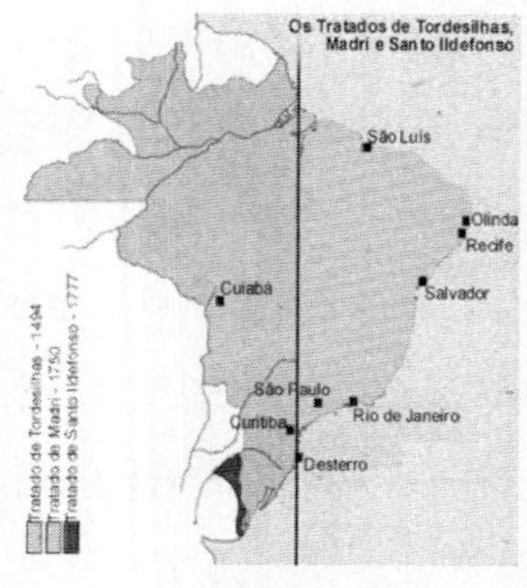

〈또르데질랴스 조약〉

그러나 이처럼 세계를 양분한 경계선이라는 것은 본래부터 적잖은 무리가 있었다. 왜냐하면 까부 베르지라는 군도는 그 섬들의 수가 많아서 군도의 서쪽과 동쪽의 섬 간에는 경도로 4도의 차이가 있어 후에도 자주 양국 간에 분쟁의 소지가 되어 자주 개정되곤 했는데 그 이유는 양국의 정치적 세력의 추이에 따라 이루어졌기 때문이다. 즉, 라틴아메리카 대륙이 독립을 할 무렵인 19세기 초, 포르투갈령인 브라질은 양국 간의 협정에 명시된 영토보다 5백만 ㎢에 달하는 영토를 더 스페인으로부터 탈취하고 있었다.

제2장 브라질의 발견

Ⅰ. 브라질의 발견

1. 브라질 발견의 선구자들

브라질 땅의 최초 발견에 대해서는 역사학자마다 서로 다른 의견을 갖고 있다. 그러나 이러한 이견 가운데서도 누구나 공감하는 사실은, 1500년 포르투갈의 알바리스 까브랄의 브라질 발견 이전에 이미 스페인인들이 브라질 해안지방에 도착하여 인근 지역을 탐험했다는 사실이다. 역사서에 기록되어 있는 최초의 브라질 땅의 발견은 1499년 5월 16일 당시 유럽에서 항해사로 명성을 떨치던 아메리꼬 베스뿌치오(Américo Vespúcio)와 항해지도 작성 전문가였던 후안 데 라 꼬사(Juan de la Cosa)를 대동하고 스페인의 까디스(Cádiz)항을 떠난 **알론소 데 오헤다**(Alonso de Ojeda)가 남아메리카 북부 해안에 도착한 것으로 알려지고 있다. 이 점에 대해 일부 역사학자들은 그가 도착한 지점에 대해

서로 다른 의견을 제시하고 있는데 예를 들어 바르냐겐(Varnhagen)이나 호돌푸 가르시아 (Rodolfo Gárcia)는 그가 도착한 곳이 지금의 브라질 북동부 해안이라고 주장하고 있으며, 까삐스뜨라누 지 아브레우(Capistrano de Abreu)와 히우 브랑꾸(Rio Branco)와 같은 역사가들은 그가 오늘날 베네수엘라의 빠리아 만(灣) 남쪽으로 200 레구아 정도 떨어진 지역에 도착하였을 뿐 현재의 브라질 지역은 아니라고 주장하였다.

따라서 오헤다와 그의 일행이 까브랄의 브라질 발견 이전의 선구자라고 확신할 수는 없지만 역사학자 마르꼰지스 지 쏘우자(Marcondes de Sousa)는 오헤다와 아메리꼬 베스뿌치오가 각각 다른 배를 타고 있었으며 이 중 아메리꼬 베스뿌치오만이 남위 5도의 브라질 해안에 도달했다고 주장하고 있어 이들이 브라질을 발견한 최초의 스페인인으로 미루어 추정할 수 있다.

이러한 논란에도 불구하고 브라질 발견에 대한 역사적 기록이 확실한 것은 1499년 11월 18일, 4척의 탐험대를 이끌고 스페인의 빨로스(Palos) 항을 출발한 **비센떼 야네스 삔손**(Vicente Yanéz Pinzón)이 1500년 1월 26일 산따 마리아 데 라 꼰솔라시온(Santa Maria de la Consolación, 지금의 브라질 뻬르남부꾸 주 까부 지 쌍뚜 아고스찡뉴 곶(Cabo de Santo Agostinho)로 추정되는 지역)에 도착하였다는 사실이다.[1] 이후 삔손은 북쪽으로 항해를 계속하여 아마존 강 하구에 도달, 그 지역을 둘세 해(海)(Mar Dulce)라 명명하였으며 이어 오이아뽀끼(Oipoque) 강 근처 지금의 오랑지(Orange) 곶(후에 그의 이름을 따 비센떼 삔손 곶으로 불리워짐)에 도착하였다. 물론 삔손이 스페인으로 귀국하기 전

1) 일부 학자들은 산따 마리아 델 라 꼰쏠라시온이 브라질 쎄아라(Ceará) 주의 뽄따 지 무꾸리삐(Ponta de Mucuripe) 또는 뽄따 다 자바라나(Ponta da Jabarana)라고 추정하고 있다.

1499년 말 스페인의 디오고 데 레뻬(Diogo de Lepe)가 이끄는 소수의 탐험대가 삔손의 항로를 따라 항해하여 1500년 2―3월 사이 삔손이 도착한 것으로 알려진 싼따 마리아 데 라 꼰솔라시온에 도착하였는데 그의 항해일지를 보면 당시 그곳에서부터 해안선이 남동쪽으로 향해있다고 기록되어 있어, 싼따 마리아 데 라 꼰솔라시온과 현재의 쌍뚜 아고스찡뉴 곶이 서로 다른 지역일 수 있다는 논란이 여전히 계속되고 있다.

한편 브라질 발견을 둘러싸고 일부 역사학자들 사이에서는 과연 까브랄의 브라질 도착 이전에 포르투갈인들이 브라질, 다시 말해 남미 대륙의 존재를 과연 알고 있었는가에 대해서 논란이 끊이지 않고 있다. 실제로 1500년 이전에 작성된 것으로 보이는 몇몇 지도에는 적도 이하 지방에 현재의 남미 대륙이 존재하고 있음을 알리는 징후들이 많이 나타나고 있다. 이 지도들은 남미 대륙을 하나의 거대한 신비의 섬으로 묘사하고 있으며 그 명칭 또한 다양하여 '일곱 도시의 섬'(Ilha das Sete Cidades), '브라질 섬'(Ilha do Brasil), '이솔라 오띵띠샤'(Ixola Otinticha) 등으로 지칭되어 있다. 그러나 이 같은 명칭이 정확히 브라질을 언급하고 있다고 보기에는 무리가 있으며 어쨌든 앞서 언급한 발견자들 외에도 까브랄 이전에 이미 아래와 같은 많은 인물들이 브라질을 다녀갔을 것이라는 추측은 여전히 존재하고 있다.

첫째, 페니키아 출신의 항해사들이 있었을 것이라는 가설이 있지만 이는 오늘날 역사학자들 사이에서는 거의 인정되지 못하고 있다.

둘째, 에스메랄두 지 시뚜 오르비스(Esmeraldo de Situ Orbis)라는 유명한 항해약정서이자 세계지도를 만든 두아르찌 빠쉐꾸 뻬레이라(Duarte Pacheco Pereira)는 자신의 글에서 당시 포르투갈의 왕이었던 동 마누엘(D. Manuel)이 자신을 '1498년 위대한 대양 저편을 넘어 왕이 자신을 서쪽으로 파견하였다'라고 주장하고 있다. 하지만 두아르찌는 이 글을 1505년부터 1508년에 걸쳐 썼으며 이때는 이미 브라질이 발견된 이후일 뿐만 아니라 그 곳의 해안들도 이미 포르투갈인들에 의해 탐험되었던 이후였기 때문에 그가 탐험했다고 주장하는 지역은 현재의 중미와 북미 일부 지역일 것으로 판단된다.

셋째, 선박회사에서 일하던 프랑스인 장 꾸젱(Jean Cousin)이 1488년 아마존 하구에 도착하였던 것으로 추측되는데 레비스트로스와 같은 프랑스 역사학자는 그가 브라질을 가장 먼저 발견했다고 주장하고 있지만 브라질의 역사학자인 까삐스뜨라누 지 아브레우는 프랑스학자들의 주장에 신빙성이 적다고 주장하였다.

2. 포르투갈인에 의한 브라질 발견

포르투갈인들이 1494년 스페인과 맺은 또르데질랴스 조약에 근거하여 자신들에게 속한 것으로 되어있던 대서양의 남미대륙을 알고 싶어 했던 것은 당연한 일이었을 것이다. 그렇다면 인도로 향하던 까브랄 함대가 목적지에 도착하기 전 브라질에 기착한 것은 그의 임무가 향료의 나라 인도의 캘커터에서 포르투갈의 지배를 보다 공고히 하는 것 이외에 또 다른 임무를 지니고 있었을 것이라는 가정도 가능하다.

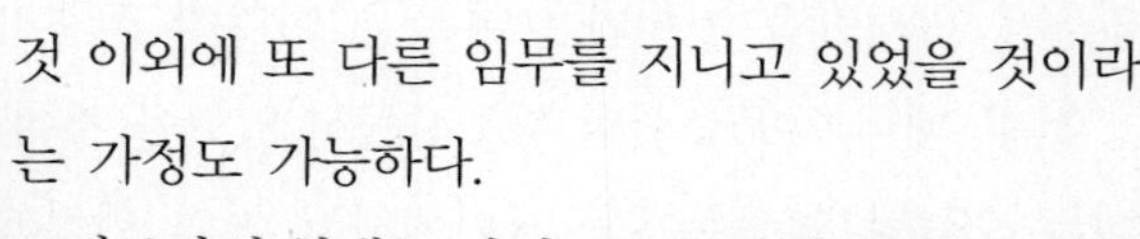

〈알바리스 까브랄〉

까브랄의 함대는 당시 포르투갈의 동 마누엘 왕이 혼신의 힘을 다해 만든 최대 규모였으며, 항해 경험은 부족했을지 모르나 32세의 약관이었던 함대 총사령관 **빼드루 알바리스 까브랄**(Pedro Álvares

Cabral)[2]은 군인으로서의 자질도 갖춘 외교관이었던 것으로 알려지고 있다.

까브랄의 함대는 1500년 3월 9일 15척의 함대에 약 1500여명의 승무원과 군인 그리고 꼬임브라의 프레이 엥리께스 쏘아리스(Frei Henriques Soares) 종교단 소속의 성직자들을 대동하고 리스본 항구를 출발하였다. 그들의 함대가 아프리카 북서쪽 해상의 까부 베르지(Cabo Verde) 군도 근방에 이르렀을 때 바스꾸 지 아따이지(Vasco de Ataide)가이끄는 배가 함대에서 이탈했다가 다시 원위치로 복귀하는 고초를 겪게 되었지만 이후 까브랄의 함대는 아프리카 해안선을 따라 남쪽으로 향하지 않고 서쪽으로 기선을 돌려 한 달간 항해를 하였다.[3]

그 후 까브랄 함대는 갈매기와 해초 등을 만나면서 육지가 멀지 않았다는 징후를 발견하게 되고 드디어 4월 22일 브라질에 도착하게 된다. 그때는 부활절 주간이라 처음 시야에 들어온 산을 **빠스꼬알**(Pascoal) 언덕이라 명명하였으며, 이튿날 까브랄의 부하 군인들이 소형 배를 이용, 육지에 올랐으며, 기타 함대들은 해안선에서 약간 떨어진 까이강(Rio Caí) 하구 부근에 정박하였다. 육지에 내린 포르투갈인들은 이방인의 방문에 신기한 듯 해안으로 접근한 20여명의 원주민 인디오들과 마주쳤으며 포르투갈 군인들은 이들과 몇 가지 선물을 주고받는 등 포르투갈인과 원주민 인디오 간의 역사적인 평화로운 첫 만남이 이루

---

2) 당시 까브랄은 귀족출신으로 독신이었으며 인도에서 돌아온 후, 포르투갈의 동방제국 건설에 큰 역량을 보였던 아퐁쑤 지 알부께르끼(Afonso de Albuquerque)의 姪女인 도나 이자벨 지 까스뜨루(D. Isabel de Castro)와 결혼하였다.

3) 이 점에 대해 많은 논란이 있었는데 그 중 하나는 까브랄을 동행하고 있던 바스꼬 다 가마의 조언에 따라 기네 만의 무풍지대를 벗어나기 위함이었을 수도 있었다는 것이었고 또 다른 논란은 까브랄 함대가 왕으로부터 모종의 특명을 받고 또르데질랴스 조약에 명시된 아메리카의 자국 소속 지역을 탐사하고자 하였기 때문이었다는 것이다.

어진 것이었다.

까브랄 함대는 이어 배를 정박할 장소를 물색하다가 북쪽으로 약 10 레구아를 올라가 오늘날 까브랄리아 만(灣)(Baia Cabralia)에 정박하였다. 이어 니꼴라우 꼬엘류를 비롯한 일단의 포르투갈 군인들이 다시 육지로 내려가 인디오들과 접촉하였으며 이에 두 명의 인디오들이 배로 초대되어 알바리스 까브랄을 만나게 되었다. 이튿날에는 함께 동승했던 엥리끼 수사(Frei Henrique)가 역사적인 첫 미사를 집전하였으며 5월 2일 까브랄 함대는 원래 목적지였던 인도로 향하였고 동시에 까브랄은 자신의 부하 중 가스빠르 질 레무스(Gaspar Gil Lemos)를 리스본으로 보내 동 마누엘 왕에게 브라질 발견 소식과 더불어 선물을 전하였다. 이때, 당시까지만 해도 큰 섬으로 인식되었던 브라질은 동 마누엘 왕에 의해 베라 끄루스(Vera Cruz)라고 명명되었으며, 이듬해 장인격인 스페인 왕에게 브라질 발견 소식을 전하며 브라질의 명칭을 떼하 지 싼따 끄루스(Terra de Santa Cruz)로 바꾸었다.

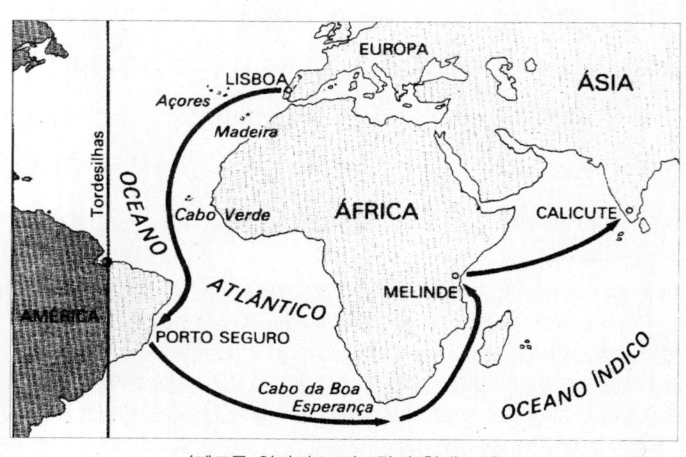

〈뻬드루 알바리스 까브랄의 항해노선〉

한편 까브랄 함대는 인도로의 항해 과정에서 4척의 배를 잃게 되지만 인도에서 가져온 고추와 향료 등의 상업성이 컸기 때문에 총 항해 비용의 두 배나 되는 수익을 올려, 그만큼 인도는 포르투갈에게 보물섬과 같았으며, 1500년 후반기부터 영국, 네덜란드, 스페인 등 여타 열강에 밀려 인도를 중심으로 세운 동방제국을 잃을 때까지 포르투갈은 인도를 통하여 막대한 경제적 이득을 얻게 되었다.

3. 브라질 발견의 의문점

브라질의 발견은 포르투갈이 동양항로를 통하여 동양의 통제와 발견에 목적을 둔 일련의 여행의 일부를 만들면서 유럽 팽창주의의 최대 계획의 하나로 편입되었다. 오랜 시간동안 브라질의 발견은 까브랄의 함대가 피하고자 하는 기상학적 문제로 야기된(아프리카 해안일대에 바람의 부재) 우연한 업적으로 생각되었다. 그러나 보다 최근에 알려진 브라질 탐험에 대한 일련의 증거로 미루어 보아 40－50년대에 진행된 연구에서부터 시작하여 브라질의 의도적 발견 가능성이 대두되었다.[4)]

만일 발견이 의도적이었다면 그것은 포르투갈 왕실이 남대서양에서의 새로운 독점권을 행사하기 위하여 또르데질랴스 조약에 의해 자신들에게 양도된 영토 내에 있는 존재 가능한 땅의 소유를 확보하기 위한 필요성 때문이었다고 볼 수 있다. 포르투갈이 서양에 새로운 땅의 존재에 대해 의심을 갖고 있었다는 증거는 스페인이 1492년에 동

---

4) 뻬루 바즈 지 까밍냐의 서한에서 발견된 일련의 증거, 즉 왕에게 발견을 알린 점, 선원들 가운데 '에즈메랄두 지 씨뚜 오르비스'를 쓴 니꼴라우 꼬엘류가 이 책에서 1500년 이전에 이미 '이상한 땅'에 대한 여행을 한 점을 써놓았다는 점 등이 그것이다.

양에 도착하였다고 믿고 있으면서 사실은 신대륙을 발견했을 것이라고 이미 1500년경에 확실하게 믿고 있었기 때문이다. 아직까지 확실히 밝혀지지 않았지만, 브라질 발견과 관련한 이러한 우연성과 의도성간의 논쟁은 그러나 다음의 일련의 사실로 미루어 보아 사전에 계획되어진 일이었다는 주장이 설득력을 얻고 있다.

첫째, 뻬드루 알바리스 까브랄의 함대에 동승했던 **뻬루 바즈 지 까밍냐**(Pêro Vaz de Caminha)가 포르투갈 왕실에 발견 소식을 전한 **'서한'**에서 신대륙 발견 때에 흔히 나타나는 놀라움의 표현이 없었다는 점이다.

둘째, 1494년 당시 포르투갈과 함께 세계 최강국이었던 스페인과 신대륙 발견에 따른 영토 분쟁을 해소하기 위하여 지구를 동서로 나누는 이른바 또르데질랴스 조약 체결 때 교황의 제안을 무시하고 까부베르지 섬의 서쪽 370 레구아를 지나는 자오선을 지구 분할의 경계로 요구한 점으로 미루어 보아 브라질 발견 이전에 브라질은 이미 포르투갈 영토로 정해졌던 것이다.

셋째, 당시 포르투갈 왕실이 신대륙 탐험 여행에 대해 일체 언급하지 못하도록 금언령을 내렸다는 사실이다. 특히 브라질이 속하는 남위 7도 이하 영역에 대해서는 더욱 그러하였다.

넷째, 인도로 향하던 까브랄이 왕명을 어기면서, 그리고 같이 동선한 기타 노련한 항해 경험자들의 충고를 거부한 채 원래 따라야 했을 궤도를 한 달간 이탈할 수 있었다는 것이 당시 상황으로 보아 불가능하다는 점이다.

다섯째, 까브랄이 여행할 당시의 항해 기록들을 보면 그 기간 중에는 폭풍우도 없었으며 해류의 흐름도 강하지 않았음에도 13척의 함대가 모두 2년 전 바스꼬 다 가마가 갔던 항로를 이탈, 남쪽으로 가지 않고 서쪽으로 즉, 남미대륙으로 항해했다는 점이다.

여섯째, 1500년 이전에 작성된 유럽의 일부 지도에 부정확하지만 지금의 남아메리카 부근에 익명의 섬 모습이 나타나 있었다는 것으로 보아 당시에 포르투갈 왕실도 그 같은 사실 즉, 현재의 브라질을 포함해 남미대륙의 존재를 사전에 숙지하고 있었을 거라는 추론 등으로 브라질 발견이 우연한 일이 아니라는 주장이다.

4. 뻬루 바즈 지 까밍냐의 서한(書翰)

포르투갈의 뽀르뚜(Porto)시 시의원출신으로 까브랄 함대에 서기관으로 동승한 뻬루 바즈 지 까밍냐는 항해 중 있었던 모든 이야기와 브라질의 발견 소식을 제일 먼저 동 마누엘 왕에게 전한 '**서한**'(Carta)의 작가이다. 이 서한은 후일 19세기에 포르투갈에서 발견되어 그 역사적 가치와 함께 문학적으로 훌륭한 가치를 지니고 있는 것으로 알려지고 있다. 연대기 작가로 널리 평판을 얻고 있는 뻬루 바즈 지 까밍냐의 이 서한은 신대륙 브라질 땅의 광대함과 은혜로움, 그리고 그곳에 거주하고 있었던 원주민들을 예리하고 뛰어난 관찰력으로 묘사하였으며, 특히 단순한 기록문의 형태임에도 불구하고 신대륙의 갖가지 풍물을 명료한 이해와 풍부한 서정성을 통하여 그려놓았다. 특히 이 서한은 포르투갈인 으로 하여금 해외영토 확장사업에 전념케한 두 가지 목적, 즉 희귀하고 새로운 경제 재화의 획득과 가톨릭 신앙의

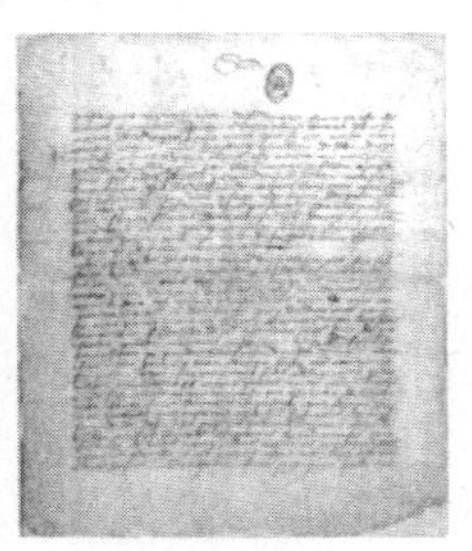
〈서한 원본〉

전파라는 내용이 명백하게 나타나 있다. 이 점은 서한의 다음 구절에서 살펴볼 수 있다.

> "지금까지 우리는 (이 땅에) 금이나 은, 혹은 또 다른 귀금속이 존재하는지 알 수도 없거니와 또 볼 수도 없었습니다. (중략) 그러나 이 땅에서 우리가 얻을 수 있는 최고의 성과는 여기 있는 사람들(원주민을 지칭)을 구원시킬 수 있다는 사실입니다. 이것이야말로 전능하신 폐하께서 이 땅에 뿌리시고자 하는 가장 중요한 씨앗일지도 모릅니다. (중략) 이 땅에서 전능하신 폐하께서 그토록 원하시는 이 사업을 충실히 수행할 수 있다면 그만큼 우리 신앙의 뿌리는 깊어질 수 있을 것입니다."

Ⅱ. 브라질의 인종(1)－원주민 인디오(índio)

1. 인디오의 기원

아메리카 대륙에 정착한 인류의 기원에 대해서는 학자들 사이에서 많은 이견을 보이고 있으나 대체로 두 가지의 과학적인 연구조사가 타당성 있는 정설로 여겨지고 있다.

첫째는, 약 1만－1만 5천년 전후에 몽고계 인종이 빙하기말에 얼어서 연결되어 있던 베링해협을 건너 또는 해협 중간 중간의 섬을 항해하여 대륙에 정착해 아메리카의 원주민이 되었을 것이라는 설(說)이다. 둘째로는, 인종일원설(人種一元說, Monogenismo)에 의거하여 아시아와 오세아니아 대륙 등지의 몽고인과 말레이-폴리네시아인, 오스트레일리아인 그리고 에스키모인의 4개 인종이 서로 다른 경로를 통하여 아메리카 대륙에 이주해왔거나 또는 원래부터 아메리카 대륙에 인간이 거주하고 있었으며 이들이 대륙의 각 지역으로 흩어졌다는 토착설이 바로 그것이다.

〈인디오의 이주 경로〉

이중 첫 번째의 가설을 놓고 볼 때, 브라질 원주민 인디오는 특히 몽고계 인종과 신체적 조건 면에서 여러 가지로 매우 유사하고 특히 과라니족(Guarani) 인디오는 몽고계 인종과 거의 흡사한 신체적 특징을 갖고 있어 이들이 아시아 특히 극동지역에서 건너왔을 것이라는 논리가 비교적 타당성 있게 받아들여지고 있다.

■ **발견 당시의 인디오 문명**–브라질에서 선사시대의 인간에 대한 체계적인 연구 조사는 비교적 최근에 들어와서야 이루어졌다. 1960년대 말 싸웅 빠울루 주 빠라나빠네마(Paranapanema) 유적지를 시작으로, 브라질에서는 두 번째로 오래된 약 1만 2천 년 전에 인간의 거주흔적을 과학적으로 조사한 미나스 제라이스 주 라고아 싼따(Lagoa Santa) 지역의 유적지와 히우 지 자네이루주의 아라루아마(Araruama) 호수 지역의 유적지, 그리고 빠라이바 주와 마뚜 그로쑤 주의 내륙지역에서 고고학적으로 중요한 유물들이 대량 발굴됨으로써 선사시대의 원주민에 대한 보다 과학적이고도 전문적인 고고학적인 연구가 진행되고 있다.

이러한 발굴·조사활동은 고고학적으로 브라질 원주민 문화의 특징에 대한 새로운 사실들을 확인하는 중요한 계기가 되었다. 그 중에

〈강에서 수렵생활을 하는 인디오〉

서도, 해안지방의 원주민들은 주로 채취나 수렵활동을 하며 돌로 만든 도끼와 절구, 연마기를 사용하였으며, 이들의 장례관습은 고인이 사용하던 부장품들을 함께 넣어 부락의 거주지역 내에 매장하였다는 사실은, 지금까지 지리적 특성과 열대 우림 기후의 영향으로 별로 남아있지 않았던 브라질 원주민 문화 유적을 새롭게 조명해주는 중요한 근거가 되고 있다. 이외에도 해안지역에서는 다량의 패총유적지, 그 중에는 30여m 높이에 이르는 패총도 발견됨에 따라 이 지역에 거주하였던 원주민의 거주시기를 대략 기원전 8000년에서 서기 500년 사이로 추정할 수 있었다. 그러나 내륙지방에서는 해안지역과는 달리, 약 기원전 3000년에서 서기 1000년 사이에 순전히 돌로 만든 도구만을 사용하는 원주민 유적지와 기원전 1000년경으로 추정되는 돌과 토기를 함께 사용하던 유적지가 발굴되어 이들 원주민들이 또한 수렵활동을 주로 하며 장례관습도 해안지방의 원주민들과는 달리 부락에서 멀리 떨어진 지역에 매장하였다는 사실을 확인할 수 있게 되었다.

그러나 이들 선사시대의 인간들과 포르투갈인 정복자들에 의하여 발견된 그들의 후손으로 여겨지는 원주민 인디오와의 관계는, 글로 쓴 역사적 기록이 전혀 없기 때문에 유추 해석하기가 매우 어렵다. 이러한 요인들로 인해 브라질이 발견된 1500년 이후에도 브라질 원주민에 대한 이해는 주로 정복 초기의 포르투갈-스페인들의 기록과 문헌에 의존할 수밖에 없다. 그나마 당시의 발견자와 예수회 선교사들이 접촉하였던 극히 한정된 수의 원주민에 대한 기록이 전부였다. 발견 당시 주로 대서양 연안 해안지역에서는 대략 1백만-3백만 명의 뚜삐-과라니(Tupi-guarani) 족의 인디오가 존재하고 있었던 것으로 추정하고 있는데 이들은 채취활동이외에도 만디오까(mandioca)라는 구근식물과 땅콩을 경작하는 농업활동을 하였다고 한다. 또 이들은 열대식물에서 추출한 화려한 색의 염료와 새의 깃털로 몸을 장식하기를 즐겼으며 열대 기후로 모두 나체생활을 하였다. 한편 내륙지방에는 뚜삐 족보다는 열등한 문화를 가진 것으로 추정되는 제(jê) 또는 따뿌이아스(Tapuias) 족의 원주민이 있었으며, 싸웅 빠울루 주 남부지방에는 까리조스(Carijós)와 따뻬스(Tapes) 족의 인디오가 거주하였던 것으로 알려지고 있다.

2. 인디오의 구성 및 분포

브라질의 인디오는 일반적으로 그들이 사용하던 언어를 기준으로 크게 4개의 그룹, 즉 뚜삐 족(Tupis)과 따뿌이아 족(Tapuias, 또는 제스 Jês나 게스 Guês로 불리기도 함), 누아루아게스 족(Nuaruaguês 또는 아루아게스 Aruagues로 불리기도 함) 그리고 까라이바스(Caraíbas) 족으로 나누어진다. 이들은 외모가 약간씩 다르지만 대체로 비슷한 풍습과 전통을 유지하고 있었는데 각 부족의 특성은 다음과 같다.

〈뚜삐 족 인디오〉

■ **뚜삐 족**－쁘라따 강(Rio da Prata)으로부터 아마존 강(Rio do Amazonas)까지 주로 해안 지방에 거주하고 있었던 관계로 가장 먼저 포르투갈인들과 접촉할 수 있었으며 여타 종족에 비해 발달된 문화를 갖고 있었다. 이 종족은 거주 지역에 따라 오늘날 바이아 주를 비롯한 북동부 지역에는 뽀찌과리스(Potiguares), 따바자라스(Tabajaras), 까에떼스(Caetês), 뚜삐낭바스(Tupinambás) 그리고 뚜삐니낑스(Tupiniquins), 히우 지 자네이루 지역에는 뚜삐－과라니(Tupi－Guarani)와 따모이우스(Tamoios) 그리고 남부 지역에는 까리조스(Carijós)와 따뻬스(Tapes) 족이 있었다.

■ **제스 족(또는 따뿌이아 족)**－뚜삐 족 보다는 열등한 문화를 갖고 있었던 이 종족은 주로 내륙 지방에 거주하고 있었다. 특히 포르투갈 지배자들에 대해 강한 저항을 한 이 종족은 주로 히우 지 자네이루를 무대로 생활한 고이아따까스(Goiatacás) 족과 아이모레스 (Aimorés) 족 그리고 북동부를 무대로 생활한 까리리스(Cariris) 족 등으로 분류된다.

■ **누아루아게스 족(또는 아루아게스 족)**－주로 아마존 강 상류와 하류 지역에 살고 있었던 이 종족은 특히 도자기 기술이 발달되어 있었는데 이 도자기들의 스타일을 마라조아라(Marajoara)라고 불렀다. 그것

은 주로 이 도자기들이 아마존 하구에 위치한 마라조 (Marajó) 섬에서 발견되었기 때문이다. 이 스타일은 안데스산맥에 거주하던 인디오들의 그것과도 매우 비슷하여 브라질 인디오(여기서는 아루아께스 Aruaques)들이 페루나 볼리비아 인디오들과 많은 교류를 했던 것으로 추정된다.

■ **까라이바스 족(또는 까리바스 족)** – 아마존 강 중류와 중 아메리카에 널리 퍼져있었다.

3. 인디오의 생활상 및 풍습

인디오들은 기본적으로 구석기와 신석기 문화를 공존하고 있었으며 부족에 따라 토기, 농업, 직물, 배, 불을 사용하고 나체로 살았으며 앞을 가리더라도 그것은 장식에 불과하였다. 원주민들은 이 지역에서 선사시대를 연 주인공들이었으며 이들의 초기 생활은 채취나 수렵 등의 자연 순응적 생활이 중심이었고, 기원전 약 5천년 경부터 옥수수를 중심으로 하는 식물재배의 정착단계로 넘어와 고대사회를 형성하게 된 것으로 알려지고 있다. 이들은 이 지역 토양에 적합한 옥수수를 경작함으로써 생산에서의 잉여를 얻을 수 있었고 이를 기초로 한 곳에 정착하여 문명을 형성할 수 있었다. 옥수수의 대량생산은 농경에 종사하는 이외의 사람들에게 재정적 뒷받침을 주어 생존이외의 활동을 담당할 수 있게 하였다. 이들 인디오 부족들의 통치구조는 지배층이 존재하기는 하였지만 주로 일종의 원로회의가 중심이 되었고, 의술과 제사를 담당하는 주술사의 영향력이 크게 작용하였다. 이들 간에는 패권적인 부족이 없었기 때문에 여러 부족들 간의 전쟁이 잦아 비교적 호전적이었고 전쟁에서 포로로 잡힌 인디오는 인신공양의 제물이 되었는데 적군 용사의 힘을 취하고 정신을 자신에게 불어넣는다는 의미에서 식인풍습(Antropofagismo)이 행해졌다고 한다.

〈말로까〉

■ **주거**－인디오들은 집단생활을 하였는데 나무와 나뭇잎으로 지어진 **말로까**(Maloca)라고 하는 움막에서 보통 50-200명이 함께 거주하였고 이 말로까는 부족의 수에 따라 여러 채가 존재하여 **따바**(Taba)라고 불렀으며 그 주변은 빠우아삐끼(pau-a-pique)라는 나무로 까이싸라(Caiçara)라는 울타리를 만들었다. 그리고 따바의 가운데에는 광장(Ocara)이 있어서 부족의 중요한 문제, 즉 사냥거리가 부족해질 때나 이주문제를 토론할 때 열리곤 했던 부족원로회의와 식인예식을 치를 때 주로 이용되었다. 그러나 인디오들은 대개 4년 단위로 주거지를 옮겨 다녔기 때문에 집을 짓는 재료에 큰 신경을 쓰지 않았으며 농사를 거의 짓지 않았으므로 주변에 먹을 것이나 사냥감이 떨어지면 다른 지역으로 옮겨가는 유목생활을 하였다. 한 부족에는 보통 정치적 지도자로 추장을 의미하는 뚜샤우아(Tuxaua)가 한 명 있었으며, 전쟁을 치를 때 장군 역할을 하는 여러 명의 모루비샤바(Morubixaba)가 있었고, 부족에 따라서 종교예식 및 의사 역할을 하는 빠제(Pajê)가 존재하기도 하였다.

■ **결혼**－결혼은 대체로 동족 간 결혼(endogamia)과 일부일처제

(monogamia)를 유지하였으나 추장의 경우는 자신의 능력이 닿는 한 여러 부인을 둘 수 있었다. 그러나 뚜삐 족의 경우 삼촌과 조카간의 결혼, 사촌간의 결혼 그리고 형이 사망하면 동생이 형수와 같이 사는 풍습이 있었는데 이는 가족 간의 결속을 다지기 위한 것으로 풀이된다. 그리고 다른 부족의 여성을 원할 시에는 미래의 장인 댁을 위해 일정기간 일을 하였다. 다른 종족들의 경우, 결혼하기 전 여러 가지 테스트를 거쳐야 했는데 그 중 까라자스 족의 경우는 무거운 통나무를 짊어지고 일정한 거리를 운반하는 테스트를 통과해야 했고 꾸리나 부족의 경우는 엄청난 채찍 테스트를 통과하여야 했다.

■ **전쟁에 따른 풍습**–적과의 전투에서 다친 사람들이나 그 미망인 또는 그 자식들은 추장이 손수 만든, 적의 이빨들로 장식된 목화띠를 목에 걸고 다녔는데 이는 그 가족의 남자가 종족을 위해 목숨을 바쳐 싸웠다는 징표가 되었다. 이들 유가족들은 단체 노동에서 열외 된 채 부족에 의해 재정적 지원을 받았다.

■ **종교**–인디오들의 종교는 일반적으로 자연과 밀접한 관계를 갖고 있어 해와 달, 숲, 물고기, 물, 뱀 등을 우상하여 신으로 믿었다. 또한 인디오들은 특히 악령들이 자신의 신체 각 부위를 통해 침범할 수 있다고 믿었고 몸에 붉은 색을 칠함으로써 이를 방지할 수 있다고 믿었다. 그리고 환자 치료나 기타 종교적 행사가 있을 때는 빠제라 불리는 마법사가 행사를 주도했으며 각 종족에서 주요 인물로 대우를 받았다.

인디오들의 종교는 지역과 시대에 따라 다양하였으나 일반적으로 삼위일체의 성격을 띠었다. 그들이 믿던 신들 가운데 가장 많이 회자되던 것은 태양을 의미하며 모든 인간의 어머니로 인식되었던 과라씨(Guaraci), 사랑과 생식(生息)의 신으로 구름 속에서 산다고 알려져 있는 뻬루다(Perúda) 혹은 후다(Rudá) 그리고 달을 의미하며 식물의 신인 자씨(Jaci)가 있다.

■ **식생활**–인디오들은 주로 사냥을 해서 먹고 살았으며 농업활동은 거의 전무한 편이었으며 이들의 주식은 육류와 넝쿨식물의 일종인 만디오까였다. 인디오들에게 있어서 만디오까는 서양인들의 밀에 해당할 정도로 주식으로 이용되었는데 초창기 브라질에 들어온 포르투갈인들도 밀을 구하기 힘들었던 이유도 있었으나 이 음식에 매료되어 포르투갈의 초대 총독 등 고위 관료들도 이 음식을 즐겨 먹었다고 한다. 이외에도 인디오들은 옥수수로 만든 죽(Canjica)이나, 옥수수 주먹밥 같은 빠몽냐(Pamonha)를 좋아했다. 또한 이들은 매우 고추를 상당히 선호하여 무척 매운 음식을 즐겨 먹었으며 이와 같은 경향은 바이아 주와 미나스 제라이스 주 등지에 아직 남아있다. 또 이들은 채소류를 별로 좋아하지 않았으며 과일을 좋아하는 것으로 전해지고 있다.

■ **전쟁**–인디오들은 자기 구역 내에 사냥거리가 부족할 때나 간단한 농사를 지을 기름진 땅이 필요할 때 집단 이주를 하거나 이웃 종족들과 전쟁을 벌여 그것을 쟁취하는 전쟁을 벌였다. 또 종족 멤버간의 유대가 상당히 강하고 복수심도 강해 부족 중 누구하나가 다른 부족으로 부터 공격이나 모욕을 받을 때 그것은 십시일반으로 부족 대 부족 간의 전쟁으로 번지곤 했다.

■ **식인 풍습(Antropofagismo)**－식인 풍습은 종종 부족 간의 전쟁을 유발시켰던 식량조달 문제와는 거의 상관이 없다. 식인 풍습이 있게 된 동기는 첫째, 상대방 적군의 육신을 먹으면 그 적군의 용맹성과 덕망을 얻게 된다고 믿었기 때문이었고, 둘째, 포로로 잡힌 적을 처형할 때 그 포로가 자신의 종족을 잡아먹었다고 말하는데 그에 대한 일종의 복수심에서 비롯됐다고 한다.

또한 일부 제스 족 가운데 일부 부족은 자연사로 죽은 종족 일원의 고기를 먹었는데 이때는 단지 죽은 자의 가족만이 그 죽은 자의 고기를 먹을 수 있었다. 그것은 죽은 자의 고기를 먹으면 죽은 자의 덕망을 그대로 전수 받을 수 있을 뿐만 아니라 그 자의 고기를 먹음으로써 올바른 어떤 장례를 치렀다고 생각하기 때문이었다. 그런데 뚜삐 족들은 여자의 시신을 전혀 먹지 않았는데 그것은 여자의 특성을 소유하고 싶지 않았기 때문이다.

■ **꼬우바지(Couvade)**－이 풍습에 따르면 산모가 아기를 낳을 때 남편은 사냥 등 노동을 멈추고 쉬면서 신중히 처신을 하면서 거의 금식에 가까운 생활을 하였다. 이에 대해 여러 의견이 분분하지만 아내의 산고를 함께 하고자 하는 고통 분담의 마음에서 비롯됐으며, 나아가 태어날 자식에 대한 부성애의 표현 내지는 아이를 갖게 됐다는 대외적 과시 등으로 해석된다.

■ **꾸루밍스(Curumins)**－인디오어로 어린이라는 뜻으로 유아기 때 인디오 어린이들은 엄마 등에 업혀 자랐고 조금 커서는 진흙으로 만들어진 동물 형상의 장난감을 갖고 놀거나 주거지에서 기르던 작은

새들을 벗 삼아 놀았다. 또 이들은 공을 갖고 노는 것을 즐겼는데 이 공은 보통 나무의 진이나 고무로 만들어져 무척 가벼웠고 주로 머리로 등으로 공을 주고받는 게임을 즐겼다고 한다. 그리고 사춘기에 접어들어선 남자들의 경우 이른바 '성인의 집'(Casas Sagradas dos Homens)에 일정 기간 입주하여 자기 부족의 노인들로부터 사냥, 낚시, 전쟁, 노래, 풍습 등을 배워 일종의 성인식을 치렀다고 한다.

■ **꿍냐멤비라(Cunhamembira)**–인디오어로 적군의 자식이라는 뜻으로 인디오들은 인육을 먹을 때 타 부족의 주요 인물들도 초대하곤 했는데 한 가지 재미난 사실은 포로를 죽이기 며칠 전에 그에게 융성한 대접을 했다고 한다. 그래서 이따금씩 그에게 자기 종족의 여성을 짝지워 주기도 했으며 그래서 포로가 죽고 난 뒤 종종 아기가 태어나기도 했는데 이때 그 아기의 어머니는 자기 자식을 가장 가까운 친지에게 넘겨줘야 하였고 이 친지는 그 아기를 꿍냐멤비라라는 예식을 치른 뒤 살해했다. 그 뒤 제일 먼저, 아이를 낳은 어머니가 그 고기를 먹도록 되어 있었는데 모성애의 본능이 부족의 전통보다 강했던 때였기 때문에 그 어머니는 그 아기를 자기 부족이 양육해줄 것을 애원하기도 했고 또는 아기를 데리고 숲으로 도망가곤 했다고 한다.

■ **남녀의 역할 분담**–인디오들은 남녀 모두 목욕을 즐겨하는 등 청결한 위생 생활을 했으며 남자는 사냥과 전쟁에 동원되었고 무기, 건축, 악기 생산 및 해먹(그물침대) 빨래도 남자가 도맡아 했다고 한다. 한편 여자는 가사일과 농업에 종사했으며 특히 사냥에서 잡은 동물의 운반은 여성의 몫이었다.

■ **악령과 치료의 풍습** – 인디오들은 악령들이 자신의 신체 각 부위를 통해 침범할 수 있다고 믿고 있었으므로 몸에 붉은 색을 칠함으로써 이를 방지할 수 있다고 믿었다. 인류학자인 본 덴 스타인(Von den Stein)은 마뚜 그로쑤 주 지역에 살았던 보로루(Bororo) 족의 경우 특히 장례식이 있을 경우 머리카락을 적색으로 칠하는데 이것은 장례식에 참여하는 자신들이 나쁜 혼령들에 노출되기 때문으로 이를 방지하기 위함이라고 분석하였다. 또한 최근에 발견된 싱구(Xingú) 족의 경우, 자신들이 거주하던 지역에 운석이 떨어진 것을 보고 악령을 물리치는 행사를 거행하면서 우루꾸 열매에서 추출한 붉은 색 염료를 몸에 칠하였다고 증언하였다.

한편 인디오들 사이에서는 병을 앓게 될 경우 그 원인이 환자의 몸에 악령이 스며들었기 때문이라고 인식하여 환자로 하여금 지칠 때까지 춤을 추게 하였는데 그렇게 함으로써 땀을 흘릴 경우 그 악령이 땀을 통해 환자의 몸에서 빠져나간다고 믿었다. 때때로 효과를 더하기 위해 주위 인디오들이 환자가 춤을 추는 동안 몽둥이 등으로 때리기까지 했다고 한다. 그리고 환자 치료나 기타 종교적 행사가 있을 때는 마법사 빠제가 행사를 주관하였으며, 이 빠제는 환자들의 병을 고쳐주는 것 이외에 환자들의 건강을 빼앗을 수도 있으며 나아가 그 환자를 공격하는 자들의 영혼까지 훔치거나 숨길 수 있는 것으로 인디오들 사이에서 인식되었다. 빠제는 또 부족 가운데 약초에 대해 해박한 지식을 갖고 있는 사람이 선출되었으며 그는 환자를 치료하거나 종교적 행사를 치를 때

〈과라니 족 빠제〉

요란한 치장을 하고 담배를 피웠는데 이는 신비감을 자아내기 위한 수단이었던 것으로 분석된다.

4. 인디오의 영향

인디오들의 풍습이나 종교 등은 각 부족마다 다양하고 차이가 있어서 그들이 오늘날의 브라질 사회와 문화에 끼친 영향 또한 다양하다고 볼 수 있다. 그러나 무엇보다도 가장 큰 영향은 현재 브라질의 각 지역이나 나무 이름, 음식, 동물 이름 등에 인디오의 언어가 그대로 남아 있는 것을 들 수 있다. 인디오들은 또한 포르투갈이 본격적으로 브라질을 식민지배화하기 시작하면서 구성한 내륙 탐험대들에게 길을 안내하는 역할과 밀림에서의 음식 마련 방법 등을 전수하며 이들을 도운 것으로 알려지고 있다.

〈백인의 길 안내를 하는 마멜루꾸〉

인디오들은 또한 혼혈국가인 브라질 인구의 혼혈화에도 크게 기여하였다. 일반적으로 브라질에서는 피부색과는 관계없이 혼혈인을 **메스띠쑤**(Mestiço)라 호칭하는데 이를 세분하면, 백인남자와 인디오 여인사이에 태어난 혼혈인은 마멜루꾸(Mameluco) 또는 까보끌루(Caboclo)라 부르며, 흑인과 백인 혼혈은 물라뚜(Mulato) 그리고 흑인과 인디오 혼혈은 까푸주(Cafuzo)라고 부른다. 식민 초기에 포르투갈정부는 자국인과 인디오 여자들과의 혼인을 불법으로 규정하고 금지시켰으나 시간이 지나면서 이를 오히려 장려하기에 이르렀으며 그 결과 이들 사이에서 태어난 혼혈인(마멜루꾸)들은 자신의 그러한 신분에 자긍심을 갖기도 한 것으로 전해지고 있다.

그리고 인디오들은 체질적으로 중노동에 적합하지 않았던 관계로 북동부지방에서 사탕수수를 재배할 때 그들을 대체할 수 있는 노동력을 확보하기 위해 포르투갈은 아프리카로부터 많은 흑인 노예들을 들여오기 시작했었다. 이것은 인디오들과 식민 지배자인 포르투갈인들과의 관계가 종족에 따라 때로는 우호적으로, 때로는 적대적으로 또 경우에 따라 주인과 노예로 유지되는 배경이 되기도 하였다.

제3장 빠우-브라질 경제주기

Ⅰ. 초기의 브라질 개척

1. 탐험의 시작과 초기 식민사업

1500년 브라질을 발견한 포르투갈은 초기 정복시대에는 본격적인 식민 사업을 전개하지는 않았으나 다만 일부 탐험대를 보내 브라질에 대한 조사 수준의 탐험을 시작하면서 정복의 역사를 시작해 초기 식민 사업은 서서히 진행될 수밖에 없었다.

또한 포르투갈이 브라질을 처음 발견하였을 무렵 포르투갈과 인도와의 무역은 절정에 달하고 있었으며 인도와의 직접교역을 통해 향료와 고추 등 동양의 특산물들이 포르투갈로 대량 들어왔다. 아프리카로부터는 금과 상아, 그리고 노예와 다이아몬드 등이 들어와 당시 포르투갈에 엄청난 부를 가져다주었기 때문에 특별한 자원보유 여부가 확실치 않았던 브라질은 포르투갈인 들의 실질적인 관심을 끌지 못하였다.

브라질의 발견과 동시에 본격적인 식민 사업이 전개되지 않은 또 다른 이유 중의 하나는, 인도의 경우에는 발견 당시 포르투갈과 거의 비슷한 수준의 문화와 문명을 지니고 있어서 무력 침공과 동시에 곧바로 실질적인 통치가 가능했다. 그러나 브라질 경우는 아직 석기 시대의 단계에 머물러 있었고 또한 사회 조직 역시 원시적인 유목·수렵사회에서 벗어나지 못했기 때문에 식민 사업을 진행시키기 위해서는 사회의 기본적인 하부구조를 포함하여, 모든 것을 처음부터 다시 시작해야만 했다는 점이다. 게다가 브라질은 발견 당시 원시림으로 뒤덮여 있었고 도로나 운송망이 전무하여 곧바로 식민 사업을 할만한 여건이 되어있지 않았다. 그리고 상업성 있는 상품이라고는 단지 염료 재료로 이용할 수 있는 **빠우-브라질 나무**(pau-brasil)밖에 없었기 때문에 그것은 인도와 아프리카가 가져다주는 부에 비해 하찮은 것에 지나지 않았다.

실제로 1501년 5월 가스빠르 지 레무스(Gaspar de Lemos) 탐험대와 1503년 곤살루 꼬엘류(Gonçalo Coelho) 탐험대를 따라 브라질을 여행했던 당시 유럽 최고의 항해사 아메리꼬 베스뿌치오도 동 마누엘 왕에게 보낸 편지에서 '브라질에는 엄청나게 널리 산재하여 자라는 빠우-브라질 나무나 계피의 일종인 까나-피스뚤라(cana-fístula), 그리고 말로 표현할 수 없을 정도의 신비스런 자연을 제외하고는 금과 같은 경제성 있는 상품이 없다'고 언급하였다. 이 때문에 브라질은 발견 초기에 포르투갈 상선들이 인도를 왕래할 때 급수나 수리를 위한 중간 경유지로서의 대접밖에는 받지 못하였다. 이외에도 포르투갈 내에서조차 노동력이 절대적으로 부족하여 포르투갈 본토 사람들이 브라질로 건너와 식민 활동을 전개할만한 인력이 부족했던 점도 브라질에 대한 식민 사업이 늦어진 또 다른 이유로 꼽을 수 있다.

한마디로 브라질에 대한 식민 사업이 늦어진 이유는 인도에 비해 상업적 가치가 있는 상품이 브라질에는 없었다는 것과 식민 사업이 바로 전개될 수 있는 사회 기본 구조가 브라질에는 존재치 않았다는 것이다. 그리고 브라질의 지형적 조건이 울창한 열대림이 많아 사람의 거주와 지리적 탐험 및 확장이 불가했다는 점과 포르투갈도 당시 흑사병 등으로 인하여 인구가 총 200만 명밖에 안 되어 브라질 개척 사업에 투여할 노동력이 없었다는 점 등으로 지적할 수 있겠다.

2. 염료 나무, 빠우-브라질

현대에 이르기까지 브라질 경제의 중요한 특징의 하나로 꼽히고 있는 소위 **붐경제**(Boom-bust Economy)라는 경제순환의 첫 번째 주기(Cíclo de pau-brasil)의 경제적 재화인 빠우－브라질은 브라질 발견 당시 유럽에서는 모직물 등의 붉은 염료로 각광을 받은 원료를 채취해 내던 염색나무였다. 그러나 오늘날의 국명이 이 나무 이름에서 유래하였듯이[1], 브라질하면 당시에는 빠우－브라질 나무를 연상할 만큼 주요한 수출품목 중의 하나였다.

학명이 까에살피나 에쉬나타(caesalpinia echinata)인 이 나무는 인디오들 사이에서는 이비라삐땅가(Ibirapitanga)라고 불려졌다. 높이는 8－12m, 몸통 지름은 80cm－1m에 이르며, 브라질 발견 당시에는 주로

1) 오늘날의 브라질(포르투갈어로 Brasil)의 국명은 빠우-브라질(pau-brasil)나무를 채취하던 사람을 일컫는 브라질레이루(brasileiro)에서 유래되었다.

히우 그란지 두 노르찌(Rio Grande de Norte) 주에서 히우 지 자네이루 주에 이르는 광범위한 해안지역의 밀림에서 발견되었다. 특히 가장 질이 좋은 빠우-브라질 나무는 뻬르남부꾸(Prnambuco) 주에서 발견되어 17세기 네덜란드 사람들은 이 나무를 뻬르남부꾸 나무(pau-de-pernambuco)라고 부르기도 하였다.

초기에 빠우-브라질의 채취는 보잘것없는 도구와 음식들을 교환하는 조건으로 원주민의 도움으로 이루어진 극히 원시적인 방법으로 이루어졌으며 채취 즉시 배로 옮겨져 포르투갈로 향하였다. 쟝 드 레비는 그의 저서 『브라질로의 여행』(Voyage au Terre du Brésil)에서, '채취된 빠우-브라질 나무의 운송이 인디오들의 어깨에 의해 15내지 20 레구아(1 레구아는 약 5km)나 되는 밀림의 험한 길을 통해 이루어졌다.'고 적을 만큼 이 나무의 채취와 운송이 매우 힘들고 고통스런 작업이었다.

〈빠우-브라질나무〉

이렇게 채취, 운송된 빠우-브라질은, 포르투갈이 해외 영토 확장 당시 무역거래에서 일반적으로 행해졌던 '왕실독점사업'제도와 마찬가지로 동 마누엘 왕의 결정에 의해 왕실의 독점 하에 두고 거래를 시작하려 하였다. 그러나 빠우-브라질이 인도에서 들여오는 특산물에 비해 그다지 경제성 있는 자원으로 생각되어지지 않았기 때문에 포르투갈왕실은 이 나무의 채취와 운송 그리고 판매의 일종의 특허권한을 페르나웅 지 로롱냐(Fernão de Loronha, 혹은 페르나웅 지 노롱냐 Fernão de Noronha라고 알려져 있음)라는 개인업주에게 위탁하였다. 인도와의 무역으로 큰돈을 모은 그는 빠우-브라질의 개발을 위해 매년 6척의 배를 브라질에 보내 해안으로부터 300 레구아를 개척하고 요새를 지어 3년간 자신의 비용으로 이를 유지하는 대신 빠우-브라질로 생기는 수익의 1/5를 포르투갈왕실에 헌납하기로 계약을 맺었던 것이다. 그러나 보기와는 달리 빠우-브라질의 채취는 당장의 큰 이득을 얻으려는 이 개인 업주에게는 힘들고 어려운 사업으로 생각되었다. 그 때문에 그는 왕실과의 계약도 제대로 이행하지 않고 채취를 포기, 빠우-브라질은 곧 프랑스와 스페인 등의 해적단의 노략물로 전락하고 만다.

Ⅱ. 외세와의 경쟁

1. 프랑스와의 경쟁

포르투갈이 빠우-브라질의 생산과 판매를 통해 얻어 들이는 수익은 당시로서는 상당히 컸지만 그것의 교역은 프랑스 해적의 약탈행위와 대양횡단의 위험성 때문에 매우 모험적인 사업이었고 또 아프리카나 인도에서 벌어들이는 수익이 상대적으로 컸기 때문에 포르투갈에게는 그다지 매력 있는 교역은 아니었다. 하지만 선택의 여지가 없었던 프랑스의 상인과 해적들은 브라질 해안에 자주 침몰하여 빠우-브라질의 약탈행위에 전념하게 된다. 그리고 프랑스인들은 포르투갈과 까스뗼라 사이에 맺어진 또르데실랴스 조약의 임의성을 내세워 빠우-브라질 채벌에 간여하기 시작하는데, 당시 프랑스의 왕이었던 프랑시스꼬 1세는 "태양은 모든 사람들을 위해 빛을 발하는 것이며 이 세상을 포르투갈과 스페인 사람들에게만 나누었다는 아담의 유언은 들은 바 없다."고 말하기까지 하였다. 특히 이들은 브라질 인디오들에게 유화정책을 펴면서 상당한 교분 관계를 유지, 값싼 물건을 주는 대가로 상당량의 빠우-브라질 나무를 실어가 포르투갈의 대 브라질 무역을 위기 상황에 몰아넣기 시작하였다. 한편 프랑스의 이러한 약탈행위에 대해 포르투갈의 동 주엉 3세(D. João III)는 수차례나 프랑스 왕에게 항의하였지만 자신의 항의가 무위임을 확인한 뒤 1516년과 1519년 사이와 1526년과 1528년 사이에 끄리스또바웅 쟈끼스(Cristovão Jaques)를 보내 브라질 해안지역을 경비하고 빠우-브라질을 밀매하는 프랑스 배들을 습격, 침몰시키게 된다. 그러나 포르투갈왕실의 이러한 노력은, 프랑스인들에 의해 잘 훈련된 인디오들이 여전히 그들과의 밀매무역을 계속하고 또한 프랑스 해적단이 포르투갈의 배들을 오히려 나포하는 바람에 큰 성과를 거두지 못하게 된다.

2. 빠우-브라질의 쇠퇴

빠우-브라질은 1500년 브라질의 발견 이후부터 1590년대 말까지 포르투갈에 크나큰 경제적 이득을 가져다주었지만 채취와 판매 등의 특권을 위임받은 업주들은 외국의 밀매로 인하여 큰 이익을 보지는 못하였다. 또한 일방적인 벌목으로 인하여 1591년부터는 그 생산이 급격히 하락하여 1606년부터는 브라질의 해안경계에 드는 비용지출을 따라가지도 못하는 상황에 도달, 급기야 1625-1649년 사이엔 빠우-브라질의 벌목권을 예수회에게 넘겨주면서 빠우-브라질을 보호하기 시작하였으며 17세기 초까지 그 생산량은 매년 10,000 낀딸(quintal,

1 quintal은 약 60kg에 해당)에 이르렀다고 한다. 이후 18세기에 들어서 뻬르남부꾸 주의 해안지방에서는 빠우-브라질을 거의 찾아 볼 수 없게 되었으며 그 용도 역시 건축 자재로 탈바꿈하다가 오늘날에 와서는 공예품을 만드는 재료로만 사용될 뿐이다.

Ⅲ. 브라질에 대한 본격적인 식민지배

1. 배경-동방 무역의 쇠퇴

포르투갈은 아프리카와 인도로부터 들여오는 경제적 재화로 인하여 부의 전성기를 맞이하였으나 해외에서 들어온 이러한 부를 적절히 활용하지 못하고 사치와 낭비로 탕진하였으며 동시에 인도와의 무역 또한 대외적 여건의 변화로 쇠퇴기에 접어들기 시작하였다. 당시 포르투갈의 상황은, 첫째, 극도의 소비 향락이 만연하여 수입이 크게 증가하였다. 그 결과 대 유럽 무역 전진기지를 통해 자국의 상품을 판매하여 부를 축적하기보다는 동방무역에서 얻은 모든 이익을 사치품 구입에 사용함으로써 자본이 국내에 거의 투자되지 못하였으며 이로 인해 16세기 중엽 포르투갈의 외채는 급격히 증가하였다. 둘째, 포르투갈이 인도 및 동방제국을 세우기 이전에 존재했던 이슬람 족과 터어키인, 인도인들이 포르투갈에 반격을 시작하여 홍해와 페르시아 만을 통하는 무역로를 재 장악하기에 이르러 급기야 아프리카 해안을 통한 동방무역도 점차 감소되기 시작했다. 셋째, 또한 상선들에 대한 해적들의 빈번한 공격으로 재산과 인명 피해가 급증하기 시작하여 동방

무역의 실효성에 대한 의문이 제기됐으며 그 결과 사치품 수입도 줄일 겸 동 주앙 2세(D. João II)는 유지가 어려운 아프리카 여러 도시 및 무역소(feitoria)들을 버리고 인도 무역을 축소시키게 된다. 넷째, 동방 무역의 퇴조를 만회하고자 동 세바스찌아웅(D. Sebastião) 시대인 1570년부터는 1506년 이래 왕실 독점 하에 있던 해외(동방)무역을 완전히 자유화한다. 그리고 여섯째, 1580년 포르투갈이 스페인에 합병되자 영국과 네덜란드인들이 당시 포르투갈의 독점 무역 루트였던 희망봉을 경유한 인도 무역에 개입하여 포르투갈의 동방 상권은 점차 그 매력을 상실케 된다.

이처럼 동방무역의 쇠퇴와 더불어 브라질에서 나는 빠우-브라질이 점차 새로운 상품으로 각광을 받기 시작하였으며 지리적으로도 브라질이 포르투갈에 가까워서 무역에 따른 경비를 줄일 수 있을 뿐만 아니라 인도로 넘나드는 자국 상선들의 중간 거점지로도 활용할 수 있었기 때문에 브라질에 대한 식민 사업의 필요성이 강하게 제기되었다. 이와 함께 브라질 발견 초기부터 프랑스인들이 브라질로 들어와 빠우-브라질의 밀매 행위 및 포르투갈 상선에 대한 약탈 행위를 일삼아 왔으며 그들이 브라질에 무역소까지 세우는 등 브라질에 대한 지배욕을 나타내 보이자 이에 대한 대응책으로 브라질에 대한 실질적인 식민 사업이 다급해졌던 것이다.

이러한 이유로 동 주앙 3세(D. João III)는 드디어 브라질에 대한 본격적인 식민 사업을 실시하게 되었다. 포르투갈 왕실은 당초 식민 사업을 국가 정책적인 차원보다는 개별적인 기업의 형태로 실시하였는데, 브라질을 14개의 **봉토**(Capitania)로 나누어 중, 하위 귀족계급 12명에게 영구 임대하는 형식을 취하였다. 이때 나눠준 세습봉토를 증여의 의미가 포함된 까삐따니아 도나따리아(Capitania Donatária) 혹은 까삐따니아 에레지따리아(Capitania Hereditária)라고도 불렀으며 각 까삐따니아의 관리자요 소유자를 세습봉토주라는 의미의 까삐따웅 도나따리우(Capitão Donatário)라고 일컬었다. 브라질의 영토 중 처음으로 세습봉토의 형태로 불하된 땅은 1504년 동 마누엘 시대였던 싸웅 주엉 까삐따니아(Capitania de São João)로 이곳은 1503년 브라질 탐험대의 일원으로 브라질에 온 페르나웅 지 로롱냐(Fernão de Loronha)에게 주어졌다. 그리고 본격적인 세습봉토제를 통한 브라질 식민 사업은 1530년 동 주엉 3세가 마르띵 아퐁쑤 지 쏘우자(Martim Afonso de Sousa)를 대장으로 5척의 배에 400여명의 포르투갈 식민자들과 묘목과 씨앗 그리고 농기구들을 싣고 브라질로 파견하면서 시작되었다.

〈아퐁쑤 지 쏘우자〉

2. 마르띵 아퐁쑤 지 쏘우자의 탐험과 식민사업

포르투갈 왕실은 1530년 마르띵 아퐁쑤 지 쏘우자 탐험대를 브라질로 보내 브라질에 대한 본격적인 식민 사업을 위한 개척활동을 하게 하였다. 발견 이후 3 차례의 앞선 탐험대와 그 성격을 달리하는 이 탐험대의 주요 임무는 브라질 개척과 해안경비 그리고 본격적인 식민화였던 만큼 당시 동행했던 인원만 400 여명에 이르렀고 이들은 각종 씨앗과 농기구 등을 지참하였다. 이 탐험대는 북동부 바이아 지방에서 오랫동안 인디오들과 함께 살고 있었던 포르투갈인 난파선원의 한 사람인 일명 까라무루(Caramuru)라 불리는 디오구 알바리스 꼬헤이아(Diogo Ávares Correia)를 만나기도 했으며, 이 지방의 정착을 위해 3명의 포르투갈인을 잔류시키기도 하였다.

마르띵 아퐁쑤와 그 일행은 이후 남쪽지방으로 탐험을 계속, 히우 지 자네이루 지방의 과나바라 만에서 요새와 두 척의 배를 건조하며 3개월간 체류하고 또한 그곳에서 일련의 내륙 탐험대를 파견하는데 이 탐험대는 파라과이강에서 금과 은이 난다는 소식을 가지고 오기도 하였다. 그 뒤 그는 다시 남쪽으로 내려가 지금의 싸웅 빠울루 주에 속하는 일랴 지 까나네이아(Ilha de Cananéia)에 도착하게 되는데 이곳에서 그는 인디오들과 함께 살고 있는 여러 유럽인들을 만나게 된다. 이들 중 프란시스꾸 샤비스(Francisco Chaves)라는 사람은 인디오들과 마르띵 아퐁쑤 탐험대 사이에서 통역 역할을 하면서 원정대를 조직해 주면 내륙 지방으로 들어가 400여명의 노예와 금, 은, 보화를 가져오겠다고 제안, 마르띵 아퐁쑤에게서 80명으로 구성된 원정대를 지원 받게 되나 이 원정대는 끝내 돌아오지 않았다.

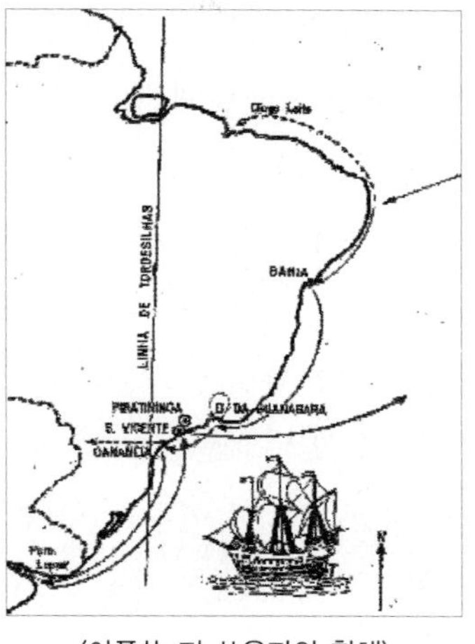

〈아퐁쑤 지 쏘우자의 항해〉

그 후 마르띵 아퐁쑤 일행은 히우 다 쁘라따(Rio da Prata)로 향한다. 도중에 자신의 배가 난파하여 자신의 부하들에게 이 지역의 탐험을 맡기고 자신은 1532년 싸웅 빠울루 주의 싸웅 비센찌(São Vicente)로 되돌아가 이곳과 싼뚜 아마루(Santo Amaro), 그리고 내륙지방의 싼뚜 안드레(Santo André)에 브라질 최초로 도시 형태를 갖춘 마을(vila)을 세우게 된다. 그리고 특히 싼뚜 안드레에 대해서는 그 지역에 이미 들어와 살고 있던 주엉 하말류(João Ramalho)와 인디오 지도자인 띠비리싸(Tibiriça)에게 그 지역의 행정을 맡긴다. 그리고 마르띵 아퐁쑤 자신도 싸웅 비센찌에 정착하여 그곳에 사탕수수 농장을 세우고 또한 자신의 부하였던 브라스 꾸바스(Brás Cubas)로 하여금 싼뚜스(Santos) 항에 마을을 세우도록 하고 나중에 싸웅 비센찌 마을과 통합시킨다.

마르띵 아퐁쑤가 브라질에 머무는 동안 그는 포르투갈왕실로부터 당시의 브라질을 14등분하여 이미 아프리카 여러 식민지 군도에서 실시하고 있던 **세습봉토제**(Capitania Donatária)제도를 실시하라는 서한을 받게 되었으며 이렇게 하여 브라질은 14개의 세습봉토가 12명의 세습봉토주에 의해 지배되기 시작하였다.

Ⅳ. 브라질의 인종(2)－백인

1. 최초의 백인 식민자들

■ **유배자들－**브라질이 처음 발견되었을 당시 포르투갈에서는 죄인들에게 유배형을 내리는 것이 일반화되어 있었다. 해외 식민지 확장에 열을 올리던 포르투갈왕실의 입장에서는 이러한 유배형이 식민 사업에 적절한 인력의 파견이라는 목적과 맞아 떨어져 많은 죄인들을 특히 브라질에 보내게 되었다.

브라질에 정착하게 된 최초의 포르투갈인 중 중요한 인물은 1500년 뻬드루 알바리스 까브랄 함대에 동승했던 유배자 아퐁쑤 히베이루(Afonso Ribeiro)를 꼽을 수 있는데 그를 비롯한 다른 유배자들은 브라질 땅에서 인디오의 언어와 브라질에 관한 다른 정보를 익히는데 주력한 것으로 알려지고 있다.

또 다른 중요한 인물은 1501년 가스빠르 지 레무스 브라질 탐험대에 동승했던 유배자이다. 훗날 싸웅 빠울루 인근 해안의 까나네이아에서 또 다른 탐험대에 의해 마주쳤던 사람으로 그의 이름은 정확히 알려지지 않았지만 일명 '학사'(Bacharel)로 불릴 만큼 당시로서는 상당히 학식이 높은 인물이었던 것으로 전해지고 있다.

이들 유배자 외에 브라질에 정착한 또 다른 백인들은 인디오와 외국의 공격에 방어하기 위해 포르투갈왕실이 세운 요새(fortes)와 빠우-브라질 나무를 비롯해 브라질의 다른 특산물을 본국 포르투갈로 운송하기 전 보관, 저장해두었던 무역소(feitorias)에서 봉사하였던 사람들을 들 수 있다. 브라질에 세워진 첫 번째 무역소는 1503년 탐험가 아메리꼬 베스푸치오가 까부 프리우에 건설한 것으로 알려지고 있다.

■ **초기 백인 식민자들**–유배자들 외에 브라질에 정착한 백인 식민자들의 대부분은 첫째로 선원들이었다. 당시 새로이 발견된 브라질 땅에 관한 호기심에 이끌린 이들은 힘들고 고된 함상 생활에서 도망쳐 브라질에 정착하였다. 이들 외에 브라질 해안 지역에서 폭풍우 등으로 난파한 난파선의 생존자 또한 브라질에 정착한 백인들로 볼 수 있는데 이들 중 일부는 원주민 인디오와 교분을 쌓아 포르투갈왕실의 식민 사업을 도와줄 수 있었다. 본격적인 식민 사업을 위해 브라질에 파견된 공식적인 백인 식민자들은 1530년 마르찡 아퐁쑤 지 쏘우자

탐험대에 동행한 사람들로서 이들은 포르투갈왕실의 공식명령을 받아 브라질에서 농업활동에 종사하고 영원히 브라질에 거주할 목적으로 정착하였다.

2. 백인과 인디오의 관계

〈브라질 땅에서 백인들의 첫 번째 미사〉

포르투갈 백인과 원주민 인디오간의 공식적인 첫 번째 접촉은 1500년 까브랄 함대가 바이아 주 해안지역에 도착한 때에 이루어졌는데 '뚜삐니낑 족'으로 알려진 이들 인디오 중 두 명이 쪽배를 타고 아무런 두려움도 가지지 않은 채 포르투갈 함대에 접근, 발견자 까브랄을 만났으며 또 다른 인디오들은 선원들을 도와 식수를 나르고 나무십자가를 만드는 일을 도와 준 것으로 역사에서 전해지고 있다. 이후 브라질 땅에서 두 번째로 미사가 행해졌을 때에는 인디오들이 포르투갈 백인들 옆에서 정중하게 미사의 모든 의식을 함께 참여한 것으로 알려져 이들 인디오들을 쉽게 가톨릭으로 개종시킬 수 있을 것으로 보고 포르투갈왕실에 선교사를 파견해줄 것을 요청하기도 하였다.

이후 포르투갈 백인들은 인디오와 특별한 교분을 쌓아가기 시작한다. 인디오들은 백인들에게 자신들이 손수 만든 그물침대와 특산물, 원숭이와 앵무새를 비롯한 동물들을 제공하는가 하면 빠우-브라질 나무를 채취하는 일을 도와주었으며, 그 대가로 백인들은 유리제품과 세공품, 거울 그리고 직물 등을 제공하였다.

이들 백인 중에는 심지어 인디오 여성과 결혼해 가정을 이루고 살기도 하였는데 이들 중 1530년 마르띵 아퐁쑤 탐험대에 의해 싸웅 비센찌 봉토와 주엉 하말류(João Ramalho)와 바이아 주 해안지역에서 발견된 디오구 알바리스(Diogo Álvares)는 그 대표적 인물로 알려지고 있다. 그러나 대다수의 포르투갈 백인 식민자들은 훗날 인디오들을 노예화하거나 또는 다른 인디오 부족들에게 넘겨주기 위해 일부러 인디오와 친하게 지내는 척만 한 것으로 알려지고 있으며 이러한 이유 때문에 당시 원주민 인디오를 잘 다루는 기술을 갖고 있던 프랑스인들과 연합하기를 선호하였다.

제4장 세습봉토제와 총독제를 통한 식민화

I. 세습봉토제(Sistema das Capitanias Hereditárias)

1. 세습봉토제의 실시

〈14개의 까삐따니아〉

세습봉토제가 실시된 이유는 앞서 언급하였듯이 당시 포르투갈의 대 인도 교역이 여타 국가들과의 경쟁 상황에 놓이면서 독점권을 상실해가고 있었고 브라질 또한 프랑스와 스페인 해적들의 잦은 출몰로 빠우-브라질 나무의 무역이 타격을 받기 시작한 것이 주된 요인이었다. 세습봉토제는 포르투갈이 마데이라(Madeira)와 아쏘리스(Açores) 그리고 까부 베르지와 싸웅 또메(Cabo Verde e São Tomé)섬 등지를 지배할 때도 사용되었던 제도로, 무엇보다도 광대한 영토의 브라질을 왕실 단독으로 보호하기가 힘들었기 때문에 봉토주 자신의 재원으로 영구임대 받은 땅을 개발해 가는 국가 정책적인 차원에서보다는 개별적인 기업의 형태를 취한 식민사업이다. 이때 불하 받은 봉토는 까삐따니아 도나따리아(Capitania Donatária), 까비따니아 에레디따리아(Capitania Hereditária) 또는 세즈마리아(Sesmaria)라고 불렀으며, 각 까삐따니아의 봉토주는 까삐따웅 도나따리우(Capitão Donatário)로 불렀고, 포르투갈왕실과 이들 봉토주 간의 관계는 **포랄**(foral: 일종의 특권 또는 면허)이라는 계약에 의거, 각각 권리와 의무가 정해졌다.

브라질 영토 내에서 처음으로 만들어진 봉토는 1504년 동 마누엘 1세에 의해 지금의 페르난두 지 노롱냐(Fernando de Noronha) 지방인 싸웅 주엉(São João)이었다. 세습봉토제도의 본격적인 정착은 1534년과 1536년 사이 동 주엉 3세가 14개의 봉토를 만들면서부터였다.

2. 세습봉토주의 권리와 의무

포랄이라는 계약을 통해 포르투갈왕실로부터 토지의 사용권을 허가 받은 세습봉토주는 다음과 같은 권리와 의무를 이행해야 하였다.

첫째, 이들은 원주민 인디오들을 노예로 삼고 또 팔 수 있었으며 이때 왕실에 세금을 물지 않는다. 다만 연간 39명의 노예를 포르투갈로 이송하여야 했다. 둘째, 민·형사적 처벌 권을 갖고 있으며 엄격한 사법제도를 적용해 노예와 일반인들을 사형에 처할 수도 있었으나 귀족에게는 반역이나 이교도로 판명될 경우 추방시킬 수도 있었다. 셋째,

식민사업과 함께 도시(또는 마을, Vila; 빌라)를 건설하고 판사와 공증인 등의 공직을 임명할 수 있었으며, 포르투갈 본국인들을 보호하였다. 넷째, 농업이나 목축을 위하여 가톨릭교도들에게 무상으로 **세즈마리아**(Sesmaria)라 불리는 토지를 불하할 수 있었다. (이 토지는 2년 사용 후 자기 소유가 되나, 부인, 장남, 유태인과 기타 외국인들은 혜택을 받지 못함) 다섯째, 빠우-브라질의 채취와 어업활동으로 생기는 수입의 50%를 징수할 수 있었다. 여섯째, 귀금속 채굴 때 일반거주민이 포르투갈왕실에게 지불했던 수익의 20% 중 10%를 받을 수 있었다. 일곱째, 강에서의 항해료를 징수할 수 있었다. 여덟째, 모든 염전과 방앗간 그리고 사탕수수 공장의 사용료를 징수할 수 있었으며 봉토주의 허가 없이 일반 주민들은 사탕수수 농장을 설립할 수가 없었다. 아홉째, 식민 사업에 드는 모든 비용은 자비로 충당해야 했다.

한편 포르투갈왕실은 주요 경제권 즉, 향료와 약초, 빠우-브라질, 노예무역 등에 대해 독점권을 유지하였으며, 일반거주민들은 자기 마을의 자치의원(vereador과 판사(juíz) 등을 선출할 수 있었다.

3. 세습봉토제의 실패

세습봉토제의 실시와 함께 브라질에 대한 식민 사업은 그런대로 잘 진행되어 가는 듯 보였으나 점차 발생하는 여러 문제점들로 인해 사탕수수 재배로 부강해진 싸웅 비센찌와 사탕수수 경작에 적합한 **마싸뻬**(Massapé) 토양이 풍부해 오늘날까지도 사탕수수의 보고지로 알려진 뻬르남부꾸, 바이아를 제외한 거의 모든 까삐따니아들이 방치 상태에 머물게 된다.

■ **싸웅 비센찌 까삐따니아(Capitania de São Vicente)** – 설립 초창기에 파라과이로부터 들어와 인근의 이과뻬(Iguape)에 정착한 스페인인들에 의해 침략을 받았고 그와 동시에 이 지역에 거주하던 인디오 뚜삐남바스 족과 치열한 전쟁을 치러야 하였다. 1545년경 싸웅 비센찌는 마르띵 아퐁쑤 지 쏘우자의 신임을 받던 브라스 꾸바스에 의해 통치되었는데 이때 다른 인디오 부족인 따모이우스 족과 결전을 벌여 이들을 물리쳤으며 그 자리에 싸웅 비센찌보다 나은 지금의 산뚜스(Santos) 마을을 건립하는 등 많은 발전을 거듭하였다.

■ **뻬르남부꾸 까삐따니아(Capitania de Pernambuco)** – 외교관으로 활약하였던 봉토주 두아르찌 꼬엘류(Duarte Coelho)가 까삐따니아를 물려받기 전인 1531년에 빠우-브라질을 밀매하던 프랑스 밀매업자들을 감시하는 해안 경비 업무를 맡는 등 유능한 관리였던 탓에 건실한 발전을 하였다. 까브랄이 브라질을 발견하기 전 스페인의 삔손 형제가 다녀갔던 곳이기도 한 이 까삐따니아는 그가 부임하기 전에 이미 유럽인들에게 많이 알려져 있었으며 한 두 개의 무역소가 설치되어 인디오들과 좋은 관계를 유지하고 있었던 관계로 빠우-브라질 채벌에 별 다른 어려움이 없어 상당한 이익을 얻고 있었다. 또한 전임 뻬루 로뻬스 지 쏘우자가 1532년 본국으로 돌아갈 때 프랑스인들이 세웠던 무역소를 공격, 파괴시킨 덕분에 지역에 대한 안전 문제도 어느 정도 해결된 상태였으며 자신이 부임 후엔 인디오들 사이에 마링(Marim)[1]이라 불리던 지역에 지금의 올린다(Olinda)[2] 시를 세웠다.

---

1) 역사학자인 바르냐젱에 따르면 인디오 말로 마이리(Mair-i)로 불리기도 했던 이 지역은 그 의미상 프랑스인들의 물 또는 강을 의미하는 것으로 다시 말해, 그 지역에 먼저 정착한

〈오늘날의 올린다 시〉

올린다에 첫번째 사탕수수 농장인 노싸 씨뇨라 다 아주다(Nossa Senhora da Ajuda)[3]가 세워졌으며 1550년에는 뻬르남부꾸 전체에 5개의 사탕수수 농장이 들어서게 되었다. 이때만 해도 사탕수수 외에 빠우-브라질이 뻬르남부꾸의 주된 수입원이었으나 시간이 흐를수록 해안 지역에 있던 빠우-브라질이 지나친 벌목으로 거의 사라져 내륙으로 들어가야 했는데 비용이 너무 막대한 관계로 포기하고 말았다. 이러한 발전과 더불어 뻬르남부꾸의 경계는 이미 또르데질랴스 조약에서 정해진 경계를 넘어 스페인 영토까지 확장되었는데 대다수의 도시와 식민 사업은 해안에 집중되어 있었다. 그것은 포르투갈로부터 유입된 이주자들의 수가 극히 적었으며 또 내륙에 들어갈수록 인디오들과 전쟁 등 충돌이 잦았고 내륙지방은 정기적으로 가뭄이 찾아오는 오지 지역으로 생활과 농사가 힘들었기 때문이다. 아울러 남미의 여타지역에 당시에 열강으로 떠오르던 스페인이 잉카와 아즈텍 같은 인디오들의 발달된 문명을 완전 파괴하는 등 그 기세가 등등했던 반면 포르투갈은 상대적으로 허약한 모습을 보이고 있었던 것 역시 내륙으로의 영토 확장에 걸림돌

사람들이 프랑스인들이었다는 것을 의미한다고 주장한다.

2) 이 지역 명칭에 대해서는 포르투갈어의 'Ó linda!'(오! 아름답구나)와 비슷하다하여 이 지역의 누군가가 아름다운 경치에 매혹되어 그렇게 부른 것이라는 설이 있으며 역사학자인 바르냐젱의 경우 당시 포르투갈의 어떤 도시 또는 가든의 명칭을 따온 것으로 그 당시 많은 사람들이 즐겨 읽던 기사소설(O Amadis de Gaula)의 등장인물 이름 가운데 하나였다고 주장한다.

3) 뻬르남부꾸의 첫 사탕수수농장으로 후에 포르누 다 깔(Forno da Cal)이란 이름으로 바뀌었다.

로 작용한 것으로 보인다. 어쨌든 뻬르남부꾸는 해안을 중심으로 큰 발전을 보여 16세기가 끝나던 무렵 무려 60개의 사탕수수농장을 소유하는 등 까삐따니아 제도의 성공적 사례로 기록되었다.

이처럼 세습봉토제가 일부 지역을 제외하고 제 역할을 하지 못하게 되자 포르투갈왕실은 1549년 1월 칙령을 통해 바이아의 쌀바도르(Salvador)를 수도로 정함과 동시에 **총독제도**(Governo-Geral)를 도입, 세습봉토제도를 보완하기에 이른다. 세습봉토제도가 실패한 데에는 다음과 같은 요인들이 있었다.

첫째, 봉토주들은 포르투갈 본국 정부로부터 어떤 도움도 받지 않았다. 그와는 반대로 왕에게 빠우-브라질의 독점권을 줘야했고 귀금속에 대해서는 20%, 그리고 기타 모든 생산물에 대해서는 10%를 세금으로 바쳐야 했기 때문에 봉토를 자체 운영하기에는 턱없이 재원이 부족하였다. 둘째, 당시까지는 인도와의 무역이 많은 이익을 가져다주고 있었기 때문에 봉토주들이 브라질에 대해 큰 관심을 갖지 않았으며, 일부 봉토주들은 아예 브라질에 오지도 않았다. 셋째, 인디오와 프랑스 등의 해적으로부터 끊임없이 공격을 받았으며, 또 일반 주민들을 효율적으로 통제하지 못하여 범법자들이 많이 발생, 도주하는 사건이 빈발하였다. 넷째, 왕으로부터 불하 받은 땅이 워낙 넓었으므로 개발에 드는 비용을 감당하지 못하였다. 그리고 인디오나 외국해적들이 침략하는 경우 이웃 까삐따니아에게 도움을 요청하기가 어려웠으며 설사 도움을 요청한다 해도 이웃 까삐따니아의 재원이 빈약, 거절당하기 일쑤였다. 다섯째, 본토와의 거리 및 통신 문제 그리고 대부분이 유배자 또는 난파선의 생존자로 구성된 식민자의 문제가 악의 근원으로 작용했으며 이외에도 풍토병 등으로 사망자가 급증하는 문제점도 이 제도의 정착을 가로막는 요인으로 작용했다.

그러나 세습봉토제도가 실시되면서 해안지역을 따라 식민 사업이 전개되어 프랑스나 스페인 등의 외국인들이 브라질에 와서 정착하는 것을 막을 수 있었으며, 또한 뻬르남부꾸와 싸웅 비쎈찌 까삐따니아의 성공이 브라질을 포르투갈의 식민지로 정착시키는데 크게 공헌하였던 것으로 볼 수 있다. 세습봉토제도는 18세기 중반 무렵 포르투갈의 뽕빨 재상이 실권을 쥐고 있을 때 완전히 자취를 감추게 되었다.

Ⅱ. 총독제(Governo－Geral)

1. 실시 배경

세습봉토제도의 실패 원인이 한편으로 봉토주들의 권위 부족에 있다고 판단한 포르투갈왕실은 본격적인 식민사업과 브라질의 번영 그리고 영토 내에서의 질서유지를 위해 새로운 제도를 모색한다. 동 주엉 3세는 1549년 1월 7일 칙령을 통해 **총독제**를 도입하여 브라질을 국가적 차원에서 통치하게 되는데 이를 통해 식민지 브라질 내에서 모든 권력은 한 명의 총독에게 주어지게 된다. 총독부의 창설은 까삐따니아 제도의 종지부를 의미하는 것은 아니었으며, 그 제도의 보완을 위하여 취해진 조치였다고 보는 것이 옳다.

초대 총독부의 본부는 **바이아**로 결정되었는데 그 이유는 이곳이 다른 까삐따니아에 비해서 비교적 남북의 중앙에 위치하고 있어 총독이 남북으로 위치한 까삐따니아의 이해관계를 원활히 조정할 수 있기 때

문이었다.[4)]

총독부의 임무는 초대 총독의 파견 시 왕으로부터 수여 받은 서류, 일명 '규정' (Regimento)에 명시되어 있다. 브라질 내 봉토주의 권력남용과 포르투갈 왕실에 대한 불복종을 감독, 징계하며, 외적과 원주민 침입 시 군대를 지원해 주고, 이와 함께 왕실의 이익을 대변하는 동시에 봉토주－식민자의 이해관계를 조정하는 왕실대리인으로서 브라질을 통치하는 것이다. 이러한 임무를 위해 총독은 왕실에서 임명하는 4명의 고위 관료, 즉 군부를 총괄, 지휘하는 요새총관(Alcaide-mor)과 사법부를 총괄하는 사법총관(Ouvidor-mor), 그리고 외적의 침입에 대응하기 위하여 해안경비와 방위를 총괄 담당하는 해안방위총관(Capitão-mor da Costa)과 식민지의 재정을 총괄 담당하는 조달총관(Provedor-mor da Fazenda)의 지원을 받게 되었다.

1549년 초대총독의 파견과 함께 막이 오른 총독제는 1640년 **부왕(副王)제**(Vice-Rei do Brasil)로 명칭이 변경되고, 1808년 프랑스 나폴레옹 황제의 대륙봉쇄령에 불복한 포르투갈이 프랑스의 침공을 받자 포르투갈왕실이 브라질 히우 지 자네이루로 천도할 때까지 260년간 지속되었다.

2. 초대 총독, 또메 지 쏘우자

1548년 임명된 초대 총독 또메 지 쏘우자(Tomé de Sousa)는 1549년

---

4) 봉토제는 자식에게 계속 세습되어지고 있었기 때문에 포르투갈 왕 자신도 총독부를 설치하기 위해 마음대로 봉토주의 까삐따니아를 취할 권리는 없었다. 그래서 당시 동 주엉 3세는 총독부를 설치하기 위해 바이아의 까삐따니아를 소유자로부터 사들일 수밖에 없었다.

〈1대 총독의 바이아 도착〉

3월 29일 6척의 배와 600여명의 추방자와 이주민 그리고 마누엘 다 노브레가(Manuel da Nobrega)를 포함한 6명의 **예수회 선교사**(jesuítas)[5]와 함께 바이아의 쌀바도르에 도착하였다. 당초 그의 임무는 앞서 브라질에 도착했던 마르띵 아퐁쑤 지 쏘우자를 뒤잇는 것이었으나 당시 브라질에서 시행되던 까삐따니아 제도에 대한 평가와 더불어 총독제 시행을 위한 첫 걸음이었는데 총독의 브라질 도착으로 포르투갈의 대 브라질 식민 정책은 큰 변화를 나타내기 시작하였다.

초대 총독인 또메 지 쏘우자는 포르투갈을 떠날 당시 왕으로부터 일명 '1548년 1월 17일자 칙령'을 받았는데 48개 항으로 이루어진 이 칙령에는 향후 세워질 총독부의 위치, 즉 식민지 브라질의 수도를 정할 것과 세즈마리아 제도의 추가 시행, 무역제도의 조직화, 영토 방위, 인디오들 및 프랑스 해적들에 대한 대처문제 등이 기술되어 있었다.

---

5) 예수회(Companhia de Jesúitas)는 1534년 싼뚜 이나씨우 데 로욜라(Santo In cio de Loyola)에 의해 설립되었다. 이들은 브라질에 도착 후 주로 인디오의 교화와 교육에 힘쓰면서 인디오들을 보호하고 그들과 더불어 마을(aldéia) 또는 헤두싸웅(redução)을 형성하였다. 당시 유명한 예수회 선교사들 중 주제 지 앙쉬에따(José de Anchieta)는 원래 스페인 태생이면서 남미에서 가장 많이 쓰이던 인디오의 언어인 뚜삐어의 문법책을 만들었으며, 안또니우 비에이라(Antônio Vieira)도 당시 브라질의 상황을 알리는 여러 문학작품을 남겼다. 그 후 1750년경 포르투갈의 뽐발(Pombal) 재상이 예수회 선교사들을 본토와 해외 식민지로부터 완전 추방했을 때(교황 클레멘토 14세) 인디오들의 마을은 자치시(自治市)로 탈바꿈하면서 시의원과 판사를 선출, 하나의 독립된 마을로 성장하기 시작했다. 그러나 선교사들이 없어지자 대부분의 인디오 사회는 혼란에 빠져 다시 백인사회에 흡수되고 말았다. 그 후 1814년 교황 피오 7세(Pio VII)에 의해 예수회 선교사들은 복권되어 다시 브라질에서 활동하게 된다.

왕명에 따라 또메 지 쏘우자는 북동부 바이아주의 쌀바도르를 식민지 브라질의 첫번째 수도[6]로 정하고 앞서 언급하였던 사법총관 등의 조직을 갖추었다. 그는 임기동안 수도 쌀바도르의 건설 외에도 1552년 각 까삐따니아를 방문하여 행정 및 세금관계를 손수 확인하는 등 체계적인 식민사업 전개에 부단한 노력을 기울였으며, 자신과 함께 브라질에 온 예수회 선교사 마누엘 다 노브레가는 수도에 **예수회 학교**(Colégio dos Jesuítas)를 세워 인디오의 개화, 교육 그리고 이들과 백인들 간의 화합 및 중재에 노력을 기울였다.

그러나 이러한 가시적 발전과 더불어 다양한 문제 또한 발생하였는데 일례로 초대 총독과 동반하여 브라질로 들어온 사람들이 대다수가 남자였던 관계로 이들과 인디오 여성들과 결혼을 하는 사례가 빈발하여 그때까지 뚜삐남바스 족들과 좋게 유지되던 관계가 악화되기 시작했으며[7] 이로 인해 선교사들의 활동 또한 지장을 받게 되었다.[8] 이와 같은 문제가 발생하자 포르투갈의 동 주엉 왕은 선교사들의 요청을 받아들여 포르투갈 여성들을 브라질로 보내어 바이아 지방의 식민 사업을 독려하기도 하였다.

---

6) 쌀바도르는 브라질에서 사탕수수가 재배되어 부흥을 이루던 시기에 브라질 정치 · 경제의 중심지로 각광을 받았으나 사탕수수 농업이 사양길에 접어들고 미나스 제라이스를 비롯한 남서부 지방에서 금이 대량 생산되기 시작하자 1763년 히우 지 자네이루에게 수도 자리를 넘겨주었다.

7) 인디오들과의 관계는 그 후 호전되었지만 또메 지 쏘우자는 인디오들의 식인 풍습에는 단호하면서도 잔인한 방법으로 맞섰는데 일례로 주민 4명이 인디오들에 의해 살해되자 인디오들을 잡아서 그 중 두 명을 대포 포신의 입구에 묶어 발사토록 하는 잔인한 방법을 쓰기도 하였다.

8) 당시 인디오들의 교화에 힘쓰던 마누엘 다 노브레가는 한 서한문에서 '모두들 결혼할 여자가 없다고 야단이다. 나는 그들이 상대만 있으며 결혼하리라는 것을 알고 있다' 고 쓰기도 하였다.

〈바이아 수도 쌀바도르 시〉

첫 번째 수도인 쌀바도르는 초대 총독의 노력에 힘입어 경제적으로뿐만 아니라 정치, 사회적으로도 많은 발전을 하였으며 행정적인 면에서도 '구세주의 도시'(Cidade do Salvador)로 불릴 만큼 총독부 건물과 시의회 건물 그리고 성당과 세관, 예수회 학교 등을 설립, 식민지 브라질 수도로서의 모습을 갖추었다.

1552년 또메 지 쏘우자는 까삐따니아의 실태를 확인하고 감독하기 위하여 이스삐리뚜 상뚜와 히우 지 자네이루 그리고 싸웅 비센찌 까삐따니아를 방문하여 이 지역에서 인디오들의 공격에 대비하여 세워졌던 베르찌오가(Bertioga)의 요새 재건에 큰 관심을 보였으며 이 요새의 지휘권을 뻬르남부꾸에서 인디오들의 공격을 막아줬던 독일인 한스 스타덴 (Hans Staden)에게 넘겨주었다[9].

한편 초대 총독의 재임기간동안 내륙 지방으로 금과 귀금속을 찾아 떠나는 남부사람들이 많아졌는데 이 과정에서 이들은 오늘날의 빠라과이에 들어와 있던 스페인인들과 상행위를 하기 시작하였으며 이에 총독은 스페인과의 예기치 못한 충돌이 있을 수 있다는 점과 이들이 인디오를 포획하여 노예화하는 이른 바 '정당한 전쟁'(guerra justa)을 막고자 스페인인들과의 접촉을 금지시켰다. 하지만 그가 남부 지방의

---

9) 한스 스타덴은 자신의 휘하에 있었던 인디오가 숲에서 길을 잃어 귀가를 하지 못하자 그를 찾아 숲으로 들어갔다가 뚜삐남바스 족에게 포로로 잡혀 죽을 위기를 넘기고 그 후 그는 요새로 돌아오지 않은 채 인디오들과 함께 오랫동안 함께 생활을 하였으며 인디오와 자신의 모험담에 대한 기록을 남기기도 하였다.

여행을 끝내고 바이아로 돌아왔을 때 내륙지방에 엄청난 금이 존재한다는 소문이 널리 퍼지고 있었다. 이는 포르투갈 왕실이 브라질 발견 때부터 기대하였던 것이라 또메 지 쏘우자도 하는 수 없이 조르지 지아스(Jorge Dias)를 대장으로 탐험대를 구성하여 파견하였으며 이 탐험대는 싸웅 프란시스꾸(São Francisco) 강까지 탐험하였다.

첫 번째 총독으로서 브라질의 식민 사업에 심혈을 기울였던 또메 지 쏘우자는 3년의 임기가 끝났음에도 후임자가 정해지지 않아 1년 반 이상을 브라질에 더 머물렀다가 포르투갈로 귀국하였다.

3. 제 2대 총독, 두아르찌 다 꼬스따

1553년 7월 13일 아들인 알바루 다 꼬스따(Álvaro da Costa)와, 인디오 교화와 더불어 많은 문학 작품을 남긴 주제 지 앙쉬에따(José de Anchieta)를 비롯한 일단의 예수회 선교사들을 동반하고 바이아에 도착한 2대 총독 두아르찌 다 꼬스따는 전임 총독에 비해 재임 중 특별한 치적은 없었다. 그러나 재임 초기에 그의 아들이면서 막강한 정치력을 갖고 있던 알바루 다 꼬스따와 가톨릭 주교인 동 뻬루 페르난데스 사르딩냐(D. Pêro Fernandes Sardinha)간의 불화로 총독과 주교 간에 충돌이 발생하여 주민들도 총독과 주교 편으로 갈라져 서로 반목하는 사태가 일어났다. 이렇듯 총독과 주교간의 불화가 지속되는 가운데 인디오들이 도시를 급습하여 거의 폐허로 만든 사태가 발생하자 주교는 야만인 인디오들을 소탕할 절호의 기회라고 생각하여 200여명의 주민을 동원하여 인디오들에게 포위되어 있던 사탕수수 농장주 안또니우 까르도주 지 바후스(Antônio Cardoso de Barros)를 구하고 다른 인디오 마을 3개를 초토화시킨 뒤 귀향하였다.

한편 포트투갈왕 동 주엉 3세는 총독과 주교간의 불화를 염려하여 주교를 소환하기에 이르렀으며 이에 주교는 자신이 구해준 농장주와 추종자 100여명을 이끌고 본국으로 귀환하던 중 알라고아스 주 인근에서 배가 난파되어 육지로 피신을 했으나 까에떼스(caetés) 인디오족의 습격을 받아 모두 사망하고 말았다. 이 사건은 총독을 비롯하여 여타 까삐따니아에 큰 반향을 불러일으켰으며 이때부터 인디오들에 대한 무차별 공격이 가해졌었다.

2대 총독 두아르찌 다 꼬스따는 1555년과 1559년에 프랑스의 침공을 받게 되었다. 브라질 발견 초기부터 브라질 해안에 출몰하여 빠우-브라질 나무를 인디오와 밀거래하던 프랑스인들은 브라질의 식민사업이 본격적으로 실시되고 있던 당시에도 브라질 해안 곳곳에 출몰하여 위기감을 조성하였는데 1555년에는 프랑스의 해군 사령 사령관이던 비으개뇽(Villegaignon)이 함대를 이끌고 히우 지 자네이루의 과나바라 만(Bacia de Guanabara)에 위치한 과나바라 섬에 정박하여 꼴리뉘 요새를 건설하면서 히우 지 자네이루의 침공을 노리고 있었다. 그러나 요새가 세워진 섬에는 마실 물과 양식이 부족한 관계로 프랑스 군대는 수시로 육지로 올라와 약탈을 일삼았으며 자신들의 이러한 열악한 상황에 대해 내부에서도 불만이 고조되어 급기야 소요사태까지 발생하게 되었다. 또한 1559년에는 프랑스로부터 비으개뇽의 조카인 봘르꽁뜨(Bois-le-Comte)가 290여명의 지원군을 이끌고 침략해왔으나 가톨릭파와 프로테스탄트파 사이의 내부 알력이 심화되어 비으개뇽은 브라질 공격을 포기한 채 1559년 프랑스로 귀국하고 말았다.

프랑스인들의 침공은 브라질 식민사회에 큰 파장을 일으키지는 않왔으나 당시에 허술하기만 하던 포르투갈의 군사력에 경종을 울리는 계기가 되었으며 비으개뇽과 함께 브라에 왔던 프란치스코 수도회 소속의 앙드레 떼베(André Thevet) 수사는 『남극 프랑스의 특징』(As singularidades da França Antártica)이라는 책을 발간하여 당시 브라질 인디오들의 생활상을 전하기도 하였다. 또한 빨르꽁뜨와 함께 브라질에 왔던 캘빈파 성직자 쟝 드 레리(Jean de Lery)도 『브라질 여행기』(Histoire d'un voyage feit em terre du Brésil autrement dite Amérique)라는 책을 남기기도 하였다.

한편 두 차례에 걸친 프랑스인들의 히우 지 자네이루 침공 시 예수회 선교사로서 큰 업적을 남기기도 한 주제 지 안쉬에따의 활약이 컸었으며 그를 비롯한 예수회 선교사들은 가톨릭 전파와 더불어 브라질 인디오의 교화에 힘써 1554년 1월 25일 싸웅 빠울루 예수회학교(Colégio de São Paulo)를 설립하기도 하였다.

〈안쉬에따 신부〉

4. 제 3대 총독, 멩 지 싸

3대 총독 멩 지 싸(Mem de Sá)는 1556년 임명되었지만 그 해에 동 주엉 3세가 사망하여 당시 3년 5개월 된 손자 동 세바스찌아웅(D. Sebastião)이 왕위에 올랐지만 어린 나이로 인하여 조모인 도나 까따리나(Dona Catarina)가 섭정에 나서는 등 포르투갈 국내 사정이 어수선하였기 때문에 그 이듬해인 1557년 12월에야 부임하여 1558년부터 실제 총독으로서 활동하였다.

〈미싸웅(헤두싸웅)의 흔적〉

부임 직후 3대 총독은 전직 총독 하에서 문제가 되었던 예수회 선교사들과 인디오들의 불화를 해결코자 노력하여 인디오들에 대한 교화에 역점을 두었으며, 인디오들을 **미싸웅** (missão 또는 헤두싸웅 redução)이라는 집단 촌락에 모여 살게 하면서 규칙적인 생활과 노동을 하도록 하였으며 식인 풍습을 근절하면서 추장을 행정관으로 변모시켰다.

인디오와의 문제 이외에도 3대 총독은 전임자의 경우처럼 프랑스인들의 침공을 막는데 주력하였으며 1560년 이후 오랜 기간 히우 지 자네이루와 인근 지역을 침공한 프랑스 함대를 포르투갈 본국 정부의 지원과 예수회 선교사 그리고 당시 프랑스군을 돕고 있던 인디오 따모이우스 족을 내분케 함으로써 가까스로 패배시켰었다.

그는 1565년 브라질의 두 번째 도시 싸웅 쎄바스찌아웅 시(오늘날의 히우 지 자네이루 시)를 건설하는 업적을 남기기도 하였다. 1569년, 11년간을 총독으로 재임한 그는 늙고 지쳐 포르투갈왕실에 후임자를 요청하였지만 그러나 그 이듬해 신임 총독으로 임명된 루이스 지 바스꼰셀루스(D. Luís Vasconcelos)가 브라질로 오는 도중에 프랑스 해적과의 전쟁으로 살해되는 바람에 자신도 1572년 바이아에서 사망, 평생의 소원이었던 포르투갈로의 귀국의 뜻을 이루지 못하고 또한 그 해에 포르투갈 왕실이 브라질을 두 개의 총독부로 나눠 통치할 때까지 2년 더 재임하게 된다.

5. 두 개의 총독부 시대

1572년 포르투갈의 동 세바스찌아웅(D Sebastião) 왕은 과거 인도와 아프리카 식민지에서 그랬던 것처럼 식민지의 효율적인 지배와 브라질의 발전을 가속화하기 위하여 북부지방에 바이아의 쌀바도르 그리고 남부지방에 히우 지 자네이루에 두개의 총독부를 설치하고 바이아에는 동 루이스 지 브리뚜(D. Luís de Brito)를, 히우 지 자네이루에는 동 안또니우 지 쌀레마(D. Antônio de Salema)를 총독에 임명하여 각각 지역을 총괄하도록 하였다. 히우 지 자네이루 총독부에 임명된 안또니우 지 쌀레마 총독은 원래 법률가이자 꼬임브라 대학 교수 출신으로 부임 직후 특히 따모이우스 족 인디오들과 결탁하여 빠우-브라질의 밀수를 계속하고 있던 프랑스인들의 침략을 저지하고 수천 명의 인디오를 포로로 잡은 업적을 인정받고 있다.

그리고 바이아 총독부에 임명된 루이스 지 브리뚜 총독은 일명 '인디오 사냥꾼'으로 불릴 만치 내륙지방의 탐사와 금을 비롯한 브라질의 광물자원을 획득하기 위하여 인디오 촌락에 대해 무차별 공격을 가하며 인디오를 살해, 포획하는데 주력한 인물로 유명하다. 그러나 이 두 개의 총독제도는 포르투갈왕실이 당초 기대했던 보다 효율적인 브라질의 경영이라는 목적에 크게 미흡하였다. 그래서 동 세바스찌아웅 포르투갈 왕은 1578년 브라질을 하나의 총독제로 다스리기로 결정하고 1578-1581년 로우렝쑤 다 베이가(Lourenço da Veiga)를 단일 총독으로 하는 쌀바도르 총독부를 브라질의 유일한 총독부로 인정하게 되었다. 이후 총독제는 포르투갈이 스페인에 합병(1580-1640년)되어 있던 기간 동안에도 그대로 유지되었으며 1640년 이후에는 포르투갈의 해외 식민지 정책을 관할하던 해외영토 관리위원회(Conselho Ultramarino)에 소속되면서 총독의 명칭을 **부왕**(Vice Rei)[10]으로 바뀌었지만 이전의 총독부가 누리던 자율권을 거의 상실하고 말았다. 한편, 이 위원회는 인디오들과의 화해 및 프랑스인 소탕, 금광 탐사 등의 정책을 추진하였다.

10) 왕의 바로 밑에 위치한 직위를 의미하는데 이 시스템은 1808년까지 지속되었다.

제5장 사탕수수 경제주기

Ⅰ. 식민 경제에 있어서 사탕수수 농업

1. 사탕수수의 기원과 브라질로의 유입

사탕수수는 이미 기원전부터 널리 알려져 있었으며 원산지는 인도로 그 후 인도와 중국을 거쳐 페르시아로 들어와 시리아, 이집트, 시실리아로 전파되면서 포르투갈에는 14세기경 동 엥리께 시절 마데이라 섬에 유입, 경작되면서 알려지기 시작, 16세기에 보편화되었다.

사탕수수는 공식적으로 1530년 12월 포르투갈을 출발하여 브라질에 대한 본격적인 식민 사업을 하러온 마르띵 아퐁쑤 지 쏘우자에 의해 유입되었다고 한다. 그러나 일부 역사기록을 보면 그 이전에 이미 브라질에 유입되어 경작되고

〈브라질의 사탕수수〉

있었던 것으로 전해지고 있다. 이러한 근거로는 첫째, 1516년 당시 동 마누엘 포르투갈 왕이 내린 한 칙령에, '브라질에서 살고자 하는 사람들 모두에게 도끼와 괭이 등 모든 농기구를 제공하고 그 중에 사탕수수공장을 설립할 수 있는 경험이 있는 사람을 한 명 선발하여 그에게 사탕수수공장 설립과 운영에 필요한 모든 도구와 설비 등 도움을 주라'는 내용이 실려 있었다. 또 역사가 루이스 아마랄(Luís Amaral)에 따르면 1526년 리스본 세관이 이미 브라질로부터 들어오는 사탕수수에 대해 관세를 부과했으며 그 사탕수수는 현재의 뻬르남부꾸 주 북쪽 해안인 이따마라까(Itamaraca) 농장에서 가져왔다라고 말한 사실과, 이와 함께 브라질의 첫 번째 사탕수수 농장은 현재의 싼뚜스 항 인근인 싸웅 비쎈찌 까삐따니아에 뻬루 이 루이스 지 고이스(Pêro e Luís de Góis)에 의해 설립되었다는 기록이 발견된 점등이다.

어쨌든 브라질에 유입된 사탕수수는 주로 브라질 북동부 특히 바이아 주와 뻬르남부꾸 주 해안지대에서 가장 왕성하게 경작되었는데 그것은 사탕수수재배에 적합한 이른바 **마싸뻬**라는 기름진 점토질이 이 지역에 산재해 있었기 때문이다. 사탕수수재배의 활성화는 곧 1570년대 브라질에 총 60여 개의 사탕수수 농장이 설립됐으며 1585년엔 뻬르남부꾸 주에만 66개의 농장이 들어섰다는 사실로 확인할 수 있다.

2. 사탕수수 농장(Engenho)과 생산 활동

사탕수수 농장은 거의 절대적으로 흑인 노예들에 의해 움직여졌다. 그리고 그 시설은 원시적이었지만 그것이 경작되고 생산되던 북동부 지역은 19세기 초 커피산업에 밀려 수출품 1위 자리를 물려줄 때까지 식민지 브라질의 정치, 경제 및 사회의 중심이었다.

초기의 사탕수수농장들은 노동력을 흑인과 수력 또는 동물의 힘을 빌었는데 사탕수수로부터 즙을 짜는 과정에서 소를 노동력으로 이용할 경우 흔히 뜨라뻬쉬스(trapeches)라고 불렀다. 대다수 농장의 공정 과정은 그 역할이 분담되어 있었는데 사탕수수밭에서 사탕수수를 캐는 사람(cortador de cana)에서부터 운반역할을 하는 사람(cambiteiro), 하역을 맡은 사람(tombador), 방앗간 일을 맡은 사람(moendeiro), 즙을 추출하고 남은 사탕수수 찌꺼기 처리를 담당하는 사람(bagaceiro), 찌꺼기 추출 담당자(tachoeiro), 가마솥 담당자(caldeireiro), 정제를 맡은 사람(purgador) 그리고 전 공정을 감독하는 책임자(mestre de açúcar)에 이르기까지 전 공정이 분업체제 하에 있었다.

이렇듯 대규모 사탕수수농장은 광대한 사탕수수밭과 물레방아, 증기 가마, 용광로 및 정제소 등의 사탕생산 및 가공설비 외에도 건축용재 및 대량의 땔나무를 벌채하기 위한 삼림, 철공장, 제재소, 목공장(木工場) 및 수 천 내지 수 백두의 소와 말을 사육하는 목장 등 필요한

〈북동부 사탕수수 농장에서의 작업 과정〉

모든 시설을 완비하고 있었다. 이러한 농장의 운영을 위해서는 위에서 언급한 노예, 백인 십장(什長), 기술공, 장인 등 200여명에 달하는 종사인원이 필요했다. 이외에도 토지를 임차 받아 사탕수수를 경작하여 모든 수확물을 농장주에게 인계한 뒤 그에서 제조된 사탕수수의 1/3내지 1/5를 돌려받는 계약관계를 맺고 있던 소작인들이 있었다.

3. 사탕수수 시대의 사회 구조

사탕수수가 재배되던 시기, 곧 사탕수수 경제주기((Cíclo de cana-de-açucar)의 식민지 브라질 사회, 특히 북동부 지방은 정치, 경제, 사회, 문화 등 모든 것이 사탕수수 농장을 중심으로 이루어졌다. 사탕수수 농장을 소유한 농장주(Senhor de Engenho 또는 Engenheiro)가 거주하는 **대저택(Casa Grande)**을 중심으로 중세의 봉건제도를 연상케 하는 하나의 독립된 경제단위를 형성하고 가부장적인 사회체제를 확립하였으며 귀족주의적이고 절대주의적인 영향력을 행사하였다. 따라서 농장내의 모든 사람들은 물론, 인근의 영세한 자본의 사탕수수 경작자들 역시 사탕수수가공을 위해서는 대농장주에게 의지할 수밖에 없었다.

정치력과 경제력을 좌우한 농장주는 사탕수수 농장 내에서도 사방이 내려다보이는 구릉지에 위치한 대저택에 거주하였으며[1] 그의 휘

1) 가부장적 노예사회의 상징처럼 이 대저택은 사탕수수농장에서 가장 전망이 좋은 곳에 세워졌으며 포르투갈인들의 오래된 주거 습관을 식민지 브라질의 경제적, 사회적 환경에 적응시키려는 듯 수평으로 길게 건축되었다. 그리고 건물 내부는 사탕수수 농장의 권위를 상징하듯이 큰 부엌과 넓은 식당, 자녀들과 손님들을 위한 여러 개의 방들, 예배당, 결혼한 자녀들을 위한 별채들, 미혼 자녀들을 위한 방들 등으로 꾸며졌다.

하에는 농장의 관리 총책임자인 페이또르(feitor)와 사탕수수 생산 공정 책임자인 메스뜨리 지 아쑤까르(mestre de açúcar)가 있었다. 그리고 농장의 궂은일을 도맡아 하는 노예들이 있었는데 이들은 절대 다수가 아프리카에서 잡혀온 흑인들로서 농장내의 한 귀퉁이에서 생활하였으며 그들이 거주하던 곳을 **센잘라(senzala)**[2)]라고 불렀다.

이 외에 앞서 언급한 것처럼 세즈마리아 제도를 통해 땅을 불하받은 농민과 상인 등 일반 시민 계급이 존재했는데 현실적으로는 봉건영주의 성격을 갖는 사탕수수 농장주와 노예 계층이 존재하는 이분적 사회구조를 유지하고 있었다. 왜냐하면 사탕수수 정제공장을 가질 수 있는 사람은 세습봉토주 밖에 없었으며 그들은 사법권까지 가지고 있어서 사탕수수를 재배하는 소작을 하거나 세즈마리아 땅을 가지고 있던 사람들조차 결국 그에게 종속되지 않을 수 없었기 때문이다. 특히 세즈마리아 제도는 세습봉토주의 절대 권한에 속하는 것이어서 그의 눈 밖에 날 경우 소작은 꿈도 꿀 수 없었으며 설사 농사를 짓는다 해도 방앗간을 이용하려면 그의 눈치를 봐야 했으므로 이래저래 자유로울 수가 없었다.

따라서 이 같은 구조 속에서는 사탕수수 농장주가 군주적 성격을 지닌 정치 세력으로 군림하게 되고 나머지 노예를 비롯한 일반국민들은 그의 예속 하에 놓이는 이른 바 가부장적 노예사회(Sociedade Patriarcal Escravocrata)의 성격을 띨 수밖에 없었다. 사탕수수농장은 제조공장이었을 뿐만 아니라 인구 팽창에서부터 관습의 형성에 있어서

---

2) 흑인 노예들의 생활 주거지인 이 집은 대저택, 까자 그란지와는 정반대로 문과 지붕은 낮았고 벽은 진흙으로 세워졌으며 지붕은 거적 등으로 덮어 비를 피할 수 있을 정도로만 만들어져서 허술하기 그지없었다.

당시 사회의 중심 역할을 했으며 많은 농장주들이 높은 공직을 차지하고 있었던 관계로 정치, 경제의 중심이기도 하였다. 이 같은 사회구조는 포르투갈 식민지들이 겪은 거의 공통적인 문제였고 또 스페인의 지배를 받던 중남미 국가들의 전반적인 모습이기도 했다.

4. 사탕수수 농업의 성쇠와 사회 변화

대규모 사탕수수농장의 건설에는 막대한 자본이 필요했었다. 그러나 당시 포르투갈의 상인계급은 이러한 사업을 수행해 낼만한 재력이 없었고 여전히 상당한 부를 유지하고 있었던 대귀족들은 투자의 동기를 부여받지 못하고 있었다. 그럼에도 불구하고 포르투갈왕의 격려에 힘입은 소귀족층은 종교적 박해를 받고 있던 유태인과 벨기에 상인들의 전폭적인 참여로 충분한 자본을 형성하고 브라질의 사탕수수농업에 투자를 시작했다.

노동력의 부족 역시 사탕수수농장이 지닌 문제 중의 하나였다. 백인 식민자들은 우선 수익성 때문에 육체노동을 꺼렸으며 전체적으로도 백인의 수는 불충분하였다. 교역대상이나 강제노역의 대상으로 노예화 시켜왔던 원주민들은 체질상 대규모의 단일경작 농업체제가 부과하는 격렬한 노동에 적응해 내지 못했으며, 결과적으로 교회세력의 반발과 원주민들의 보복전쟁을 야기시켰다. 이리하여 포르투갈왕실은 원주민 노예화에 규제정책을 실시했고 점증하고 있던 북동부지방의 사탕수수생산에 따른 필연적인 경제적 요구에 대해 아프리카의 흑인 노예 수입에서 노동력의 해결을 찾게 되었다. 그래서 체질이 우수했으며 문화의 수준도 원주민 인디오보다 높았던 흑인노예의 수입이 대규모적이고 조직적으로 시행되었으며 이들 흑인의 노동력은 브라질의 사탕수수생산을 본 궤도에 오르게 하는데 일익을 담당하였다.

일세기 반 이상 동안 사탕수수는 식민지 브라질의 주요 농산품이자 경제적 기반이었으며 포르투갈의 규제정책의 적용대상이 되지 않았으며, 또한 소비량이 증가함에 따라 사탕수수의 생산과 교역은 증가하였다. 초기에 사탕수수의 의학적인 효용성이 높이 평가되면서 사용도도 급격히 증가했다. 16세기 이후에는 절대 필수적인 사치약품으로써 동방의 향료와 그 가치에 있어 필적할 수 있게 되었다. 따라서 사탕수수는 높은 교역가치를 지닌 상품으로 주문이 더욱 증가했고 유럽대륙에 있어서의 귀금속의 대량유입과 통화량 증대로 사탕수수의 가격이 상승되면서 포르투갈이 마데이라 섬을 비롯한 해외식민지에서 생산된 소량으로 국제 사탕수수무역에서 두각을 나타내고 있을 무렵에 브라질의 대규모 사탕수수생산이 시작되었다. 이에 포르투갈 왕실은 브라질의 사탕수수농장의 생산 활동에 대해 전혀 규제조치를 취할 수가 없었으며 이로 인해 브라질은 17세기가 되면서 세계최대의 생산지가 되었다.

그러나 이 같은 양적인 대량 생산으로 포르투갈을 풍요롭게 해준 사탕수수도 17세기 주요 생산지였던 뻬르남부꾸 주가 네덜란드인들의 침공을 받으면서 초토화되어 생산하락을 나타내기 시작하였고 바이아의 경우에는 18세기에 미나스 제라이스 주에서 내륙탐험대 **반데이란찌스**(bandeirantes)들에 의해 금이 발견되자 많은 인력이 그곳으로 몰리는 바람에 점차 하강 국면에 접어들게 된다. 또한 1654년 브라질에서 축출된 네덜란드의 사탕수수생산에 대한 지식보유자 및 대자본가들을 중심으로 영국 및 프랑스가 가세하여 사탕수수생산의 적지를 물색하기 시작하여 안띨랴스(Antilhas) 및 기아나(Guiana)에 사탕수수가 이식되었고, 18세기 중반에는 브라질의 생산을 능가하였다. 또한 당시 브라질은 금의 발견으로 이미 경제활동의 주축이 자오선 부근의 봉토들로 이동되어 간 상황이어서 외세의 경쟁은 사탕수수생산에 대해 한층 치명적이었다. 이로써 브라질의 사탕수수농업은 쇠퇴하기 시작하였다. 그러나 사탕수수농업은, 브라질에 있어서 최초의 식민 핵(核)의 형성과 브라질 북동부지방으로의 자본유치, 단일경작제도 및 대토지 소유제의 형성, 지방 귀족사회와 지방 문화중심지의 형성, 생활수준의 향상, 브라질의 정치 및 사회부분의 전체적 수준 향상, 사탕수수농업에 대한 외국세력의 관심증가라는 결과를 낳았다고 할 수 있다.

Ⅱ. 사탕수수 농업의 부차적 생산 활동

1. 목축업의 주기(Cíclo de pecuária)

■ **목축업의 발전**-사탕수수농업은 그 고도의 수익성으로 인하여 식민경제에 있어 중추적 원동력으로 기여했으나 그것에 필요한 또 다른 관련분야, 즉 보조적 경제활동의 신장을 자극했다. 그중 목축업은 초대총독이었던 또메 지 쏘우자에 의해 수두(數頭)의 가축이 바이아 지방에 이송되면서 시작되었다. 그리하여 견인, 수송 및 양식을 위한 도살용으로서의 가축, 특히 축우(畜牛)의 소비중심지들이 형성되면서 당시의 융성했던 사탕수수농장들은 목축업의 신장에 경제적 기반을

제공하였다.

바이아와 뻬르남부꾸를 중심으로 한 북동부지방의 목축업은 17세기 중엽까지 사탕수수농업의 발전과 그 맥락을 같이 하였다. 그러나 가축의 수가 증가함에 따라 더 넓은 목초지역이 필요하게 되었으며, 네덜란드인의 침략으로 해안을 중심으로 정착하고 있던 벨기에인이 득세하게 되자 브라질의 목축업자들은 당연히 해안지방을 이탈할 생각을 하고 있었다. 게다가 사탕수수밭을 축우들이 파손하는 예가 잦아지자 사탕수수농장주들과 목축업자들 사이에 충돌이 계속되었고 이에 포르투갈왕실이 개입, 사탕수수농장을 보호할 목적에서 해안으로부터 10 레구아 내의 목축을 금하는 칙령을 1701년 발표하였다. 이와 같은 이유들로 인해서 농업활동과 목축활동은 분리되었고, 따라서 목축업자들은 농경에 부적당했던 북동부 내륙의 반(半)건조지역으로 이동을 시작했는데 이들의 대이동은 바이아와 뻬르남부꾸를 각각 상이한 기점으로 하여 이루어졌다.

목장들은 강을 따라 길이 3 레구아, 폭 0.5 레구아의 면적을 차지하고 각 목장들 사이에 1 레구아 정도의 경계지대를 두고 정착하여 갔는데 이들의 진출통로 및 정착지로서 크게 활용되었던 싸웅 프란씨스꾸강은 '외양간의 강'(Rio dos Currais)으로까지 불릴 정도였다.

이와 같은 광대한 목축지역은 그 지리적 여건상 식민이나 농업의 도입이 용이하지 않았다. 다만 생존의 한 방식으로 목축만이 가능했으며, 이것이 정착민촌의 경제적 기반이 될 수 있었다. 극심한 가뭄은 없었으나 빈약한 강우량 및 강우의 불규칙성이나 그로 인해서 해안으로부터 원거리에 위치한 이러한 지역들과의 교통수단으로써의 수로망 부족 등과 같은 자연환경의 부적합성에, 원주민들의 적대적인 저

〈북동부 지방의 목축〉

항으로 이 지방 목축의 저생산성이 필연적인 것일 수도 있었다.

그러나 여타의 생태학적 조건들이 목축업의 확장을 유리하게 만들었다. 즉 고원과 풍식된 평원으로 형성된 지형은 축우의 유통에 장애가 되지 않았다. 또, 얕아서 걸어 건널 수 있는 강들로 이루어진 수로나 분포가 희박하며 시계가 넓은 까아찡가(Caatinga)[3]를 주로 한 관목 식물군 역시 목축이 이와 같은 오지나 평원지대에서 발전하는 데 유리한 조건을 제공하였다. 게다가 무수한 습지에서 암염이 충분히 생산되었으며, 목축이 필요로 하는 충분한 공간 즉, 넓은 부지 역시 부족함이 없었다.

■ **목축업의 영향**－목축업의 확대로 식민지 브라질은 경제적 뿐만 아니라 사회적으로도 여러 가지 결과가 나타나게 되었다. 그중 가장 괄목할만한 사실은 그때까지 불모의 땅으로 버려졌던 북동부의 내륙지방 즉 오지(奧地)지역의 식민 개척 사업에 기여했으며 이 지역과 해안지방과의 교통 및 통신이 촉진되는 등 영토의 확장이 이루어졌다는 사실이다. 목축업자들에 의해 길이 열리고 마을이 세워져 식민화된 광대한 지역이 이로써 포르투갈의 통치권내로 병합되었는데 삐아우이 주의 전 영토가 그러했으며 브라질 남부 및 내륙지방의 식민화와 영토 확장도 목축업의 활발한 신장에 기인하였다. 그리하여 북동부지방에서 진행된 바 있던 해안지방의 식민 사업에 후에 진척될 금광탐

3) 브라질 북동부지방의 특징적인 식물로 키가 작고 가시가 있으며 건기에 잘 견디며 잎이 떨어지나 비가 오면 재생이 되곤 한다.

사에 의한 중부내륙지방의 영토 확장 사업을 이어주는 중간자 역할을 수행하였다.

이와 함께 목축업의 융성은 사탕수수 재배와 더불어 백인들과 심한 알력을 빚어온 인디오들에게 정착할 기회를 주었다. 즉 인디오들은 유목 생활에 익숙해 있었을 뿐만 아니라 노동면에서도 사탕수수 농장에서와는 달리 거의 자유로웠기 때문에 쉽게 목축업에 동화될 수 있었다. 그리고 사탕수수가 주로 북동부지방에 집중되어 브라질의 발전 및 부(富)가 그때까지 동 지역에 편중되어 있었으나 목축업의 활성화로 그때까지 상대적으로 빈곤하던 브라질의 중·남부 지방의 발전에 활력을 불어넣어 균형 있는 발전을 가능케 하였다. 또한 평소 목축업에 관심을 갖고 있던 포르투갈인들의 이민을 적극 유도하는 데도 공헌하였다.

이외에도 사회적인 측면에서 목축업은 이에 종사하는 목부(목동, Vaqueiro)라는 새로운 직업의 인간형의 생성에 기여하였다. 이들은 소규모의 순수한 자기자본으로 농목경제(農牧經濟)를 가꾸어 포르투갈 왕실에 부를 가져다주었고 그러한 단순한 경제조직의 유형이 의미하고 있듯이 고용주와 노동자간의 연대성을 창조하여 부단한 공존의 자유로운 길을 개척하였다.

2. 기타의 보조적 농업

■ **담배(fumo)**－담배는 콜럼버스가 아메리카를 발견할 당시 이미 인디오들 사이에 널리 애용되고 있었으며 스페인들에 의해 처음으로 유럽에 알려진 직후 포르투갈에도 담배가 유입되었다. 브라질 인디오들

경우는 전쟁을 나가기 전에 특히 담배를 많이 피웠으며, 종교적 예식을 집전하는 제사장(祭祀長, feiticeiro)들도 분위기 연출을 위해 애용한 것으로 알려지고 있다. 그러나 포르투갈인 들이 브라질에 들어 온 이후부터 담배는 수출용으로 재배되기 시작하였고, 주요 용도는 아프리카의 흑인 노예 교역에 있어 화폐로 사용되었다. 브라질 담배생산의 중심지는 바이아 까삐따니아로 18세기 초까지 목축업보다 담배가 브라질 식민 경제에 더 큰 비중을 차지하여 연간 막대한 양을 수출하였다. 이로 인해 담배는 사탕수수와 함께 브라질 최초의 농업주기에 있어 중요한 역할을 수행하였다.

■ **자급자족을 위한 기타의 농산물**－이외에도 생존경제 혹은 국내소비경제의 형태로 거대한 지방사유지에서 자급자족을 위한 식량생산이 이루어지고 있었다. 도시나 지방촌락의 식량공급 역시 유럽식 농업형태인 소규모의 영농에 의존하고 있었지만 그 생산량이 식량부족을 해결하기에는 모자랐다.

〈만디오까〉

이러한 보조적 농산물 중 가장 중요한 것은 식민시대의 기본 식량이었던 옥수수(milho)와 만디오까[4]였으며, 쌀과 콩 등도 식량으로 이용되고 있었지만 역시 소규모의 단일 영농이었다. 그리고 사탕수수에

4) 만디오까는 까사아바라는 구근식물의 뿌리로서 껍질을 벗겨내어 속살인 흰가루(마치 밀가루와 같음)를 일컫는 것으로 브라질 발견이전에 이미 인디오의 주식으로 사용되어 오늘날까지도 콩죽이나 고기 등을 함께 넣어 요리해 먹는 주요 주식으로 사용되고 있다. 그 가루는 그냥 먹으면 사람에게는 해롭지 않으나 배탈이 날 수 있으며, 동물이 그 액을 먹을 경우 즉사하는 치명적인 독이 들어 있기 때문에 반드시 요리를 해 먹어야 한다.

서 추출, 증류하여 만든 럼주도 많이 생산되었는데 그것은 아프리카 흑인 노예를 구매하는데 있어서 주로 화폐대용으로 사용되었다. 물론 힘든 노동을 하는 사탕수수농장의 노예를 비롯하여 국내소비용도 없었던 것은 아니다.

Ⅲ. 브라질의 인종(3)－흑인

1. 노예제도

■ **인디오 원주민의 노예화－**브라질 개척초기에 브라질에 온 포르투갈인은 거의 모두가 남자들이었다. 그래서 백인여자가 한 명도 없는 까삐따니아도 있었기에 이로 인해 포르투갈의 고아원으로부터 처녀들을 식민자의 신부로 데려오는 현상도 있었다. 한편 인디오 원주민 가운데 남자는 산업노예로 노동에 사역되었으며 여자는 가정노예로서 식민자의 처첩(妻妾)을 겸하여 주로 가사에 종사하였다. 이때 백인 식민자로서는 노예가 절대로 필요했었고 가난한 식민자인 경우라도 2－3명의 노예를 갖고 있을 정도였다.

이와 같은 상황에서 식민자들의 가정은 16－17세기를 거치면서 원주민여성과의 결합에 의해 형성·발전되어 감으로서 혼혈에 의한 사회가 형성되어 갔다. **마멜루꾸**(mameluco)[5]라 불리는 백인과 토착 원주민여성과의 혼혈아는 16세기말경 엄청나게 증가하였다. 이들 혼혈인

5) 백인과 원주민 인디오와의 혼혈은 마멜루꾸 혹은 까보끌루(caboclo)(스페인령 식민지에서는 메스띠조(mestizo)라 불림), 백인과 흑인과의 혼혈은 물라뚜(mulato), 그리고 흑인과 인디오와의 혼혈은 까푸주(cafuzo)(스페인령 식민지에서는 삼보(zambo))라고 불린다.

들은 자유인사회의 하층부를 형성함과 동시에 사탕수수농장의 경비원이나 인디오 포획대원으로서 활약하기도 했는데 실제로 이들은 인구적으로나 사회적으로 특별한 가치가 있는 존재였었다. 노예의 수요가 점차 증가함에 따라 토착원주민 포획은 식민지사회와 경제를 유지하기 위한 중요한 사업으로 변하였다.

〈선교사의 교육〉

한편 원주민 인디오를 가톨릭으로 교화할 목적으로 원주민부락에 들어간 예수회 선교사들은 식민자들이 원주민을 잡아 노예로 하는데 반대하고 교황과 국왕에게 원주민노예를 금지하도록 요청하였다. 1570년 원주민포획이 금지되었으나 백인 식민자들은 금지령을 무시하고 17세기말까지 원주민사냥을 계속하였다. 따라서 예수회 선교사들과 식민자들간의 투쟁은 수십 년간에 걸쳐 계속되었으며, 원주민포획을 상업적으로 하여온 북부의 마란냐웅이나 남부의 싸웅 빠울루 지방의 식민자들은 예수회선교사들이 만든 각지의 원주민 교화 부락을 습격하여 원주민을 사냥하였다.

■ **흑인노예의 수입**－노동력부족은 식민지 브라질에 중대한 문제로 부각되었다. 포르투갈의 백인 식민자들은 막노동을 거부하였고, 브라질의 경제구조는 원주민 인디오나 아프리카인 노동력에 의존할 수밖에 없었다. 백인 식민자들은 인디오의 영혼은 구원하고 인디오의 신체는 혹사시키는 모순을 범하고 있었다.

이러한 상황에서 많은 아프리카인 노예들이 신대륙으로 끌려오게 되었다. 사실 이미 신대륙 발견 이전부터 아프리카인 노예들은 지중해 지방 · 중동 · 인도 등으로 교역되고 있었다. 신대륙의 정복과 정착이 시작될 무렵인 1500년경에는 포르투갈 · 스페인으로 들어오는 아프리카인 노예들이 연간 3,500여 명에 이르렀다고 한다. 그리고 이 무렵 카나리아제도 · 까부 베르지 등에서 아프리카인 노예들이 스페인이나 포르투갈인의 대규모농장에서 노역에 동원되고 있었다.

포르투갈은 브라질을 식민화하기 이전에 이미 마데이라와 아쏘리스 섬 그리고 까부 베르지 등지에서 흑인을 노예로 들여온 적이 있었다. 노예제도는 이미 오래 전부터 인류 역사에 존재했으나 흑인을 노예로 하여 사고파는 행위는 아랍인들에 의해 보편화되었고 그와 같은 풍습이 곧바로 포르투갈에 전파된 것이 아닌가 라고 추측된다. 그리고 이와 같은 외적인 요인들 외에도 흑인 사회 자체가 그와 같은 풍습을 부채질한 요인들을 갖고 있었다. 예를 들면 아프리카 흑인 사회에서는 부족의 심판장들이 죄인들을 노예화하는 형벌을 내렸고, 부모가 자식을 팔 수 있었으며, 또한 왕이 직권으로 자기 부하들을 노예로 삼기도 하였다. 아울러 타 종족과의 전쟁에서 이길 경우 패배한 부족들을 노예로 삼기도 했었다. 그래서 종종 노예 밀매업자들은 부족 간의 싸움을 부추기기도 하였으며 그렇게 하여 만들어진 노예들을 유리 제품, 거친 직물, 칼, 연초, 술등으로 바꾸어 아메리카 대륙으로 데려갔던 것이다.

이들 노예들이 브라질에 들어오게 된 경위는 당초 원주민 인디오들이 한 곳에 정착하여 농경생활을 할 만한 체질이나 문화를 갖고 있지 않았었던 데다가 포르투갈인 들과 함께 들어온 예수회선교사들이 인디오들을 적극 보호하고 나섰기 때문이다. 또 많은 인력을 필요로 하는 사탕수수 재배를 위해서는 이미 농경문화에 익숙해있던 신체 건장한 아프리카 흑인들이 제격이었기 때문이다.

〈관이라 불리었던 흑인 노예선〉

관(棺) 또는 무덤이라는 별명으로 불렸던 노예선(negreiro)은 한 척당 보통 300에서 500명의 흑인 노예를 수송하였는데 이 기간 중 전체의 40% 가량이 원래 체질적으로 병(홍역과 천연두 그리고 향수병 등)에 약하였던 이유와 열악한 환경으로 사망하였다.

이들 흑인 노예들은 주로 아프리카의 앙골라와 모잠비크 지역에서 붙잡혀 브라질의 바이아와 뻬르남부꾸 그리고 히우 지 자네이루 등지로 수입되었으며 그곳에서 각 지역으로 분산되었다. 특히 이들 흑인 노예의 수입은 사탕수수 농업이 한창 활기를 띠던 1570년대부터 급격히 증가하여 1570－1600년 사이에 5만 명, 1600－1650년 사이에 20만 명 그리고 1650－1670년 사이에 15만 명이 브라질로 들어온 것으로 전해진다.

당시 흑인 노예의 가치는 연령별로 서로 달랐는데 15－25세와 35－45세를 1로 기준하였을 때, 8세 미만과 25－35세는 2, 8－15세는 3의 가치로, 45세 이상은 가격을 서로 절충하여 매매되는데, 나이가 어릴수록 그 가격이 더 비쌌던 것으로 전해지고 있다.

2. 흑인노예와 브라질 사회

■ **브라질에 들어온 흑인노예**－16세기와 17세기에 브라질로 수입된 아프리카 흑인 노예들의 대부분은 문화적인 측면에서 볼 때 크게 3개의 집단으로 나눠진다. 첫째는 나이지리아와 황금해안 등지에서 수입된 수단 족(Sudaneses)으로 이들은 요루바와 게게스 그리고 미나스와

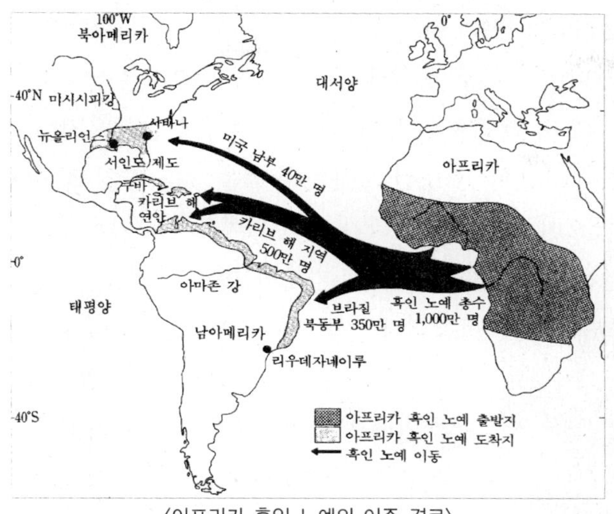

〈아프리카 흑인 노예의 이주 경로〉

판티 족 등으로 구성된다. 이들의 특징은 대체로 키가 크며 영리하고 신체 건장하여 여타 종족에 비해 좋은 기질을 갖고 있었다. 이 종족은 또한 자신들의 언어를 사용하는 등 가장 진보된 문명을 갖고 있었으며 브라질의 쌀바도르로 주로 수입되었다. 둘째는 이슬람 화된 기네아―수단 족(Guineanos-sudaneses islamizados)으로 풀라스와 만데스, 만딩가 족으로 구성된다. 이들 종족은 주로 아프리카 북동부에 살고 있었으며 대부분 브라질 북동부의 바이아지방으로 수입되었다. 이들은 자유정신이 투철하였으며 이슬람교와 가톨릭이 혼합된 종교를 지니고 있었다. 그리고 마지막으로 앙골라와 콩고지방의 반투 족(Bantos)을 들 수 있는데, 이들의 송출지는 아프리카 최대의 노예수출항 루안다였으며 주로 브라질의 뻬르남부꾸와 히우 지 자네이루, 마란냐웅 그리고 싸웅 빠울루 등지로 유입되었다.

■ **흑인노예의 생활**－아프리카에서 수입된 흑인노예들은 주로 사탕수수 농장에서 노예로 생활하였으며 이들 대부분은 열악한 식사와 학대를 받았으며 과중한 노동과 심한 향수병에 걸려 사망하는 경우가 허다하였다. 노예는 사소한 잘못이나 먹을 것을 훔친 경우에도 곧 처벌을 받았으며 특히 도망쳤다가 잡힌 노예들은 생가죽으로 만든 채찍으로 9일간 맞는 벌을 받는 등 가혹한 형벌을 받았다.

〈빨마레스 낄롬보의 영웅 줌비〉

그러나 농장에서 도망쳐 오지의 밀림으로 깊숙이 들어가 10명 혹은 20명씩 모인 흑인노예들이 원주민 인디오여자를 아내로 하여 가정을 이루고 형성한 부락, 즉 **낄롬보**(quilombo)라고 불리는 촌락이 많이 있었으며 이 때문에 오늘날에도 지명이 낄롬보라고 불리는 곳이 상당수 존재하고 있다. 이들의 탈출은 네덜란드인의 북부 지방 침입과 더불어 크게 증가하였다. 이곳에서는 '밀림의 사냥꾼'들로부터 자신들을 보호·방어하기 위하여 자체 경비도 하면서 이웃 마을을 침범, 음식이나 물건 등을 강탈하기도 하고 또 다른 흑인 노예들의 탈주를 부추겨 데려가기도 하였다. 그리고 자체 내에서는 엄격한 법을 적용, 살인과 강도 등에 대해서 엄한 처벌을 내리기도 하였다. 낄롬보 가운데 특히 당시 유명했던 곳은 알라고아스 지방의 빨마레스(Palmares)라는 곳으로 1630년경 이곳의 인구는 3만 명에 달하고 왕을 추대하고 있을 정도로 산중의 소왕국과 같은 존재이기도 하였다. 이곳에는 한때 1만 여명이 넘는 흑인들이 모여 살았으며 자체 내에 우두머리[6]를 선출하여 백인

6) 흑인 마을의 우두머리를 당시에는 줌비(zumbi) 또는 좀비(zombi)라 불렀다.

들로부터 자신들을 보호하기 위해 군사훈련도 하였으며 식량도 자급자족하는 등 날로 그 세력이 확대되어 총독부의 골칫거리가 되었었다. 그래서 포르투갈 본국정부와 뻬르남부꾸, 알라고아스 주 군대와 싸웅 빠울루 출신의 내륙탐험대들 그리고 인디오들까지 동원한 토벌대가 십 수 년에 걸쳐 토벌에 나서지만 그때마다 패하고 말았으며 1695년 당시 낄롱부의 우두머리였던 강가주마(Gangazuma)가 그 해 11월 20일 부하에게 배신당하여 살해될 때까지 존속했었다.

■ **흑인노예의 영향**–사실 아프리카출신의 흑인 노예들이 브라질에 영향을 준 것보다는 그들이 겪어야 했던 영향이 더 컸는데 이는 당시 지배 계급이었던 백인들의 문화 수준이 훨씬 월등하였기 때문이다. 이들 흑인들이 브라질사회에 끼친 영향은 무엇보다도 인종의 **혼혈화**(miscigenação)를 들 수 있으며, 혼혈 외에도 그들의 자신들이 아프리카에서 가지고 있던 여러 문화적 요소를 브라질에 남겨놓았는데 특히 음악과 관련하여 앙골라와 콩고지역의 흑인들이 남긴 경쾌한 리듬의 쌈바 음악과 춤, 그리고 음악과 관련한 각종 악기, 예를 들면, 작은 북, 플루트, 꾸이까(cuíca), 베링바우(berimbau), 마라까뚜(maracatu) 등이 있다. 아울러 음식에서도 바따빠(batapá), 콩과 올리브유로 만든 음식 보보(bobó), 아바라(abará), 페이조아다(feijoada) 등이 있다. 특히 돼지의 각 신체부위를 잘라 콩죽과 함께 끓인 페이조아다의 경우 오늘날 브라질 사람들이 가장 즐겨먹는 전통음식중 하나로 자리 잡고 있다. 또한 의복 면

〈바이아 의상의 여인〉

에서도 흑인노예들이 축제 때 흰 옷(baiana)을 입는 것과 철과 동으로 만든 각종 장신구 및 종교행사에 사용되었던 기구 등은 아직도 브라질 국민들 사이에서도 많이 찾아볼 수 있다. 그리고 언어 면에서도 음식 및 미신과 결부된 종교용어와 음악이 전해져오고 있는데 특히 아프리카 토속 샤마니즘의 하나로서 가톨릭적인 요소가 가미된 마꿈바(macumba), 깐돔블레(candomblé), 샹고(xangô) 등이 남아 있으며 그들의 아프리카 토속신들을 가리키는 오리샤(orixá), 바다의 여신인 이에만자(iemanjá) 등도 브라질 국민의 일상생활에서 쉽게 발견할 수 있다.

제6장 내륙탐험대와 금의 경제주기

Ⅰ. 내륙탐험대

1. 배경

초기 포르투갈의 브라질 식민화는 재원과 인력의 부족, 기후 등 자연환경의 불리함, 그리고 인디오의 공격 등으로 인하여 매우 어려운 상황에 처해있었다. 이외에도 포르투갈 본국 정부와의 통신교류의 어려움 또한 브라질 해안지방의 식민화를 매우 더디게 만들었을 뿐만 아니라 내륙지방에 대한 거주민화 과정을 어렵게 만들었다.

빠우-브라질 경제주기를 지나 사탕수수 산업이 정착할 때까지 16세기 전체 기간 동안 브라질은 1494년 또르데질랴스 조약이 정해준 광대한 토지를 차지하고 있었음에도 불구하고 그때까지 주로 해안 지방에 한해 식민 사업이 전개되고 있었다. 그러나 사탕수수 농장이 점차 활발한 생산을 하기 시작하면서 사회 전체가 하나의 틀을 형성해

가고 그 사회 조직도 점차 확고한 뿌리를 내리면서 재정적인 부를 축적함에 따라 이 조약으로 인정받은 브라질 영토를 완전히 소유해야할 당위성을 갖기 시작하였다. 즉, 사탕수수 사업으로 이룩한 부를 바탕으로 군사력을 갖출 수 있었고 이와 함께 더 많은 땅에 대한 관심이 고조되어 특히 뻬르남부꾸 주 이북지방, 즉 아마존 강 유역의 지역에 대한 관심이 높아졌다. 그래서 16세기말부터 17세기 초에 들어서면서 포르투갈은 당시 합병된 상태에 있던 스페인 정부와 군대의 도움을 받아 이 지역에 대한 영토 확장 사업을 전개하기에 이른다. 게다가 이 지역엔 아직까지 포르투갈의 식민 정책이 미치지 않아 프랑스인들이 주로 인디오들을 상대로 밀무역을 하고 있었기 때문에 그 문제를 어떤 형태로든 매듭지어야 했다. 특히, 프랑스는 1612년 마란냐웅 주 지역을 **적도 프랑스**(França Equatorial)라는 식민지로 만들어 이 지역을 차지하려는 의도까지 보였다. 이런 이유로 인해 포르투갈은 브라질 까삐따니아들의 군대와 자국군대 그리고 스페인의 도움을 받아 브라질에 대해 본격적인 식민 사업에 나섰다.

2. '엔뜨라다스'와 '반데이란찌스'

16세기까지만 해도 브라질에서는 해안을 중심으로 한 식민 사업만이 전개되었으며 1494년 체결된 또르데질랴스 조약이 정해준 내륙지방에 대해서는 거의 알려진 것이 없었다. 그러나 16세기 말부터 싸웅빠울루 지역의 주민들은 포도, 면화 그리고 밀 등 농작물을 경작함과 동시에 목축업에도 상당한 관심을 보이기 시작하였으며 그 덕분에 그때까지 거의 알려진 적이 없었던 내륙지방으로의 식민 사업이 전개되기에 이르렀다. 이로 인해 싸웅 빠울루 목축업자들은 싸웅 프란시스꾸 강(Rio São Francisco) 계곡을 따라 아마존 중하류 지역인 삐아우이(Piauí) 지역까지 개척해 들어갔다. 한편 싸웅 빠울루 남부의 빠라나(Paraná)와 싼따 까따리나(Santa Catarina), 히우 그란지 두 술(Rio Grande do Sul) 그리고 지금의 우루과이 지역인 반다 오리엔딸(Banda Oriental) 지역도 싸웅 빠울루 지역의 팽창 영향권에 들게 되었는데 여기에는 또르데질랴스 조약에 명시된 영토를 보호하고 나아가 스페인 영향권 내에 있는 지역과의 경계를 가능한 한 넓히려는 포르투갈 왕실의 의도가 깔려있었다. 그 결과 대서양 서안의 아쏘리스 군도(Arquipélago dos Açores) 출신의 포르투갈인들과 싸웅 빠울루 사람들은 1684년 싼따 까따리나 지방에 현재의 라구나 (Laguna)시를 세웠으며 그 이전에는 1680년 아르헨티나의 부에노스 아이레스 맞은편에 위치한 쁘라따 강(Rio da Prata) 유역에 싸끄라멘뚜 식민지령(Colônia do Sacramento)을 건설하였는데 이로서 포르투갈은 쁘라따 강을 통해 해외로 반출되던 페루의 귀금속 특히 은을 차지하려는 욕심을 드러내게 되었다.

17세기에 접어들어 안데스 산맥을 중심으로 한 스페인 영토에서 금과 은 그리고 귀금속이 발견되었다는 소식이 전해지면서 포르투갈도 브라질의 내륙에 대한 관심이 높아지게 되었다. 이러한 맥락에 생겨난 것이 바로 내륙 탐험대로 이들 탐험대는 출발과 구성 지역에 따라 '엔뜨라다'(Entradas 또는 조르나다, jornada)와 반데이란찌(Bandeirantes)[1)]

---

1) 반데이란찌 중 주로 싸웅 빠울루주를 가로지르는 띠에떼(Tieté) 강을 주무대로 활약한 탐험대를 몬싸웅(monção)이라 불렀다. 이들은 다른 내륙탐험대들보다 규모가 작았으며 활동 무대 또한 협소하였다. 이들은 인디오들처럼 통나무 하나를 잘라 큰 카누를 만들었으며 밀가루와 콩 그리고 약간의 돼지비계튀김을 주 식량으로 꾸려 다녔고 해가 저물면 강가에 배를 댄 뒤 과일이나 사냥을 위해 육지로 오르곤 했다는 점이다. 이들은 대규모 탐험

〈반데이란찌〉

로 나우어진다. 16세기에 그 활동을 시작한 '엔뜨라다'는 주로 북동부 지방을 중심으로 이루어진 탐험대를 지칭하며, 각 까삐따니아가 공식적으로 구성, 운영하여 주로 군인이 중심이 되었다. 반면에 '반데이란찌'는 17 · 8세기에 들어와 주로 싸웅 빠울루를 거점으로 구성되었으며 재력이 있는 지방의 유지 및 개인들에 의해 운영, 실시되었다. 또한 '엔뜨라다'는 1494년 맺어진 또르데질랴스 조약을 준수하면서 스페인 영토는 침범하지 않는 범위에서 내륙 탐험을 한 반면 '반데이란찌'의 경우에는 개인에 의해 조직, 운영된 탓에 이 조약에 의해 정해진 경계를 무시하며 스페인령까지 침투하여 내륙 탐험을 해왔다. 그러나 이 두 탐험대들은 모두 지형조사를 겸하여 또르데질랴스 조약에 명시된 국경확인, 금을 비롯한 귀금속 채굴, 인디오 포획 및 노예화 등과 같은 동일한 목적을 갖고 있었다. 이들은 또한 때때로 타 지방으로 원정을 가 내륙 지방에 침략해온 프랑스인들과 네덜란드인들의 격퇴에 가담하기도 하였다.

금의 발견은 포르투갈이 해외 영토 확장에 나섰던 주요 요인 중의 하나였으며 포르투갈과 거의 동시에 남아메리카로 들어온 스페인의 경우 페루 등지에서 상당한 양의 금, 은 보화를 발견하자 결국 포르투갈인들 역시 그것을 찾아 나서기에 이르렀다. 그래서 포르투갈 왕실도 1603년 이른바 '광산칙령'(Regimento das Minas)을 공포하여[2] 자유

대였던 반데이란찌의 공적을 뒤이어 소규모로 세밀한 탐사를 실시했으며 강을 오르내리면서 상품을 운송하고 사람들을 정착시키면서 넓은 지역을 차츰 식민화하였다. 또한 꾸이아바 지역에서 금이 발견된 것도 이들의 노력 때문이었다.

로이 금을 채굴할 수 있도록 하면서 그에 대한 대가로 생산업자들로부터 1/5의 세금을 받는 등 금 채굴에 상당한 관심을 보임과 동시에 금광 개발을 촉진하기에 이르렀다. 금에 대한 관심은 1530년 브라질 발견과 함께 탐험에 본격적으로 뛰어든 마르띵 아퐁쑤 지 쏘우자가 프란씨스꾸 샤비스(Francisco Chaves)라는 사람에게 80명의 부하를 내주어 금을 찾아 내륙 탐험에 나설 수 있게 허락한데서도 잘 알 수 있다. 이러한 맥락에서 보면 브라질의 내륙 탐험대는 이미 발견 초기부터 실시되었다고 보는 것이 옳다. 그래서 일부 역사가는 1504년 아메리꼬 베스뿌치오가 30여명의 부하를 거느리고 까부 프리우를 출발, 내륙으로 40 레구아를 들어간 것을 브라질 내륙탐험대의 시조라 보기도 한다.

〈내륙탐험대〉

3. 내륙탐험대의 조직과 활동

'엔뜨라다'와 '반데이란찌'의 내륙탐험대는 지방마다 약간의 차이는 있었으나 주로 마을의 유지급 인사, 군 장교, 고위 공직자 또는 총독이 직접 조직하였으며 그 규모는 대략 250여명 선이었던 것으로 알려지고 있다. 이들 탐험대의 조직은 먼저 탐험대장(Chefe; 백인이면서 지방 유지로서 재력이 많은 자)과 백인들로 탐험대장의 보좌관 역할을 한 참모, 길 안내자 또는 통역의 역할을 한 마멜루꾸(Mameluco: 백인 남자와 원주민 인디오 여자사이의 혼혈인), 짐꾼의 역할을 한 원주민

2) 포르투갈 왕실은 1618년 '브라질 광산지역에 관한 2차 칙령'(Segundo Regimento das Terras Minerais do Brasil)을 발표한데 이어 1620년에는 브라질 광산업자들을 모노모따빠(Monomotapa)로 이주시키는 등 금광개발에 보다 적극적으로 나서게 된다.

인디오(이들은 때때로 길 안내역할을 하기도 함)와 신부 등으로 구성되었다.

이들 탐험대의 여행 경로는 주로 과거 인디오들이 거처하거나 이동하던 도로나 강을 따라 이루어졌으며, 길을 찾을 때는 나침반과 별자리 등을 이용하기도 하였다. 이들은 여행 중 금과 은, 보석, 기름진 땅 등에 대한 모든 정보와 전설을 하나도 빠짐없이 수집하였으며 탐험도중에 양식이 떨어질 경우 사냥과 낚시로 연명하였으며 때때로 인디오 부락을 습격하기도 하였다. 그리고 이들은 정히 식량이 부족할 경우 한 곳에 일정기간 머물면서 농사를 지어 식량을 비축하였는데 이 때문에 내륙 곳곳에 마을이 생기면서 식민 사업이 이루어지는 효과를 낳기도 하였다.

이렇듯 내륙탐험대의 주된 목적 중 하나는 바로 금을 찾는데 있었으며 이들은 스페인령에 있던 여타 주변국에서 금과 은이 많다는 소식을 접하고 탐험대를 조직하여 내륙지방으로 몰려갔으며 초기에는 사실 큰 성과를 얻지 못하였다. 그러나 17세기 후반에 접어들면서 내륙탐험대에 의해 은과 기타 보석들이 발견되면서 18세기 초에는 문자 그대로 미국의 서부개척과 같은 행렬이 이어졌는데 일부 역사가들은 당시 금의 경제주기((Cíclo de ouro) 시대에 이들의 활동 내용과 목적을 중심으로 크게 3 시기로 나누고 있다. 그 첫째는, 금과 보석 탐사를 목적으로 금과 은이 발견되었다고 하는 전설과 소문에 이끌려 내륙으로 들어갔던 시기로 소위 '금 및 보석 주기'(16~17 세기), 둘째, 주로 남부지역의 탐험의 경우가 이에 해당하며 인디오들이 당시 노예로서의 상품적 가치가 있었기에 이들의 포획에 열을 올린 일명 '인디오 사냥 주기'(17세기 중반)라 부르는 시기, 그리고 금과 다이아몬드가 대량으로 발견되던 시기로서 주로 미나스 제라이스 지역에 집중되었던 시기로 일명 '금 및 다이아몬드 주기'(18 중엽까지)로 나누어진다.

그러나 이러한 시기 구분은 사실상 큰 의미가 없는 것으로써 그 이유는 많은 내륙탐험대들이 금과 다이아몬드, 인디오 사냥 등을 동시에 목적으로 하고 있었으며 미지의 내륙으로 들어갈수록 엘도라도에 대한 전설과 소문이 끊이지 않아 언제나 그들의 여정은 처음 시작 때와 마찬가지로 수시로 탐험 경로가 바뀌었기 때문이다. 하지만 한 가지 공통점은 이들 모두가 금을 주목적으로 하고 있었다는 것으로 그 이유는 포르투갈이 해외 영토 확장에 나서던 시기에 유럽에는 금 부족 사태가 발생하였고 포르투갈은 여타 유럽 국가들에 비해 상대적으로 아주 적은 금을 보유하고 있었기 때문이다. 따라서 이들의 해외 영토 확장이 금을 찾기 위한 방편 중 하나였다는 점을 부인할 수 없기 때문에 페루를 비롯한 남미의 안데스산맥 지역의 스페인 영토에서 대규모의 엘도라도가 발견되었다는 소식은 포르투갈 인들에게 큰 자극제가 되어 이때부터 무수한 내륙탐험대들이 구성되었던 것이다. 특히, 브라질 발견을 알렸던 뻬루 바즈 지 까밍냐의 서한에서도 금과 은에 대한 집착이 상당했음을 보여주고 있다.

아울러 한 가지 주목할 점은 남미국가들 가운데 유독 브라질이 사탕수수 경작에 열을 올린 것은 포르투갈인들이 농업에 큰 관심이 있었기 때문이 아니라는 것이다. 스페인 인들 역시 신대륙에서 농업과 목축업에 상당한 노력을 기울였으나 그것은 금과 은이 신대륙 발견 직후 대량으로 발견되어 그들의 관심을 모조리 빼앗아갔기에 농업은 어디까지나 제 2차적 관심사로 밀려난 것뿐이었다. 반면에 포르투갈 인들은 금이 발견되기 전까지 이렇다 할 금, 은, 보화가 발견되지 않았기에 일차적으로 농업, 즉, 수익성이 높은 사탕수수에 관심을 집중하였던 것이다.

■ **제 1 시기('금 및 보석 주기', 16~17 세기)**－16세기 후반에 접어들면서 브라질도 엘도라도를 찾아 떠나는 내륙탐험대 행렬이 끊이지 않았는데 제 2대 총독이었던 멩 지 싸는 심복이었던 브라스 꾸바스와 채광 경험이 많은 루이스 마르찡스로 하여금 그때까지 간헐적으로 실시되어오던 까아찌바(Caatiba)지역에 대한 광물탐사를 본격화하도록 하였으며 좋은 결과를 얻었으며 이후 싸웅 빠울루 남부 지방인 이과뻬(Iguape), 빠라나구아 (Paranaguá), 꾸리찌바(Curitiba) 등에서 고대하던 금을 발견하였다.

멩 지 싸에 이어 부임한 프란시스꾸 지 쏘우자 총독 역시 금광 찾기에 몰두하여 채광에 경험이 많은 기술자들을 대동하고 바이아를 떠나 싸웅 비센찌로 떠났으나 아무 소득을 얻지 못했다. 하지만 17세기에 들어서도 은과 에메랄드로 뒤덮혔다는 이따베라－아쑤(Itaberá-açu)의 전설은 계속 이어졌으며 그 결과 아퐁수 푸르따두(Afonso Furtado)총독 시절에는 보석을 찾을 수 있다는 페르너웅 디아스 빠이스(Fernão Dias Pais)의 제안을 받아들여 그에게 많은 인력과 재정적 지원을 해주었다. 그는 1674년 에메랄드를 찾아 싸웅 빠울루를 떠나 과라찡게따(Guaratinguetá)를 거쳐 현재의 미나스 제라이스 주 한 가운데로 나아가 마르 산맥(Serra do Mar)를 거쳐 도씨 강(Rio Doce)의 발원지에 도달하였다. 그러나 내륙탐험대들 중 가장 큰 활약을 기록했던 그였지만 8년에 걸친 장기간의 탐험으로 그는 노쇠해 있었고 자신의 아들이 이 같은 여정에 불만을 품고 저항하자 스스로 아들을 살해하는 잔인함을 보이기도 하였고 또한 비용이 모자라자 싸웅 빠울루에 있는 아내에게 연락하여 모든 재산을 팔아 탐험 경비에 보태도록 하였는데 이 같은 노력 덕택인지 그는 드디어 꿈에 그리던 보석을 발견하게 되었다. 그러나 후에 알려진 사실이지만 그것은 상품적 가치가 거의 없는 투르말린이라는 녹색 돌이었으며 죽을 때까지 그는 그것이 에메랄드로 알고 있었다. 어쨌든 그의 탐험으로 미나스 제라이스 지방에 대한 지리정보가 축적되게 되었으며 이를 바탕으로 후세들의 내륙을 통한 북부지방 탐험 루트 개척이 가능하게 하였다.

한편 다른 지방에서도 내륙탐험대의 활약이 두드러졌는데 이스삐리뚜 싼뚜 주에서는 주로 에메랄드에 관심을 가진 내륙탐험대가 조직되었으며 세르지삐(Sergipe) 주와 쎄아라(Ceará)주의 경우에는 은광 발견에 관심이 많았었다.

■ **제 2 시기('인디오 사냥 주기', 17세기 중반)**－17세기에 접어들면서 인디오 사냥을 목적으로 한 내륙탐험대의 활동이 두드러지게 나타나기 시작하였다. 1602년과 1604년 사이 호끼 바헤뚜(Roque Barreto)라는 사람이 벨랴스 강(Rio das Velhas) 기슭에서 3,000여명의 인디오들을 포획하여 노예로 삼은 적이 있는데 이에 대해 예수회 선교사들이 강력히 반발하고 나섰다. 당시 예수회 선교사들은 과이라(Guairá), 빠라나(Paraná), 우루과이(Uruguai) 그리고 따뻬(Tape) 등에서 인디오들을 대대적으로 교화하고 있었으며 이들이 한 곳에 집중되어 생활하고 있었던 만큼 인디오 사냥을 목적으로 한 내륙탐험대들이 수시로 마을을 공격, 인디오들을 포획해가곤 하였던 것이다. 그러던 중 1610년 빠라나빠네마(Paranapanema) 강 지역에 예수회 선교사들이 인디오 마을을

세우고 인디오들을 교화하기 시작하였으며 곧 이어 빠라과이 지역에 속하는 곳까지 활발한 선교활동을 펼쳤으나 많은 탐험대들에 의해 마을이 무참히 파괴되었으며 또한 많은 수의 인디오들이 노예로 끌려가는 사건이 발생하였다.

특히 1627년부터는 인디오들에 대한 공격이 조직적으로 자행되었는데 그 중 안또니우 하뽀주 따바리스(Antônio Raposo Tavares)가 이끄는 탐험대는 해안선을 따라 내려가다가 과이라(Guairá) 지역을 공격하였다 이들은 이 지역이 스페인 영토가 아니라 포르투갈 영토라는 이유를 들어 공격을 감행하였는데 당시 이 지역에는 예수회 선교사들과 인디오들이 함께 생활하고 있었으며 이 공격으로 많은 인디오들이 희생되었고 살아남은 인디오들과 선교사들은 모두 파라과이와 우루과이로 도주하고 말았다. 또한 1629년에는 69명의 싸웅 빠울루 출신 백인들과 900명의 혼혈인 그리고 2000명의 인디오들로 구성된 탐험대가 과이라 지역을 재공격하여 인디오 마을을 불태웠으며 예수회 선교사들까지 빠라나 주 이남으로 몰아내었다.

하지만 내륙탐험대의 인디오 사냥은 선교사들이 포르투갈 왕실에 적극 호소하면서 점차 약화되어 포르투갈이 스페인의 합병에서 벗어나던 1640년을 기점으로 쇠퇴의 길로 접어들게 되었다. 인디오 사냥을 주목적으로 한 내륙탐험대의 활동은 남동부인 싸웅 비센찌 봉토를 중심으로 진행되었는데 당시에 싸웅 비센찌는 사탕수수 재배로 경제적인 풍요를 누리던 북동부의 뻬르남부꾸나 바이아보다는 상대적으로 빈곤한 상태에 있었다. 그래서 그 격차를 인디오 사냥과 밀매를 통해 만회하려 하였으나 포르투갈이 스페인으로부터 독립하면서 더 이상 스페인영토에 진입할 수 없었고 나아가 인디오 사냥과 밀매가 위험부담이 많이 따를 뿐만 아니라 점차 선교사들을 중심으로 한 포르투갈 정부의 포획금지조치가 내려지면서 사양길에 접어든 것이다. 또한 17세기에 들어서면서 중미지역에서 사탕수수가 재배되면서 브라질의 사탕수수 농업이 위기에 처했으며 이 때문에 노동력의 한 방편으로 이용하던 인디오 노예의 필요성 역시 적어졌었다. 게다가 사탕수수농장의 노예로서 인디오가 갖는 상업적 가치는 아프리카 흑인에 비해 1/5밖에 지나지 않았으며 아울러 시간이 지나면서 미나스 제라이스를 중심으로 금과 다이아몬드가 발견되면서 그쪽으로 관심이 집중된 것도 인디오 사냥의 쇠퇴를 부채질한 요인으로 볼 수 있다.

■ **제 3 시기('금 및 다이아몬드 주기', 18세기 중엽까지)** – 실질적으로 금과 은 그리고 다이아몬드가 붐을 일으키며 브라질 전역을 열광하게 한 것은 예상보다 훨씬 뒤인 18세기에 들어서였다[3]. 그리고 금과 다이아몬드 탐사가 본격적으로 진행되면서 그동안 '반데이란찌'에 의해 간헐적으로 이루어지던 브라질 중남부에 대한 식민 사업은 본격화되기에 이르렀으며 그 결과 1763년 식민지 브라질 수도는, 사탕수수 농업으로 부와 정치의 중심지를 이루었던 북동부의 바이아주 쌀바도르에서 중남부의 히우 지 자네이루로 옮겨지는 변화를 야기하였다.

금이 공식적으로 처음 발견된 것은 1693년 미나스 제라이스 주에서 안또니우 호드리게스 지 아르자웅(Antônio Rogdriguês de Arzão)에 의

---

3) 어떻게 보면 금과 은 그리고 다이아몬드가 늦게 발견됨으로 인하여 북동부의 사탕수수농업이 상당히 활성화될 수 있었으며 나아가 내륙탐험대의 끊임없는 서진(西進)으로 오늘날 브라질 국경이 당초 또르데질랴스 조약에 의해 결정된 영역을 넘어 훨씬 확장되는 결과를 낳은 것으로 볼 수 있다.

해서였으며, 이듬해 두아르찌 로뻬스(Duarte Lopez)가 과라삐랑가(Guarapiranga) 강 한 곳에서 상당한 금을 채굴했다는 기록이 있다. 금의 발견 소식과 함께 수많은 내륙탐험대가 조직되었는데 이들 가운데 마누엘 지 까마르구(Manuel de Camargo)를 비롯한 일단의 탐험대가 이따뻬라바(Itaperava)에서 금을 발견하였으며 이어 1694년 쌀바도르 페르난데스 푸르따두 지 멘돈싸(Salvador Fernandes Furtado de Mendonça)가 새로운 금광 발견 소식을 전하였고, 1698년 안또니우 디아스 지 올리베이라(Antônio Dias de Oliveira)가 이끄는 탐험대가 금과 다이아몬드의 중심지인 지금의 오우루 쁘레뚜(Ouro Preto)를 발견하기에 이르렀다.

또한 1700년에는 마누엘 보르바 가뚜(Manuel Borba Gato)가 사바라(Sabará) 금광을 발견하여 이 지역을 중심으로 상당한 식민 사업이 전개되었으며, 주엉 레이찌 다 실바 오르찌스(João Leite da Silva Ortiz) 등은 싸웅 주제 두 빠라(São José do Pará), 삐땅기(Pitangui) 그리고 세르까두(Cercado)에 정착하여 금광 탐사 작업을 계속하였는데 특히 세르까두 지역은 오늘날 미나스 제라이스 주의 수도인 벨루 오리종찌(Belo Horizonte)의 기원이 되었던 곳이다. 이처럼 미나스 제라이스 주에서 새로운 금광이 속속 발견되면서 싸웅 빠울루, 히우 지 자네이루, 바이아 등에서 수많은 사람들이 일확천금을 꿈꾸며 이 지역으로 몰려들자 급기야 총독부는 해안 지방의 인구 이탈을 막기 위해 다각적인 노력을 경주하였다. 하지만 골드러시 현상은 끊이질 않았으며 후에 싸웅 주엉 델 헤이(São João del-Rei)와 까에떼(Caeté)에서 금광이 추가로 발견되자 총독부조차 더 이상 손을 쓸 수 없게 되었다.

Ⅱ. 금의 경제주기(Cíclo de Ouro)

1. 배경

17세기말까지 브라질의 사탕수수 수출은 브라질을 비롯한 식민지들을 부(富)의 재외 생산영토로 경제적 착취의 대상으로 간주하고 있던 포르투갈왕실의 경제적 관심을 만족시킬 수 있었다. 그러나 프랑스, 영국 및 네덜란드의 해외 식민지들이 저렴한 가격으로 사탕수수를 생산하여 세계시장에서 브라질과 경쟁에서 우위를 획득해갔던 반면, 포르투갈은 브라질의 사탕수수에 관세를 점점 과다하게 부과함으로써 경제적 부의 착취에만 탐닉, 결과적으로 브라질의 사탕수수농업의 쇠퇴를 가속화시켰다.

또한 당시 중상주의 사상의 영향으로 보호무역의 시행을 표방했던 프랑스 및 영국은 자국의 해외식민지의 수출과 그에 따른 자국의 해외무역을 증진시킨다는 목적 아래 타국의 식민지 생산품의 반입에 엄격한 규제조치를 취하였다. 그리하여 남미 식민지 내에서의 귀금속 발견으로 인해 농업 및 목축업을 단순한 보조적 경제활동으로 행했던 스페인에 비해서 브라질내의 귀금속 발견이 지체되면서 선택의 여지없이 잠정적으로 사탕수수농업에 종사하고 있던 브라질내의 노동력과 그 자본주들은 사탕수수농업에서 이탈되어 광물탐사사업에 투여되기 시작했다.

스페인에의 병합이후 포르투갈의 대(對) 브라질 식민화 및 통치조직의 방향은 수정되었다. 통치권이 집중화되어감에 따라 경제적인 면에서도 감독과 통제기능을 강조하여 포르투갈에 가능한 최대의 이익을 가져올 수 있을 교역형태를 정착시키기 위한 특정 상품의 생산을 유도하고자 했다. 이러한 포르투갈의 대 브라질 경제정책이 무역독점과 생산의 선별적 규제정책으로 귀결된 이면에는 네덜란드의 북동부 사탕수수지역 점령, 이 농업의 쇠퇴 등으로 인한 포르투갈 왕실 국고의 궁핍이라는 재정적 요인이 포함되어 있었다. 그리하여 금광발견의 소식이 전해왔던 당시 포르투갈 왕실은 광물탐사업자들에게 모든 혜택을 베풀면서까지 탐사작업을 격려하게 되었다.

2. 금의 발견과 채취 방식

브라질에 있어서의 금의 탐사작업은 16세기 초 지리적 탐사작업과 병행하여 나타나 이후 거의 2세기에 걸쳐 진행되었다. 1562년에 루이스 마르찡스가 금을 발견했고, 1567년에는 포르투갈에서 금세(金稅)로 456g를 징수한 바 있으나 금의 탐사작업은 1673년 페르나웅 지아스 빠이스의 탐험대 이후 본격화되기 시작하였다. 그리하여 1693년 안또니우 호드리게스 지 아르자웅이 현재의 미나스 제라이스(Minas Gerais) 주 지역에서 금을 발견하게 됨으로써 수많은 금광지역이 잇따라 발견되었다.

이러한 발견들은 전적으로 싸웅 빠울루의 민간오지탐험대, 즉 '반데이란찌'의 탐사작업에 의한 결과였으며, 이러한 탐사작업의 출발지이자 귀환지는 당연히 싸웅 빠울루일 수밖에 없었다.

일단의 탐험대는 지도상의 (1)의 경로로 현재의 빠라나(Parana) 주로 침투했으며, 또 일부는 (2)의 마뚜 그로쑤(Mato Grosso)나 고이아스(Goias)지방을 탐사했으며, (3)의 경로를 따라간 일부는 미나스 제라이

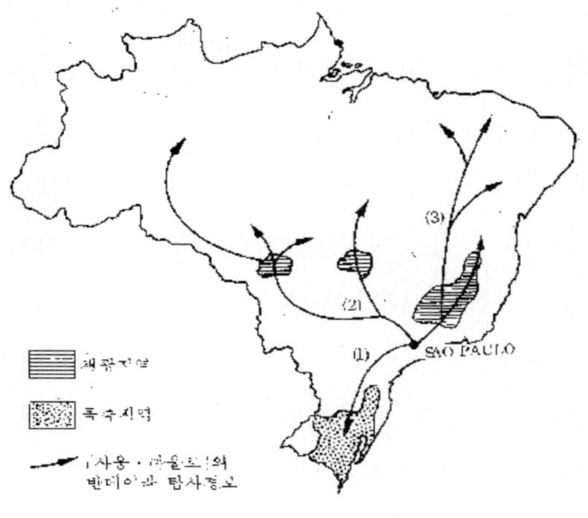

〈채광업과 관련한 탐사경로〉

스 주를 거쳐 북상하였다.

탐사작업 당시 최초의 금광상(金鑛床)은 강이나 하천의 하상(河床) 및 연변에서 충적토의 형태로 발견되었으며 발견 장소에서의 채취기간이나 양이 작아서 탐사자들의 정착생활이 이루어지지 않았다. 채취도구로는 강의 자갈이나 모래를 퍼서 금을 가려내기 위한 '바떼이아'(Bateia: 아프리카 원산의 쟁반모양을 한 목기)와 광석에서 금을 떼어내기 위한 '알모까프리'(괭이 모양의 도구)라는 원시적 기구가 사용되었다.

1720년경 채취장소가 미나스 제라이스로 대거 이동하면서 하천이 아닌 산기슭이나 산비탈의 금 매장 층이 채취의 대상이었는데 이와 같은 광맥은 수천 년에 걸쳐 부식의 결과로 금이 분해되어 누적된 금돌로 뒤덮여 있었다. 이곳에서의 금 채취는, 수력학적인 방법을 도입하여 다량의 물을 야간에 고지대의 저수지에 저장했다가 산기슭의 광상(鑛床)에 낙하시켜서 붕괴된 토사(土砂)가 목제(木製)도랑을 통해 흘러 저지대로 가는 동안 바닥에 깔린 牛皮에 모인 금을 수집하는 형태였다. 이러한 방식은 **라브라**(Lavra: 洗鑛)라 하였는데, 여기에는 많은 흑인노예와 거주시설 및 전문화된 도구가 필요하였다. 생산량 역시 많았고 영속성이 있었으나 막대한 설비자본이 필요하였다.

'라브라' 방식에 의한 금의 채광은 부락의 형성을 이루며 막대한 부의 생산으로 포르투갈에 대해 사탕수수농업의 쇠퇴를 보상해 줄만한 부의 원천으로 부각되며 브라질의 경제가 채광업의 주기라는 새로운 붐의 경제를 이루는데 기여하였다.

3. 금과 다이아몬드 생산의 하락

금 생산의 하락은 주로 다음과 같은 이유에 기인하였다. 첫째, 생산방식 자체에 문제점을 안고 있었다. 그 당시 생산된 브라질의 금은 주로 강 하반이나 강 연변에서 채집한 것이었는데, 이것은 강 주변의 암석들이 시간이 지남에 따라 부식되면서 그 안에 포함되어있던 금들이 가루 형태로 강물에 흘러든 것을 이들이 주워 모으는 형태였기에 생산의 한계가 쉽게 드러났다는 점이다. 그리고 둘째로는 18세기 초 금이 많이 생산되던 시기의 채광기술이라는 것이 강 하반이나 연변에 쌓여있던 사금을 모아 덩어리로 만드는 정도였으며 땅 속 깊이 숨어있는 금맥을 찾아 갱을 판다는 것은 어려운 작업이었다. 따라서 이러한 원시적인 채광기술로는 금 생산을 오랫동안 지속할 수 없었다. 또한 금이 발견된 지역에 대한 조사에서도 요즘과 같은 매장량 측정 기술이 없었으므로 주로 대신 육안과 경험에만 의존하였기에 강에서 금을 걸러내는 것 이외에는 더 이상 금을 생산할 수 없었던 것이다. 이러한 이유로 18세기 중반에 들어서자 브라질에서의 금 생산은 급격한 하락세를 나타내기에 이르렀다.

한편 다이아몬드의 경우, 금의 발견 시기와 거의 일치하고 있는데 처음 다이아몬드가 발견된 것은 금 생산이 최고조에 달하던 1729년 지금의 미나스 제라이스 주의 띠주꾸(Tijuco)에서였다. 이때부터 브라질은 19세기말 남아프리카 지역에서 다이아몬드가 발견될 때까지 세계적인 다이아몬드 생산지로 각광을 받았다.

〈다이아몬드 채취〉

다이아몬드에 대해서도 포르투갈 정부는 금에 적용하던 세금제도를 그대로 적용하여 생산량의 20%를 세금으로 부과하였다. 그러나 시간이 지나면서 생산되는 다이아몬드의 종류가 다양해지자 그 종류와 품질에 따라 세금을 차등화하기 시작했으며 다이아몬드 생산지역에 대해서는 특별 경계선을 만들어 이른 바 다이아몬드 특구(Distrito diamantino)라고 지정, 지방의 유력 인사나 정치인에게 특혜형태로 불하하고 세금 등 각종 혜택을 부여하였다. 하지만 1771년 금 생산이 상당히 하락하고 있던 시기에 포르투갈의 뽕발 재상은 금 생산과 관련하여 세금 부과에 많은 문제점이 발생하였던 것을 감안하여 다이아몬드 채광을 본국의 왕실 재무부서가 직접 하도록 하는 것이 유리할 것이라고 판단, 다이아몬드 감독청(廳)(Intendência dos Diamantes 또는 Real Extração)을 신설하였으며 이 조직은 브라질이 독립을 한 후에도 계속 존속하였다. 이 관청은 여타 다른 식민지관련 기관과는 완전히 독립된 권한을 행사하였으며 청장과 그 산하 직원들은 정부가 입법한 특별법 적용을 받아 상당한 권력을 누렸다. 아울러 다이아몬드 특구로 지정된 지역에는 청장의 사전 허가 없이는 어느 누구도 출입할 수 없었으며 이 지역 내에서 불법행위가 발생할 시 청장은 지위 고하를 막론하고 직권으로 해당자의 재산을 몰수하거나 중징계를 내릴 수 있었다.

한편 다이아몬드 생산의 하락은 금 생산의 하락을 보충하기 위해 포르투갈정부가 대량생산에 나서면서 가격의 하락을 부추겼기 때문이다. 포르투갈 왕실은 때때로 가격하락을 막기 위해 다이아몬드의 생산과 판매량을 줄이기도 하였지만 당시 포르투갈 경제 상황이 위기 국면이었기에 다시 대량 생산과 판매를 강행할 수밖에 없었으며 이러한 악순환으로 다이아몬드 생산은 갈수록 하락할 수밖에 없었다. 따라서 18세기 말 무렵에는 사양길에 접어들었는데 금과 마찬가지로 상당량의 다이아몬드가 생산지로부터 밀반출되거나 은닉되었던 것도 다이아몬드의 쇠퇴기를 앞당긴 것으로 보인다. 1832년 다이아몬드 감독청이 사라지던 때까지 미나스 제라이스 주에서 생산된 다이아몬드는 약 300만 킬라트, 즉 약 615kg이었던 것으로 알려졌다.

4. 채광업의 결과

금과 다이아몬드의 채광업은 대외적으로나 대내적으로 괄목할만한 결과를 창출했는데 대외적으로는, 브라질의 금이나 다이아몬드에 대한 세수(稅收)는 포르투갈에 막대한 부의 원천이 되었다. 이와 동시에 포르투갈이 과거부터 많은 항해 및 교역상의 편의를 제공해 왔던 영국과의 무역관계를 집약, 합의한 **메두엠 조약**(Tratado de Methuem)이

1703년 체결되었다. 이 조약에 의거, 포르투갈은 영국에 대해 문호를 개방하고 직물 등 영국제품을 수입했으며, 대신 포도주를 수출했다. 그러나 무역수지의 균형을 맞추기 위해 포르투갈은 막대한 양의 금을 영국에 지불해야 했으며 이로써 포르투갈은 빈약한 국내산업의 생산원(生産源)을 봉쇄했고, 금을 남용하여 브라질 경제발전의 주도권을 잃어버린 대신 영국의 산업발전과 해상진출의 힘을 성장시키는데 크게 조력했다.

채광업의 대내적인 결과로는 첫째, 영토 확장에 기여한 바가 크다. 채광지역의 확장은 포르투갈 및 스페인의 미 대륙 식민지내에 있어 초기의 경계선이었던 또르데질랴스 조약 상의 자오선을 서쪽으로 넘어 포르투갈의 통치지역을 3배가량 확장시켰으며, 독립국가로서의 브라질이 소유했던 거대한 영토의 초석이 될 광활한 지역의 효율적인 점유를 가능케 했다.

둘째로는, 미나스 제라이스를 비롯한 남부지방의 식민화에 기여했는데, 채광업이 시작되면서 포르투갈의 식민자들이 브라질의 채광지역을 향해 대대적인 이동을 해 왔다. 이러한 브라질의 중서부 및 남부의 광대한 지역에 걸쳐 산발적이며 격리된 식민거점을 형성하였으나 미나스 제라이스의 금광지대에서는 집중적인 정착현상을 낳았다. 단기간 내에 금 생산의 중심도시인 빌라 히까(Vila Rica: 富村이라는 의미)와 다이아몬드 생산의 중심도시인 띠쭈꾸(Tijuco)와 같은 거대한 식민거점을 만들어냈다.

셋째로, 채광활동은 막대한 자본과 노동력의 투입을 발생시켜 결과적으로 북동부 해안지방의 농업활동을 위축시켰다. 따라서 브라질의 경제적 지주가 북동부의 사탕수수지역에서 이탈되었으며, 행정 및 정치의 중심도 1763년 수도가 바이아에서 히우 지 자네이루로 옮겨졌기 때문에 남부 및 중서부의 채광지역으로 이동되었다.

넷째로, 이러한 정치·경제적 변화로 인해 사회 환경의 변화 또한 야기되었다. 특히 채광지역으로의 무질서한 인구유입은 일종의 무정부상태를 야기 시켰으나 포르투갈의 경제적 이득에 목적을 둔 부득이한 질서정착의 요구로 안정화가 성취되었다. 북동부지역에서의 가부장적 사회구성 요인은 감소되었고, 부르주아 계층이 넓게 형성되었다. 그러나 채광에 의한 부의 획득은 필연적으로 또 다른 사회계급의 형성을 유도, 빈부의 격차를 낳기도 했다.

다섯째로, 채광업의 융성은, 대외교역과 겸해서 농산품과 바이아 지방의 축우 및 남부의 수송용 가축 등 브라질내의 기타 지역에서 생산된 물품까지 다량으로 도입되어 국내시장의 발전을 가져왔다. 또한 부수적인 효과로 채광지역과 항구 및 필수품 생산중심지와의 경제유통을 위한 길이 개척되었다. 그러나 미나스 제라이스에 대한 필수품 공급이 화폐의 풍족한 기반 위에서 이루어졌던 만큼 시간이 지나면서 점차 소비와 화폐사이의 불균형이 비롯되고 물가앙등 현상까지 낳게 되었다. 이러한 물가고는 필수품 공급원을 채광지역에 빼앗기고 있던 해안지역의 식민지에서 더욱 그러하였다.

여섯째로, 채광업은 미나스 제라이스 지역 등에서 바로크양식이라는 뛰어난 건축과 종교적 미술, 조각과 문학의 개화기를 탄생시켜 브라질 예술전반에 걸쳐 새로운 발전을 이룩하는데 크게 기여하게 된다.

제7장 스페인 지배 하의 브라질

Ⅰ. 포르투갈과 스페인의 합병(1580－1640년)

16세기 중엽 당시 포르투갈의 경제적 상황은, 1506년 이래 유지해 온 포르투갈 왕실의 해외 무역 독점권이 해체되고 일반인들에게 해외 식민지와의 무역을 개방하는 등 동방무역이 쇠퇴의 길로 접어들었다. 또한 최대의 해외식민지였던 브라질의 경우, 사실상 본국 경제에 혜택을 줄 수 있는 상품이라고는 사탕수수 재배 밖에 없었는데 그 무렵 브라질의 사탕수수 산업은 활성화되고는 있었지만 사탕수수 농장도 60여 개에 불과하여 인도와 아프리카로부터 들어오던 향료와 금 그리고 노예 등의 격감에 따른 손실을 메우기엔 역부족이었다.

또한 정치적으로는, 1557년 동 주엉 3세가 사망하면서 왕위를 이을 아들이 없게 되었다. 그래서 그의 손자인 동 세바스찌아웅이 왕위를 잇게 되는데 그는 당시 4살에 불과한 갓난 아기였으므로 할머니인 도나 까따리나(D. Catarina)가 1557년부터 1562년까지 섭정을 하고 1562년부터 1568년까지는 숙부 할아버지인 리스본의 대주교 동 엥리께(D. Henrique)가 섭정을 하게 되었다. 그리하여 동 세바스찌아웅은 1568년 14세가 되면서 성년의 나이가 되어 정식으로 왕직을 수행하게 되었다. 그가 왕위를 잡았을 때는 포르투갈이 동방무역의 쇠퇴와 사치향락으로 상당한 어려움을 겪었던 지라 1506년 이후 왕실이 유지해 온 해외무역 독점권을 해체하는 등 일련의 경제 활성화를 도모하지만 별 다른 결과가 나타나지 않았다. 또 개인적으로 그는 과거의 십자군 정신과 기독교 전파에 관심이 많았던지라 국내 위기의 돌파구로써 자신의 할아버지인 동 주엉 3세 때부터 포기하기 시작한 아프리카의 북부 지방을 재점령하기로 결정하게 되었다.

1578년 6월, 국가의 재정상태가 말이 아닌 상황에서 대규모 군사를 조직, 그는 18,000 여명의 군대를 이끌고 아프리카 북부인 알까세르 끼비르(Alcácer Quibir)를 공격하면서 무어 족들과 일전을 전개하나 그의 군대는 대패하고 자신마저 행방불명되고 말았다.[1]. 이 사건에서 주목할 점은, 이 전쟁을 준비하는 과정에서 포르투갈이 소비했던 군비가 100만 끄루자두 이상이 들었다고 하는데 이는 당시 포르투갈이 거둬들인 일 년 세입의 절반가량이었다고 한다. 즉, 이 전쟁으로 말미암아 포르투갈의 경제적 어려움은 더욱 심각해졌다는 점이다. 그리고

---

1) 당시 포르투갈 국내에는 젊은 왕이 죽지 않고 피신해 있으며 언젠가 포르투갈로 돌아올 것이라는 소문이 퍼져나갔다. 이 같은 소문은 전투에서 그가 행방불명된 채 시신이 발견되지 않았기 때문으로 포르투갈이 정치, 경제, 사회적 어려움을 겪을 때마다 그가 아프리카에서 돌아와 국가를 구할 것이라는 풍문이 끊이지 않고 일어났다. 이 같은 상황을 일컬어 세바스찌아니즈무(Sebastianismo)라 하며 그의 일화는 그 이후 포르투갈의 문학계에도 자주 등장하는 소재가 되었다.

또 한 가지 주목할 점은, 동 세바스찌아웅 왕이 후손을 남겨 놓지 않아 그의 뒤를 이을 후계자가 불분명한 상태가 되었다는 점이다. 따라서 이미 섭정을 한 바 있는 동 엥리께가 왕위에 오르게 되는데 그 또한 고령이었고, 역시 후손이 없어 그가 사망하던 1580년, 3명의 왕위계승 후보자가(당시 스페인 왕으로 포르투갈 공주와 결혼한 펠리뻬 2세(Filipe II)와 끄라또(Crato) 수도원의 부사제이며 왕족이었던 동 안또니우(D. Antônio), 그리고 동 세바스찌아웅의 섭정을 맡았던 할머니 도나 까따리나) 나타나 포르투갈의 왕권을 다투게 되었다. 이들 중 우여곡절 끝에 스페인 왕이었던 펠리뻬 2세가 서민들의 지지를 받던 동 안또니우의 군대를 격파, 1581년 또마르(Tomar)에서 열린 궁정회의(Corte)에서 논란 끝에 포르투갈의 펠리뻬 1세로 등극하게 되었다. 이 궁정회의에서 그는 사실상, 포르투갈의 주권을 그대로 인정함과 동시에, 포르투갈의 모든 해외 식민지 역시 기존 법에 따라 포르투갈인에 의해서만 통치될 수 있도록 하였으며, 이와 함께 포르투갈과 스페인 양국 간의 관세를 철폐하였고, 아울러 포르투갈인에게 스페인 제국으로의 여행을 자유화하였다.

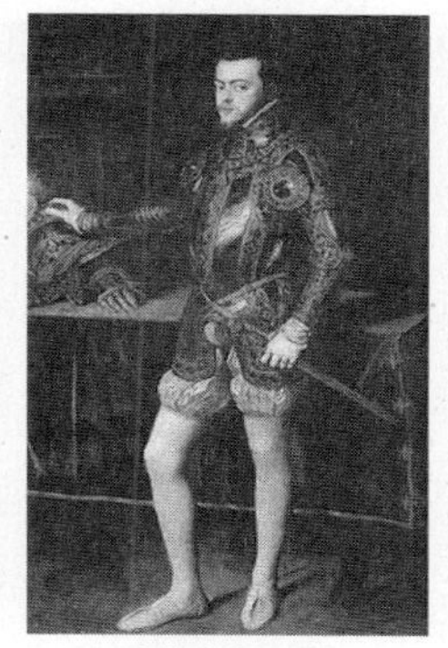
〈펠리뻬 2세〉

이렇게 하여 포르투갈은 이때부터 1640년까지 60년간 스페인의 지배에 놓이게 되며 왕이 부재함에 따른 구심력의 상실로 인해 1600년대 초에 들어서는 프랑스와 영국, 그리고 네덜란드로부터 간단없는 침략을 받게 된다. 이들 중 특히 영국과 네덜란드로부터는 브라질을 포함한 자국의 해외 식민지가 공격을 당하는 곤경에 처하게 된다. 이로서 17세기 내내 포르투갈은 60년간 스페인과의 합병 그리고 그로 인한 인도 무역항로의 상실 그리고 수그러들 줄 모르는 사치향락과 실정 등으로 정치적, 경제적 어려움에 허덕이게 된다.

Ⅱ. 브라질의 영토 확장과 식민 사업

1. 북동부 지방에 대한 식민 사업

■ **빠라이바(Paraíba) 주 정복**–당시 왕실 직권 하에 있던 빠라이바 주에는 인디오 부족 뽀찌과르 족이 프랑스인들과 결탁하고 있어 사탕수수 농장이 많이 건설되고 있던 인근의 뻬르남부꾸 주에 상당히 위협적인 존재였다. 이에 뻬르남부꾸의 사법담당관이었던 동 페르난두 씰바(D. Fernando Silva)가 군대를 이끌고 이들을 공격하였지만 실패하였고 이어 뻬르남부꾸에 거주하던 거상(巨商) 프루뚜오주 바르보자(Frutuoso Barbosa)가 10년 간 빠라이바 주에 대한 개발권을 자신에게 제공할 경우 자신의 비용으로 군대를 조직하여 빠라이바를 점령하겠다고 제의, 받아들여졌다. 그는 씨마웅 호드리게스 까르도주(Simão Rodrigues Cardoso)라는 인물을 주축으로 200여명의 군인과 인디오들로 군대를 조직하여 육로로 빠라이바를 공격토록 하였으며 자신은 해상 공격을 감행하였다. 그는 빠라이바 해안에 정박하고 있던 프랑스 군함 5척을 파괴하는데는 성공하였지만 프랑스인들의 함정에 빠져 자신의 아들을 잃고 후퇴하고 말았다. 이 무렵 빠라이바주를 차지하고 있는 프랑스인들과 인디오들을 격멸하기 위해 돈 디오고 발데스(D.

Diogo Valdez) 스페인 사령관이 이끄는 함대가 바이아에 도착하였으며 당시 브라질 총독이었던 마누엘 뗄리스 바헤뚜(Manuel Teles Barreto)와 협의, 뻬르남부꾸 주의 원정 요청을 받아들였다. 스페인과 포르투갈 함대는 연합군을 조직, 육로와 해로를 통해 빠라이바 공격에 나섰으며 프랑스군은 해안에 정박해있던 자국군의 함대를 불을 지른 뒤 내륙으로 도주하면서 후일을 도모하였다.

한편, 해상으로 공격에 나섰던 군과 합류한 발데스 사령관은 빠라이바 만에 싸웅 필리뻬 이 싼띠아구(S. Filipe e Santigo, 현재의 까비델루 요새 Forte de Cabedelo)를 세워 자신의 부하인 프란시스꼬 가스뜨레욘(Francisco Castrejon)에게 맡기고 철수하였다. 그러자 때를 기다리던 인디오 부족 뽀찌과르는 따바자라(Tabajara) 족의 추장이었던 삐라지비(Pirajibe, 일명 '물고기 팔', Braço de Peixe)의 도움을 받아 수 천 명의 전사로 구성된 군대를 조직하여 반격에 나섰다. 위기를 느낀 총독부는 빠라이바를 구하지 못할 경우 이미 세운 요새는 물론이고 빠라이바 전체가 인디오와 프랑스인들의 손아귀에 들어갈 것으로 판단하고 주민들로 하여금 수 천 명의 민병대를 조직하기에 이르렀다. 이 민병대 도움으로 삐라지비 군대를 물리치는데 성공하였으며 싸움에서 진 인디오들 사이엔 내분의 조짐마저 보이기 시작하였다. 하지만 마르찡 레이떠웅 군이 전쟁 후 철수하자 요새를 지키던 군인들은 인디오들과 프랑스군의 재공격에 위협을 느껴 그들이 공격을 재개하기도 전에 요새와 마을을 불태우고 바이아 주의 이따마라까 섬(Ilha de Itamaracá)으로 도망가고 말았다. 이 지경에 이르자 포르투갈인들은 인디오들을 물리칠 수 있는 유일한 방법으로는 인디오들을 분열시키는 것이라고 확신하고 한때 자신의 부족으로부터 비겁한 자로 비난을 받았던 따바자라의 추장 삐라지비를 비밀리에 접촉하였다. 그 결과 1585년 8월 5일 삐라지비와 평화 협정이 맺어졌으며 이어 오랜 세월동안 포르투갈인들을 괴롭히던 뽀찌과리스 족은 북부로 이동하였다. 한편, 이제 더 이상 인디오들의 지원을 기대할 수 없게 된 프랑스인들은 북동부 해안에서 사라져 빠라이바 주에는 평화가 깃들고 사탕수수 산업도 다시 가동되기에 이르렀다.

■ **쎄르지삐(Sergipe)주 정복**－이 지역은 동 마누엘 뗄리스 바헤뚜 총독의 반대에도 불구하고 예수회 선교사들의 적극적인 인디오 개화 활동 탓에 초기에는 평온한 모습을 보였으나 그러나 빠라이바 주에서 쫓겨난 프랑스인들이 이 곳 인디오들과 동맹관계를 맺는 바람에 사태가 급격히 악화되었다. 한편 브라질 총독이 1587년 사망하자 새 총독이 부임할 때까지 대주교인 동 안또니우 바헤이루스(Antônio Barreiros)와 재정관인 끄리스또바웅 지 바후스(Cristovão de Barros) 그리고 사법관인 마르띵 레이떠웅(Martim Leitão)이 공동으로 임시 총독부를 운영하게 되었으며 이들은 당시 상황에 비추어 인디오들을 선제, 공격하는 쪽으로 결론을 내리게 되었다. 하지만 인디오들은 이미 포르투갈군의 화력에 익숙해있었을 뿐만 아니라 그 자신들도 프랑스인들의 도움을 받아 화기를 조작할 줄 알고 있었기에 전투는 장기전으로 치달을 가능성이 높았지만 그러나 끄리스바웅 지 바후스가 조직한 60여명의 기마대 덕택에 인디오들은 쉽게 허물어지고 말았다. 전투가 끝난 직후 그는 점령지역에 자신의 농장을 세우고 1590년에는 세르지삐 강 하구에 싸웅 끄리스또바웅(S. Cristóvão)이라는 도시를 건설한 뒤 총독부가 있던 바이아로 귀환하였다. 이로써 초기에 까삐따니아로 분류되

었던 세르지삐 주는 포르투갈왕실의 직속 관할 지역으로 바뀌게 되었다

■ **히우 그란지 두 노르찌(Rio Grande do Norte) 주 정복**－빠라이바 주 해안에서 쫓겨난 프랑스인들은 인근의 히우 그란 지 두 노르찌 해안에 자주 출몰하면서 빠라이바와 뻬르남부꾸 주 나아가 식민지 브라질 전체에 큰 위협으로 등장하였다. 특히 프랑스인들은 인디오들의 언어와 관습에도 잘 적응하여 그들과 쉽게 친분관계를 맺고 있었다.

이러한 상황에서 새로 부임한 총독 동 프란씨스꾸 지 쏘우자(D. Francisco de Sousa)는 히우 그란지 두 노르찌에 출몰하고 있던 프랑스인들의 소탕작전을 준비, 해로와 육로로 군대를 파견하였다. 바다로 진출한 군대는 1597년 크리스마스에 히우 그란지(지금의 뽀뗑지, Potengi) 해안에 당도하였으나 프랑스군대의 지원을 받은 인디오들의 저항이 거센 바람에 해안가에 머물러야 했으며 육지로 침공한 군대는 북동부지방에 처음으로 퍼진 천연두로 인하여 후퇴해야만 했었다. 이 무렵 펠리씨아누 꼬엘류(Feliciano Coelho)가 이끄는 원정군이 도착하여 이 지역에 헤이스 마고스(Reis Magos) 요새를 건설 중이던 마누엘 마스까렝냐스 오멩(Manuel Mascarenhas Homem)을 돕기에 이르는데 이 요새는 인디오들의 공격으로부터 포르투갈 인들을 보호하는데 큰 역할을 수행하였을 뿐만 아니라 히우 그란지 두 노르찌의 교두보로 이용되었다.

한편 여타 지역에서와 마찬가지로 이곳에서도 예수회 선교사들의 활약이 두드러져 뽀찌과리 족들과 포르투갈 인들이 화해하여 1599년 6월 인디오들과 포르투갈인들 사이에 평화조약이 맺어지기도 하였다.

이 조약이 체결된 후 현재의 히우 그란지 두 노르찌 주의 수도인 나딸(Natal, 크리스마스라는 뜻)이 건설되었지만 이 도시는 작은 예배당만 하나 가지고 있었을 뿐 1614년까지도 단지 12채의 집만이 존재하는 소도시에 불과하였다.

■ **쎄아라(Ceará) 주 정복**－1603년 당시 브라질 총독이던 디오구 보뗄류(Diogo Botelho)는 뻬루 꼬엘류(Pêro Coelho)로 하여금 프랑스인 추방과 광물탐사 그리고 마란냐웅(Maranhão) 주까지의 해안을 탐험토록 지시하고 또한 육로로 탐험대를 보냄과 동시에 자과리비 만(Foz do Jaguaribe)에서 합류토록 하였다. 이 작전에서 이 지역 인디오들은 큰 저항을 하지 못한 채 포르투갈 군에 항복하여 프랑스인들과 결탁한 인디오 부족들은 포르투갈과 평화조약을 맺고 포로로 잡힌 10명의 프랑스인들은 뻬르남부꾸로 호송하였다. 그 후 뻬루 꼬엘류는 마란냐웅으로 전진하였으나 도중에 병사들이 피로와 배고픔에 견디지 못하여 하는 수 없이 도중에 노바 리스보아(Nova Lisboa)라고 하는 요새화된 마을을 남기고 빠라이바로 귀환하였다. 그러나 자신이 가족과 더불어 이 요새에 돌아왔을 때엔 잔존해있던 병사들이 거지 신세나 다름없는 행색을 하고 있었으며 그들은 히우 그란지 두 노르찌에 보다 가까운 지역으로 이동하길 원하였다. 그래서 뻬루 꼬엘류는 자과리비 계곡(Vale do Jaguaribe)에 정착하게 되었으나 많은 군인들이 차라리 비참한 군 막사 생활보다는 야생밀림을 원하고 있어 부인과 자식을 데리고 북동부 해안의 긴 모래사장을 거쳐 히우 그란 지 두 노르찌의 뜨레이스 헤이스 마구스(Três Reis Magos)까지 고통스런 여행을 해야 했다. 이 과정에서 그는 광활하게 펼쳐져 있는 모래사막을 보고 마치 아프

리카의 사하라 사막과 같다고 하여 쎄아라라는 이름을 그 지역에 붙인 것으로 보이는데 그것은 다른 한편으로 이 지역에 대한 식민 사업을 전개하는데 있어서 당시 총독이 겪었던 실망감을 대변한 것으로 추측된다.

1607년 뻬루 꼬엘류가 히우 그란지 두 노르찌로 돌아올 당시 두 명의 예수회 선교사들을 태운 배가 도착하였는데 그들의 주된 목적은 인디오들을 교화하는 것이었다. 하지만 선교사 중 한명이었던 프란씨스꾸 삔뚜(Francisco Pinto)는 인디오들에게 잡혀 죽었으며 다른 한 명은 뻬르남부꾸로 귀환하였다가 나중에 이 지역의 아루앙(aruã) 족에게 또한 참살되고 말았다. 이 선교사는 브라질 인디오들 사이에 가장 널리 쓰이던 뚜삐(tupi)의 문법책을 남겼다. 하지만 이 선교사들처럼 불행한 일을 겪은 사람도 많았지만 반대로 그들과 돈독한 친분관계를 유지한 인물도 적지 않았다. 예를 들어, 뻬루 꼬엘류의 탐험대를 따라다녔던 마르찡 쏘아리스 모레누(Martim Soares Moreno)는 후에 인디오 추장의 절친한 친구가 되어 프랑스인들이 다시 북동부 지방에서 밀무역을 할 때 인디오들처럼 벌거벗은 차림에 얼굴에는 붉은 색을 칠한 뒤 전투에 참가, 지금의 포르딸레자 항구인 무꾸리삐(Mucuripe)에서 프랑스 선박 한 척을 나포하는 전공을 세우기도 하였다. 한편 당시 총독이었던 디오구 지 메네지스(Diogo de Menezes)는 1611년 이 지역의 중요성을 인식하여 마르띵 쏘아리스 모레누로 하여금 요새를 세우게 하고 그 이름을 '요새'를 의미하는 포르딸레자 (Fortaleza)로 명명하였다.

■ **마란냐웅(Maranhão) 주 정복**–16세기까지만 해도 이 지역은 프랑스인들에게는 거의 알려지지 않았던 지역이다. 프랑스인들은 주로 빠라

이바와 쎄르지삐 지역에서 활동하였기 때문에 브라질 영토에 대한 포르투갈 인들의 공격과 방어가 치열해지자 과거 '남극 프랑스령'(França Antártica)를 세우고자 했던 비으게농(Villegaignon)의 전례를 따라 아마존 적도 지방에 이른바 '분점 프랑스령'(França Equinocial)을 꿈꾸었었다.

그러던 차에 마란냐웅 해안에서 좌초되어 인디오들과 10 여년을 함께 살아온 프랑스 인 샤를 데 보(Charles Des Vaux)가 당시 프랑스의 왕이었던 앙리 4세에게 브라질의 풍부한 자원을 역설하며 마란냐웅 지역의 식민화를 제의하였는데 이 계획은 앙리 4세가 살해되면서 실천되지 않았지만 프랑스 정부에게는 귀가 솔깃한 제안이었기에 지속적으로 마란냐웅 지역에 대한 식민화 구상이 논의되었었다. 그래서 1612년 당시 루이 13세 시절 섭정을 맡고 있던 마리아 드 메디시(Maria de Médicis)는 마란냐웅 원정대를 구성하였는데 이 원정대는 이따삐꾸루 강과 메아링 강 사이에 루이 13세를 기념하여 싸웅 루이스(São Luís)라는 요새를 건설하면서 마란냐웅을 정복할 기회를 엿보게 된다. 이에 브라질의 새 총독으로 부임한 가스빠르 지 쏘우자(Gaspar de Sousa)는 북부 지방에 대한 탈환 작전을 보다 효과적으로 추진하기 위해 빼르남부꾸에 상주하면서 인디오 추장의 딸과 혼인한 제로니무 지 알부께르끼의 아들, 제로니무 지 알부께르끼(Jerônimo de Albuquerque)를 사령관으로 하는 원정대를 조직, 1613년 7월 빼르남부꾸를 떠나 북부로 향하게 하였다. 제로니무 지 알부께르끼는 향후 작전을 위해 노싸 싱요라 두 호자리우(Nossa Senhora do Rosário) 요새를 건설하였으며 함께 동행하였던 마르띵 쏘아리스 모레누는 마란냐웅의 해안 지방을 탐험하였다. 하지만 수척의 프랑스 함대가 출몰하자 그는 황급히 배를 돌려 먼 바다로 피신했으나 그만 해류 때문에 안띨랴스 만까지 밀려가게 되어 그곳에서 곧장 포르투갈로 귀환하고 말았다.

이러한 상황에서 프랑스인들은 본국으로부터의 원정대를 기다리고 있었으며 제로니무 지 알부께르끼는 포르투갈인들이 모여 있던 과쉥두바(Gauzenduba)만 근처에 싼따 마리아(Santa Maria) 요새를 세우면서 프랑스인들과의 일전을 대비하였다. 이어 7척의 함대와 200여명의 백인 그리고 1500여명의 인디오들을 대동한 프랑스 군대가 모습을 드러내자 수적으로 열세에 몰린 포르투갈군은 이들을 기습 공격하였고 이에 놀란 인디오들이 뿔뿔이 흩어지는 바람에 프랑스군은 패배하였고 따라서 시간을 벌기 위한 작전으로 프랑스는 평화협정을 제의하여 포르투갈 본국은 이를 의심치 않은 채 협정에 조인하였다. 그러나 프랑스군의 향후 의도를 알아차린 가스빠르 지 쏘우자는 이 평화협정을 무시하고 뻬르남부꾸에서 9척의 함대에 600여명으로 조직 된 함대를 구성하여 알레샨드리 지 모우라(Alexandre de Moura)에게 지휘권을 넘겨주었는데 그는 기지를 발휘하여 총 한방 쏘지 않고 프랑스인들로부터 그들이 점령한 땅을 돌려받았을 뿐만 아니라 피해 보상금까지 받아내었고 프랑스군은 소수의 군인만 남긴 채 본국으로 돌아가게 되었다.

■ **기타 북부지방의 탈환**－포르투갈이 스페인에 합병되던 1580년대를 기점으로 프랑스인들과 영국인 그리고 네덜란드인들이 브라질의 북부 지방에 자주 출몰하였는데 빠라(Pará) 주 지역도 예외는 아니었다. 특히 빠라 주 해안에 이들 외적들이 상주하는 것을 막기 위해 포르투갈은 많은 인력과 비용을 감당해야 했는데 이 임무가 바로 알레샨드리 지 모우라에게 주어졌다. 그는 이미 쎄아라 지방에서 제로니무 지

알부께르끼를 도왔던 프란씨스꾸 깔데이라 가스뗄루 브랑꾸를 아마존 하구로 파견하였으며 그는 이 지역에 쁘레쎄삐우(Presépio)라는 요새를 세우고 싼따 마리아 지 벨렝(Santa Maria de Belém)이라는 도시를 건설하여 이 지역에 대한 식민 사업을 전개하였다. 그 뒤 뻬드루 떼이쉐이라(Pedro Teixeira)는 1637년 아마존으로 깊숙이 탐험하여 아마존강의 수원지를 확인하였으며 이어 육로로 끼또까지 탐험하는 대 역사를 기록하였다. 그리고 같은 해 삐아우이(Piauí) 주도 브라질 영토로 귀속시켰는데 이 지역은 가축 사육이 확대됨으로써 자연스럽게 브라질 영토로 귀속되었다.

2. 중남부 지방에 대한 식민 사업

■ **남동부 지방**－남동부 지역의 히우 지 자네이루, 싸웅 빠울루, 빠라나, 싼따 까따리나는, 삐아우이 주와 마찬가지로 목축업의 확대와 더불어 자연스럽게 브라질 영토로 변한 지역이다. 남부지방의 중심지였던 싸웅 비센찌(São Vicente)의 경우 북동부 지방과 마찬가지로 처음에는 해안지방을 중심으로 사탕수수가 재배되고 농장이 설립되면서 식민 사업이 전개되었지만 이곳에서 생산된 사탕수수는 토양의 문제로 품질 면에서 북동부에서 생산된 사탕수수와 경쟁하기가 어려웠을 뿐만 아니라 유럽시장과의 거리 면에서도 북동부와는 경쟁이 되지 않았다. 게다가 이 지역에는 인디오들이 많이 살고 있었기 때문에 선교사들이 많이 몰려오게 되었으며 인디오들을 보호하고자 하는 선교사들과 인디오들을 포획하여 사탕수수 농장의 노예로 삼고자 했던 포르투갈인들과 충돌하기가 일쑤였다. 그러나 양쪽 모두 그 최종목적이

무엇이었든 간에 인디오라는 공동 목표물을 가지고 있었던 만큼 내륙으로 계속 인디오들을 찾아 나서게 되었다. 그 결과 세하 두 마르(Serra do Mar)를 거쳐 지금의 싸웅 빠울루인 해발 800여 미터의 삐라찌닝가(Piratininga)고원에 도달하였으며 당시의 유명한 선교사였던 노브레가(Nobrega)와 안쉬에따(Anchieta)가 그곳에 마을을 세우고 예수회학교를 설립하였다. 물론 초기의 상황은 브라질 북동부의 것과 상당히 유사하였는데, 즉 수출할만한 상업적 가치가 있는 농산물들이 없었다는 점과 인근 지역에 많은 인디오들이 살고 있음으로 인하여 이들을 노예로 삼으려는 농장주들과 이들을 교화하며 보호하려는 선교사들 사이에 치열한 싸움이 전개되었다는 것 그리고 화폐의 부족으로 인하여 물물교환 형태의 상거래가 활성화되었다는 점 등이 바로 그것이다. 특히 인디오들을 둘러싼 문제들이 이 지역의 발전에 많은 영향을 미쳐 식민자들의 경우 대다수 가족단위의 이민이 아니라 남성위주로 이루어졌으므로 인디오 여성들과의 결합이 많이 이루어져 마멜루꾸라는 혼혈인이 탄생한 것이다. 아울러 인디오들 가운데 가장 넓은 지역에 분포되어 있었던 뚜삐 족의 경우 18세기까지 남미 인디오들 사이에 가장 널리 사용되던 언어였기에 이들과 접촉을 시작한 싸웅 빠울루 사람들은 그들의 언어뿐만 아니라 관습도 많이 습득하여 자신들이 지니고 있던 총기류만큼이나 활을 잘 다루었다고 한다.

■ **중부 지방**–마뚜 그로쑤(Mato Grosso)[2)]와 고이아스(Goiás) 지역의

---

2) 마뚜 그로쑤라는 이름은 포르투갈어로 빽빽하게 들어선 울창한 나무숲을 의미한다. 실제로 이 지역은 울창한 숲이 많으며 1735년 처음으로 이 명칭이 역사서에 등장한다. 그 뒤 1736년 페르난두 빠이스 지 바후스(Fernando Pais de Barros)와 아르뚜르 빠이스 지 바

식민 사업은 띠에떼 강과 빠라나 강 그리고 빠르두 강을 중심으로 활약한 내륙탐험대 중 **몬싸웅** 덕분에 가능하였는데 1719년 빠스고알 모레이라 까브랄(Pascoal Moreia Cabral)이 꼬쉬뽀－미링(Coxipó-Mirim) 강에서 금을 발견하면서 본격화되었다. 그 뒤 1722년 미구엘 수띨(Miguel Sutil)이 이끄는 탐험대가 후에 주도(州都)가 된 꾸이아바를 발견하고 작은 예배당을 세움으로써 식민 사업을 촉진하였다. 이를 전후하여 이 지역에 금이 발견되기 시작하면서 금을 찾아 떠나는 금 러시현상이 촉발하였으며 이와 동시에 이 지역에 살고 있던 까이아뽀, 구아이꾸루, 빠이아구아 인디오 족들의 맹렬한 저항을 받기에 이르렀다. 특히 고이아스(goiás) 족의 저항에 직면한 바르똘로메우 부에누 다 씰바(Bartolomeu Bueno da Silva)의 경우 인디오 여성들이 장식하고 있던 금의 출처를 알아내기 위해 휴대하고 있던 럼주에 불을 붙이고는 인디오들이 사는 지역의 강물에도 똑같이 불을 놓겠다고 위협, 그들의 금 생산지를 인도 받아 많은 금을 채굴하여 귀향하기도 했다. 이와 같은 에피소드로 그는 인디오들 사이에서 아냥구에라(Anhangüera, 인디오 언어로 늙은 악마라는 뜻)라는 별명을 얻었고 그 이름으로 더 알려지게 되었다.

1722년에는 그의 아들이 부친의 루트를 따라 다시 그 지역을 탐험하였으며 현재의 고이아스 시를 세웠다. 이 지역에서 새로운 금광을 발견한 탐험대는 황금 산으로 알려진 전설 속의 마르띠리우스 산(Serra dos Martírios)을 찾은 것으로 생각했으나 실제 금은 그렇게 많지 않았다. 어쨌든 이러한 결과에 부응하듯 포르투갈의 왕 동 주엉 5세

후스(Artur Pais de Barros)형제가 구아뽀레(Guaporé) 강변에 마뚜 그로쑤라는 마을을 세우면서 그 이름이 널리 알려지게 되었다.

(D. João V)는 싸르제다스 싸웅 빠울루 주지사로 하여금 이 지역을 방문하여 마을을 세우고 금 채굴에 따른 조세제도 마련, 인디오의 접근을 금지하게 하였다. 하지만 싸르제다스는 얼마 지나지 않아 사망하였고 그의 후임으로 임명된 동 루이스 지 바스꽁쎌루스(D. Luís de Vasconcelos)가 마을을 새우고 새로운 금광들을 추가로 발견하였다. 이에 1744년 동 주엉 5세는 고이아스 지방을 싸웅 빠울루 까삐따니아에서 분리, 독립시키기에 이르렀다.

■ **남부 지방**－브라질 최남단에 위치한 히우 그란지 두 술(Rio Grande do Sul)의 경우, 1640년 당시 포르투갈의 왕이었던 동 주엉 4세가 히우 지 자네이루 주지사였던 동 마누엘 로부(D. Manuel Lobo)로 하여금 인근의 쁘라따 강(Rio da Prata) 지역에 싸끄라멘뚜(Sacramento) 주를 설립토록 지시하는 바람에 이 지역은 향후 아르헨티나 등과 큰 분쟁에 휘말려야 했다.

이처럼 포르투갈이 스페인에게 합병되어 있었음에도 브라질에서 활발한 영토 확장과 식민 사업을 병행할 수 있었던 것은 스페인 왕실이 또마르 궁정회의에서 밝혔듯이 포르투갈의 주권을 사실상 인정해

〈브라질의 영토 확장〉

주었기 때문이며 브라질의 안전과 발전 또한 스페인의 정치, 경제적 이득에 도움이 됐기 때문으로 풀이된다. 이 무렵 브라질의 영토 확장에 가장 큰 공헌을 한 사회 계층은 바로 북동부의 바이아와 뻬르남부꾸 주 그리고 남동부의 싸웅 빠울루에서 조직된 내륙탐험대들이었다.

Ⅲ. 외적의 침략과 영토의 수호

1. 네덜란드의 침략

■ **배경**-포르투갈과 네덜란드는 1500년대부터 북유럽 무역 전진기지였던 '플랑드르 무역청'(Casa das Flandres)을 중심으로 활발한 교역을 행하고 있었다. 이 교역을 통해 네덜란드는 북유럽에서 생산된 밀과 금속제품, 고품질의 직물과 가내 수공품 등을 포르투갈로 수출하였으며, 포르투갈은 소금과 포도주, 인도의 향료, 그리고 브라질의 설탕과 빠우-브라질 등을 네덜란드에 수출하였다.

그러나 1580년 포르투갈이 스페인에 합병되면서 스페인은 포르투갈과 네덜란드간의 무역을 억제하려 하였으며, 1609년 맺은 임시 평화조약이 끝나던 1621년 양국은 그 유명한 유럽의 '30년 전쟁'(1618-1648; 스페인-구교, 네덜란드-신교)이라는 전쟁을 시작, 서로 적대국으로 돌아서게 되었다. 이 전쟁을 통해 네덜란드는 당시 스페인의 아메리카와 아프리카 무역에 타격을 주려고 함과 동시에 바로 그곳에서의 경제적 이득을 노리고 있었다. 그래서 네덜란드는 1602년 '동인도회사'(Companhia das Índias Orientais)를 세웠고, 스페인과 전쟁을 시작할 무렵엔 '서인도회사'(Campanhia das Índias Ocidentais)를 세워 이와 같은 의도를 본격적으로 드러내기 시작하였다. 이렇게 설립된 '서인도회사'는 바로 네덜란드의 브라질 침공과 직접적으로 관련되는 것으로, 이의 조직은 각 지방에서 선출된 19명의 의원들로 구성되어(19인 위원회: Conselho dos Dezenove), 정부로부터 아메리카와 아프리카에서의 항해와 정복 그리고 무역에 대한 24년간의 독점권을 위임받았다.

■ **1차 침략**—네덜란드의 1차 침략은 30년 전쟁이 한창이던 1624년 26척의 함대에 1600명의 승무원과 1700명의 군인 그리고 500 개의 대포로 무장하여 브라질의 바이아 주 해안에 모습을 나타내면서 시작되었다. 당시 브라질의 총독부는 휘하에 300 여명의 군사밖에 없었기 때문에 곧 패배당하여 바이아 주는 네덜란드군에게 약탈당하고 총독과 그의 부하들은 포로로 잡혀 네덜란드로 호송된다. 그래서 후임 동 프란씨스꾸 지 모우라(D. Francisco de Moura) 총독은 브라질에 도착 직후 본격적인 반격을 시도한다. 또한 바이아가 위험에 처해있다는 소식을 접한 포르투갈과 스페인은 52척의 군함과 13,000여명의 군인을 이곳으로 급파, 1625년 4월 당시 네덜란드 함대의 제독이던 에르네스트 키즈프(Ernest Kijf)로부터 항복을 받음과 동시에 모든 약탈물을 되돌려 받고 그에게 한 달 보름간의 식

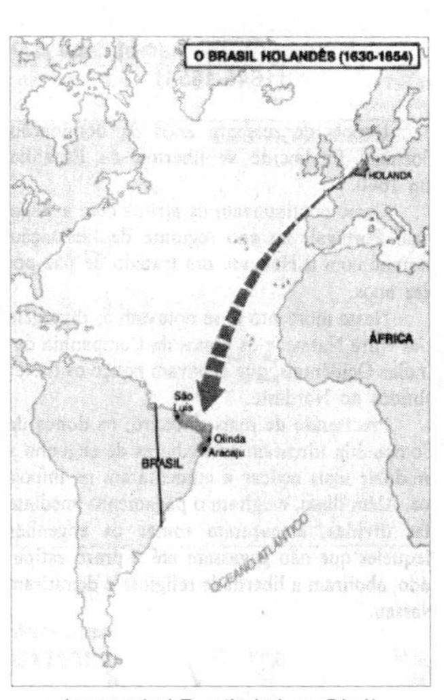

〈1620년이후 네덜란드 침략〉

량과 배 몇 척만을 주고 네덜란드로 돌아가도록 한다.

■ **2차 침략**－1627년 피터 헤인(Pieter Heyn)이 이끄는 함대가 바이아에 침입, 25척의 배를 약탈한 뒤 1630년에 있은 2차 침공은 쿠바 근처 해안에서 은을 가득 실은 스페인 배를 공격, 상당한 부를 얻게 된 네덜란드의 '서인도회사'가 이 재원으로 브라질 재침략을 준비하여 뻬르남부꾸 주로 침공하면서 이루어졌다. 70여척의 함대로 무장한 네덜란드군 올린다(Olinda) 항구에 진을 치고 있었는데 수적으로 열세에 있던 포르투갈은 스페인의 원군과 함께 파상공격을 펴지만 역부족이었으며 게다가 밀수꾼으로 북동부 지방의 지리를 익히 알고 있던 포르투갈인 한 명이 네덜란드 군에 망명하면서 전세는 기울기 시작하여 그 후 5년간 포르투갈은 브라질의 히우 그란지 두 술과 빠라이바 그리고 뻬르남부꾸 주를 넘겨주게 되고 포르투갈 군대는 인근의 알라고아스 주로 피신하고 만다. 이러한 상황 속에서 네덜란드는 브라질을 자국의 식민지로 만들려는 계획을 수립, 이들 점령지역에 대한 자국의 총독으로 주엉 마우리씨우 지 나싸우 시에겐(João Maurício de Nassau Siegen) 백작을 1637년 브라질로 파견한다. 이때 네덜란드 정부는 그에게 '서인도회사가 브라질에서 소유하게 될 모든 땅과 바다를 비롯하여 이미 정복했거나 정복할 땅의 총독이자 제독'[3]이라는 직책을 명하였다.

브라질 내의 네덜란드 점령지 총독으로 부임한 나싸우 시에겐은 이

3) "governador, capitão e almirante-general das terras conquistadas ou por conquistar pela Companhia das Índias Ocidentais no Brasil, assim como de todas as forças de terra e mar que a Companhia aí tiver"

지역을 '신(新) 네덜란드'(Nova Holanda)로 명명하고 곧바로 알라고아스와 쎄르지뻬 주를 침공, 이 지역까지 손아귀에 넣은 뒤 다시 브라질 수도가 있는 바이아로 진격하여 격전을 벌였지만 그러나 바이아 주를 함락시키지 못한 채 뻬르남부꾸로 돌아갔다. 그리고 그곳에서 스페인 원군과 격전을 벌이던 중 1640년 포르투갈의 동 주엉 4세(D. João IV)가 스페인의 지배로부터 독립을 선포하자 당시 브라질의 포르투갈 총독이었던 동 조르지 지 마스까렝냐스(D. Jorge de Mascarenhas)가 이 사실을 나싸우 시에겐에게 전하여 일시적으로 휴전을 하게 되었다. 하지만 포르투갈과 네덜란드 사이에는 아직 공식적인 평화협정은 맺어지지 않았으며 이러한 가운데 나싸우는 아프리카로 군대를 파견, 포르투갈의 지배하에 있던 앙골라와 싸웅 또메를 점령하고 브라질의 마란냐웅(Maranhão) 주 또한 자신의 지배하에 넣게 되었다. 그리고 그는 헤시피를 '신 네덜란드'의 수도로 정하고 긴 전쟁으로 황폐화된 뻬르남부꾸 주의 사탕수수 산업을 재건키 위해 버려진 농장들을 판매하는가 하면 공장의 가동을 위해 돈을 빌려주기도 하였다. 그리고 서인도회사 최고이사회(Conselho Supremo da Companhia das Índias Ocidentais)를 헤시피에 세워 본격적으로 브라질 북동부 지방을 통치하기 시작하였으며 이어 헤시피에 다리를 세우고 도로를 포장하는 등 총독부를 건설하였으며 본국으로부터 자연과학자와 의사, 예술가 등을 불러들여 헤시피에 서구 문화를 전파하기도 하였다. 그러나 1642년 마란냐웅 주의 사탕수수 농장주였던 안또니우 무니스 마헤이루스(Antônio Muniz Barreiros)가 중심이 된 반 나싸우 움직임이 일어나 1644년 마란냐웅은 네덜란드의 지배로부터 독립하고 이와 동시에 서인도회사와 불화를 겪던 나싸우가 브라질을 떠나게 되었다.

이 무렵 포르투갈의 동 주엉 6세는 외교적으로 네덜란드의 브라질 북동부 점령을 공식으로 인정하면서도 그와 동시에 브라질 내에서의 반 네덜란드 움직임을 부추겨 1645년 6월 앙드레 비달 지 네그레이루스(André Vidal de Negreiros)가 주도하는 반 네덜란드 폭동인 이른바 '뻬르남부꾸 반란'(Insurreição Pernambucana)이 일어나게 되었다. 이에 대해 그해 8월 네덜란드는 원군을 보내었고 포르투갈의 동 주엉 6세는 네덜란드와의 정면 충돌을 피하고자 '신 네덜란드'를 사겠다고 제안하는 등 지연전술을 펼치게 되었다. 이때 동 주엉 6세는 쎄아라 주를 비롯하여 쎄르지뻬 주까지 포기할 생각도 하였지만 1648년과 1649년, 군대를 동원하여 두 차례에 걸쳐 네덜란드에 대한 공격을 감행하여 드디어 1654년 1월 네덜란드 군으로부터 항복을 받기에 이르렀다. 그러나 네덜란드 본국 정부는 1657년 포르투갈 정부에 자국 군대를 동원 떼주 강으로 진격하겠다고 위협하며 뻬르남부꾸와 앙골라, 그리고 싸웅 또메를 되돌려 줌과 동시에 브라질에서 자국 군이 입은 피해를 보상해줄 것을 요구, 결국 4,000,000 끄루자두에 합의하고 완전히 브라질에서 손을 떼게 되었다[4].

네덜란드의 브라질 침략은 사탕수수 재배가 번창하던 브라질의 북동부지방에 상당한 타격을 주었으며 이로 인하여 식민지 브라질 경제뿐만 아니라 본국 포르투갈의 경제에도 악영향을 미치게 되었다. 그러나 한편으로는 네덜란드의 침략에 맞서 포르투갈인을 비롯하여 내륙탐험대 그리고 브라질 토착민들이 힘을 합하여 침략에 맞서는 계기가 되었으며 이를 출발점으로 이른바 민족적 애향심 의식의 시작이라

4) 1661년의 이 평화조약은 영국의 중재로 성사되었으며 이로서 영국은 포르투갈에 상당한 영향력을 행사하기 시작하였다.

할 수 있는 **토착의식**(Nativismo, 네이티비즘 정신)이 싹텄다는 긍정적인 결과도 나타내었다. 그러나 이러한 의식은 오히려 브라질의 착취에만 열을 올리던 포르투갈에 대한 반감에서 시작되었으며 이로서 브라질도 이제는 포르투갈의 지배에서 벗어나 독자적인 길을 가야한다는 감정을 불러일으키게 되었다. 이 때문에 많은 역사가들은 토착의식 운동의 시작을 1640년 내륙탐험대의 활약이 가장 두드러지던 싸웅빠울루에서 발생한 아마도르 부에누(Amador Bueno) 사건으로 보고 있다.

2. 프랑스의 침략

■ **프랑스 침략의 역사**－브라질에 총독부가 설치되기 전 프랑스인의 대부분은 브라질의 특산품 빠우－브라질을 몰래 채취해 가려는 밀수업자에 불과하였다. 따라서 당시 포르투갈의 동 주엉 3세는 프랑스인의 밀매업을 근절하기 위하여 프랑스의 왕에게 강력히 항의도 하였으나 받아들여지지 않자 1526년 해안경비대를 창설하였다. 그러나 브라질의 해안지방이 너무 광대하여 해안의 모든 지역에서 프랑스의 침략을 저지하지 못하였다. 이에 포르투갈왕실은 프랑스밀수업자를 저지할 목적으로 브라질에 대한 식민화 방법을 모색하였으며 이의 일환으로 세습봉토제와 총독제를 실시하게 된 것이다. 그러나 포르투갈 왕실의 이러한 노력에도 불구하고 프랑스는 단순히 빠우－브라질의 밀매업에만 그치지 않고 브라질의 히우 지 자네이루와 마란냐웅 지방에 자신들의 식민지를 건설하려는 시도를 하기에 이르렀다.

■ **프랑스 식민지의 건설** – 브라질에 대한 프랑스의 침공을 저지하기 위하여 포르투갈 왕실의 세습봉토제와 총독제를 통한 프랑스 축출노력에도 불구하고 프랑스는 브라질 내에 자국의 식민지를 건설할 목적으로 두 차례에 걸쳐 군대를 파견, 브라질로 침략하였다.
1555년 니꼴라우 두랑 빌례가뇽은 소위 '**남극 프랑스**'(França Antártica)라고 이름 붙인 식민지를 브라질에 건설할 목적으로 탐험대를 조직, 히우 지 자네이루에 도착하여 프랑스 요새를 만들고 식민지 수도를 세우려고 시도한다. 1560년, 당시의 멩 지 싸 총독은 프랑스 요새를 파괴하며 그들의 침략을 저지하는 데는 성공하였다. 그러나 이 지역에 대한 포르투갈인의 식민화에는 미처 신경을 쓰지 못하여, 내륙 밀림으로 도망친 프랑스인들은 자주 포르투갈군대와 충돌하게 되었다. 그러나 1565년에 총독의 조카인 이스따씨오 지 싸(Estácio de Sá)가 프랑스인 침략자들을 저지하고 히우 지 자네이루를 식민화할 목적으로 포르투갈로부터 함대를 이끌고 도착하여, 2년간에 걸친 노력 끝에 프랑스인들을 축출하게 된다.

프랑스 군대의 2차 침공은 1차 침공과 같은 목적으로 브라질 내에 자국의 또 다른 식민지, 즉 '**분점 프랑스**'(França Equinocial)를 건설하기 위하여 1612년에 이루어지는데, 당시 라바르뒤에르(Ravardière)가 주도하는 프랑스 군대는 브라질 북동부지역 마란냐웅에 도착하여 오늘날의 싸웅 루이스에 프랑스요새를 만들고 포르투갈군대와 격돌하게 된다. 그러나 디오구 지 깜뽀스(Diogo de Campos)가 지휘하는 포르투갈군대는 1614년 마란냐웅 섬 앞에 싼따 마리아라 이름 붙인 포르투갈요새를 만들어 프랑스 군대를 일거에 패배시킨다. 프랑스 군대에 비해 소수의 인원과 무기, 열악한 식량 그리고 오랜 행군으로 지쳐있던 포르투갈군대가 프랑스 군대를 격퇴시킨 이 전쟁은 그래서 '신비스런 여정'이라고 불린다. 이 전쟁에서 패배한 프랑스 군대는 포르투갈 군대와 휴전을 맺기도 하였으나, 1615년 프랑스 군대는 다시 대패하여 동 지역에서 인디오 여자와 결혼한 일부 프랑스인들을 이곳에 남겨놓은 채 프랑스로 돌아갔다.

■ **프랑스의 재침략**－1701년부터 1730년 사이에 유럽은 스페인의 왕위계승전(Guerra de Sucessão da Espanha)으로 여러 국가가 서로 동맹을 체결하여 치열한 전투를 벌이고 있었다. 이 전쟁은 당시 후손이 없던 스페인의 까를로스 2세가 왕위를 프랑스의 루이 14세의 손자인 필립에게 넘겨주는 것과 관련하여, 프랑스가 전 유럽의 최고 강대국으로 부상할 것을 우려한 유럽의 각국들이 스페인의 왕위 계승을 두고 서로 동맹 관계를 맺으면서 일어난 전쟁이다. 당시 스페인은 프랑스와 동맹을 맺고 네덜란드와 오스트리아를 동맹국가로 형성한 영국과 전쟁을 벌이게 되는데 당초 프랑스와 가까웠던 포르투갈이 영국의 편에 섬으로써 프랑스는 포르투갈에 대한 보복으로 1710년과 1711년 두 차례에 걸쳐 브라질의 히우 지 자네이루를 침략하게 된다.

1710년 프랑스는 장 프랑수와 둘끄레르(Jean François Dulclerc)가 이끄는 함대를 브라질로 파견, 히우 지 자네이루에서 격전을 벌인다. 그러나 정작 포르투갈 군대보다는 시민들의 헌신적인 전쟁가담에 밀려 패배하고 말며 포로로 잡힌 둘끄레르는 1711년 원인 모를 암살을 당하고 만다.

프랑스는 둘끄레르의 복수를 위하여 1711년 전보다 강력하게 무장하여 당시 유명한 선원이었던 뒤과이－뚜루잉(Duguay-Trouin)을 지휘

자로 하는 2차 함대를 파견, 히우 지 자네이루를 재침공하여 협상을 한 뒤 후퇴한다. 그 후 1713년 4월 **유트레히트 조약**(Tratado de Utrecht)이 맺어지고 스페인 왕위 계승전이 종결됨으로써 프랑스 군대의 브라질 침략 또한 끝나게 된다. 그리고 이 조약과 함께 브라질의 북부 국경이 확정되었는데 프랑스령 기아나가 경계선으로 정해져 그 남부지역이 브라질의 영토로 확정되었다.

남부지역의 경계는 1750년 1월 스페인과 포르투갈 사이에 **마드리드 조약**(Tratado de Madri)이 맺어져 이전에 남미에서의 양국 식민지 국경을 결정지었던 또르데질랴스조약을 파기함과 동시에 히우 다 쁘라따 강좌측지역에 설립됐던 포르투갈의 싸끄라멘뚜 식민지(Colônia do Sacramento)를 당시 스페인 영토에 속하였던 지금의 히우 그란지 두 술 지역과 바꾸었다. 이외에도 포르투갈은 내륙탐험대 반데이란찌스가 개척한 또르데질랴스 조약 서쪽 지역 전부를 얻게 되었다. 그러나 이 조약은 실행에 옮겨지지 않은 채 전쟁이 발발하였고 그 뒤 1761년 2월 12일 마드리드 조약을 취소하는 엘 빠르도 조약(Tratado de El Pardo)이 맺어졌다. 그 이후 1777년 10월 1일 체결된 싼뚜 조약(Tratado de Santo)을 통해 마드리드 조약이 약정한 브라질 국경을 유지하게 되나 그와 동시에 히우 그란지 두 술 지역을 상실하게 된다.

〈18C 말 브라질의 영토〉

제8장 가톨릭과 식민지 지배

Ⅰ. 식민시대의 가톨릭 전파

1. 예수회

1500년 브라질의 발견과 함께 브라질 내에서는 가톨릭을 전파하기 위해 프란씨스꼬회를 비롯하여 까멜 수도회와 베네디또 선교회 등의 종교단체가 활동하기 시작하였는데 그 중 가장 왕성한 선교 및 교화활동을 펼친 선교단체는 예수회(Companhia de Jesus, Ordem dos Jesuítas)로 알려지고 있다. 1534년 스페인인 **싼뚜 이나씨우 데 로욜라**(Santo Inácio de Loyola)에 의해 창설되어 1540년 당시 로마 교황 바오로 3세에 의해 공인된 예수회는 로마교황청에 직접적으로 종속되어 있으며, 종교교육을 통하여 종교개혁과 함께 나타난 개신교

〈로욜라 신부〉

에 대항하고 특히 새로이 발견된 신대륙에서의 가톨릭 전파를 그 목적으로 하고 있다. 사회와 직접적인 접촉을 하면서 선교활동을 펼치기 위하여 예수회 회원들은 대부분 신부(padre)로 구성되었으며, 창설과 함께 불붙기 시작한 유럽 각국의 신대륙 발견으로 빠른 성장을 보이고 동시에 강력한 힘과 명성을 얻게 된 예수회는 포르투갈과 포르투갈령 식민지 내에서 가장 영향력 있는 종교단체로 발전하였다.

2. 브라질의 예수회 선교사

브라질에 들어 온 첫 번째 예수회선교사는 포르투갈 왕 동 주엉 3세가 브라질에 총독제 정치를 실시하고 1549년 초대 총독 또미 지 쏘우자를 파견하면서 함께 보낸 6명의 예수회원들이었다. 이들은 **마누엘 다 노브레가**(Manuel da Nóbrega)신부의 지휘 하에 브라질에서 본격적인 원주민 인디오의 교화와 교육, 인디오 보호 마을의 형성 그리고 식민자들에 대한 교육에 힘썼다. 그 후 1553년 제 2대 총독 두아르찌 다 꼬스따와 함께 보낸 유명한 **주제 지 안쉬에따**(José de Anchieta)신부 또한 인디오 언어인 뚜삐어의 문법책을 만드는 등 인디오에 대한 선교활동에 봉사하였다.

〈예수회의 선교교육〉

그리고 포르투갈 태생으로 어린 나이에 브라질에 와 1635년 예수회에서 사제로 서품 받고 주로 아마존지역에서 선교활동을 한 **안또니우 비에이라**(Antonio Vieira)신부는 17세기 네덜란드인의 브라질 침략 시 인디오 보호를 위하여 유명한 연설문을 남기는 등 선교활동과 저술활

동 외에도 인디오 보호를 위하여 헌신한 것으로 잘 알려져 있다.

1654년 예수회는 심각한 재정 압박을 받고 있었는데 이에 대해 당시 동 쎄바스찌아웅 왕은 포르투갈 왕실이 식민지 브라질에서 거두고 있던 세금의 일부를 예수회로 하여금 사용하게 하였으며 이로써 예수회는 풍부한 재정으로 학교를 설립하는 등 선교활동에 박차를 가하기도 하였다. 예수회선교사들이 브라질에서 행한 업적은 다음과 같다.

■ **교리문답을 통한 선교교육(Catequese)**－예수회선교사들은 원주민 인디오에 대한 가톨릭 전파에 힘썼는데 이를 위하여 교리문답을 통한 선교교육을 실시하였다. 종교개혁과 함께 개신교의 상승세로 가톨릭 신자의 수가 줄어들기 시작하자 예수회측은 브라질을 비롯한 중남미 국가의 복음화가 무엇보다도 중요하다고 생각하여 가톨릭전파에 노력한다. 특히 이들 선교사들은 어린이들이 부모에게 영향을 미칠 수 있을 것이라고 생각하여 인디오 어린이들에 대한 교리전파에 전력, 이들을 교회 안으로 끌어들이기 위하여 예배행렬과 같은 외부미사의 식에도 힘썼다.

■ **학교의 설립**－마누엘 다 노브레가 신부에 의해 처음으로 바이아 주 쌀바도르에 예수회 학교(Colégio dos Jesuítas)가 설립된 것을 시작으로 1554년에는 주제 지 안쉬에따 신부가 싸웅 빠울루에 예수회 학교를 설립하였다. 이후 일례우스(Ilheus)와 뽀르뚜 쎄구루(Porto Seguro) 그리고 히우 지 자네이루에도 학교가 만들어지게 된다. 이

〈안쉬에따 신부〉

들 예수회학교에서는 문법과 수사법 그리고 역사 그리고 미술과 철학, 신학 등을 가르치면서 체벌과 같은 엄격한 교육제도를 도입하여 학생들을 교육시켰다. 당시 이들 학교 주변을 중심으로 주택이 만들어지고 도시가 건설되기 시작하여 예수회학교는 브라질 식민화의 중심역할을 수행한 것으로 알려지고 있다.

■ **미션(Missão, 선교구)의 설립**－예수회선교사들은 보다 효과적인 가톨릭 전파에 힘쓰기 위하여 인디오들의 자발적인 협조를 구하였다. 그들은 인디오의 원시공동체 조직을 존중하여 인디오 공동체 마을, 즉 선교구(포교구)를 설립하였는데, 이곳에서는 인디오들의 노동 생산물을 거둬들여 그들에게 생활에 필요한 물품 등을 나누어 주었다. 그러나 이러한 공동체 마을의 설립은 한편 인디오들의 수장이었던 마법사(Paje)와 원로, 그리고 인디오 자치기구의 권한을 약화시키는 등 부족의 원시조직을 파괴하는 부정적인 결과도 야기하기도 하였다. 또한 인디오 어린이들에 대한 집중적인 교육으로 부모에 대한 권위 약화와 부모와 자식 간의 유리현상을 낳기도 하였다.

이들 인디오 마을의 발전과 함께 인디오를 노예화하려는 백인 식민자들과 선교사들 간에는 불화가 끊이질 않았다. 17세기 중엽에는 싸웅 빠울루 오지개척단, 즉 반데이란찌스가 빠라나－빠라과이 인디오 마을을 습격하는 사건이 발생한다. 또 1750년에는 포르투갈과 스페인 간의 식민지영토 경계를 결정짓는 마드리드 조약으로 오늘날 히우 그란지 두 술 주의 쎄찌 뽀부스 두 빠라과이(Sete Povos do Paraguai) 인디오 마을의 스페인 이전을 항의하는 인디오들에 대해 선교사들이 개입하는 사태가 발생하기도 하였다.

■ **평화화(平和化)** – 예수회 선교사들은 네덜란드와 프랑스 등 외적의 침입 시 이에 저항하는 인디오들을 직·간접으로 지원하기도 하고 인디오들과의 화해에도 또한 주력하였다. 이외에도 선교사들은 보다 효과적인 가톨릭 전파를 위하여 브라질에 첫 번째 주교를 파송해달라고 요구한다. 포르투갈 왕실은 초대총독부 시절 뻬루 페르난지스 싸르딩냐(Pêro Fernandez Sardinha) 주교를 파견하였으나 이후 보수적인 노선을 지향하고 있었던 이들 주교들과 보다 개혁적인 노선의 예수회선교사들 간의 알력이 점차 표면화되어 사회문제가 되기도 하였다.

3. 예수회 선교사의 축출

1750년 마드리드 조약과 함께 오늘날 히우 그란지 두 술 주의 쎄찌 뽀부스 두 빠라과이 인디오 마을의 스페인 이전을 항의하는 인디오들의 투쟁사건이 발생하였다. 이른바 인디오와 포르투갈 그리고 스페인 연합군 간의 **과라니띠까 전쟁**(Guerra Guaranítica)에서 예수회선교사들이 과라니 족 인디오를 지원, 개입하는 사건이 발생하자 포르투갈의 마르께스 뽕발(Marquês Pombal) 재상은 예수회선교사들을 본토와 해외 식민지로부터 완전 추방하는 사태가 일어나게 되었다.

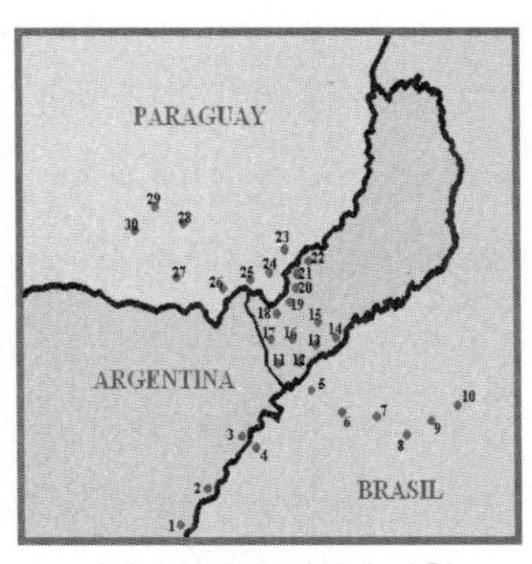

〈세찌 뽀부스 지역의 마을〉

예수회측이 종교보다는 정치·경제면에서 정부만큼이나 강대한 권력을 행사하는 것을 못마땅하게 여긴 포르투갈왕실은, 인디오의 노예화를 방해하고 인디오를 보호하기만 하는 예수회가 언제나 식민사회에서 문제의 원인이 된다고 생각하였다. 따라서 식민사회에서 인디오를 격리시켰으며 인디오들을 선동하는데 앞장서고 있다고 판단한 뽕발 재상은 포르투갈 본토에서 예수회를 폐쇄함과 동시에 식민지의 예수회학교와 미션의 규정을 바꾸어 민간인들이 운영하게끔 하였다. 그러나 이러한 예수회의 축출사건은 포르투갈왕실의 도덕적, 문화적 수준의 격하와 식민지 경제의 추락이라는 부정적 결과를 야기하였지만 한편 인디오 교육을 민간인들이 담당하게끔 하는 긍정적인 결과 또한 만들었다.

1773년 당시 끌레멘찌 14세(Clemente XIV) 교황에 의해 폐지, 결정된 예수회는 이후 1814년, 교황에 의해 복권되어 브라질에서 다시 활동하게 되었다.

Ⅱ. 식민주의의 위기

1. 배경

18세기 중반을 기점으로 서구 유럽 사회는 큰 변화를 겪게 되었다. 1776년 영국의 식민지였던 미국이 독립하였고 1789년에는 프랑스 대혁명이 터지면서 **앙시엥 레짐**이 무너져 내렸다. 이와 동시에 영국에서는 산업혁명이 서서히 전개되기 시작하였으며 새로운 에너지원의 개발과 기계의 발달, 특히 면직물 산업용 기계의 발달과 농업의 발전 그리고 국제무역의 통제 등이 당시 세계 최강국이었던 영국을 변화시키는 요인으로 작용하고 있었다. 특히 산업혁명을 제일 먼저 시작하면서 해외시장개척에 나선 영국은 여타 국가들에게 자유무역을 강요하고 중상주의를 포기할 것을 강요하였으며 이와 동시에 관세를 높여 자국 시장과 자국의 식민지 시장을 보호하려하였다. 그리고 스페인과 포르투갈의 지배를 받고 있던 중남미 국가들에게는 무역 협정을 체결하고 현지 상인들과 계약하거나 밀매를 함으로써 이 지역 식민지 시스템 자체의 분열을 조장하였다. 영국은 또한 프랑스와 더불어 노예제도의 제한이나 금지를 여타 국가들에게 요구함으로써 세계 시장에서의 지배력을 높이려 하였는데 영국이 노예제도의 폐지를 주장한데는 당시의 계몽주의 사상을 무시할 수 없다.

18세기를 전후하여 몽테스키외, 볼테르, 디드로, 루소 등의 사상가들을 중심으로 싹트기 시작한 계몽주의 사상은 근본적으로 이성이 인간에게 유익한 지식이며 그것을 통하여 인간은 당시 사회를 지배하고 있는 자연의 법칙에 도달할 수 있다고 주장하였다. 이러한 사상을 바탕으로 이들은 지배자의 임무란 자연의 법칙과 인간이 지니고 있는 원초적 권리를 존중함으로써 백성의 안녕을 도모하는 것이라고 주장하였으며 나아가 지배자가 이러한 기본 의무를 수행하지 않을 경우 피지배자들은 그들에게 반항할 권리가 있다는 논리를 전개하였다. 이러한 계몽주의 사상은 정치, 사회적인 면에서 자유사상을 뿌리내리게 하였으며 이성에 근거한 판단을 시발점으로 인류의 역사는 개인과 사회의 진보 및 완벽함을 추구한다고 강조하였다. 또한 그전까지 공론화되지 못한 새로운 개념, 즉, 행복은 각 개인에게 있어 최고의 목표이며 보다 많은 사람들이 보다 많은 행복을 누리는 것이 사회의 진정한 목적이 되어야한다고 주장했다. 아울러 이와 같은 이상은 개인의 자유를 통해 이루어져야 하며 그럼으로써 개인의 능력 개발과 정치 참여를 위한 여건의 형성된다고 믿었다.

이러한 상황에서 프랑스의 경우 카리브 해 지역에서 흑인 노예 및 신분이 해방된 흑인들의 폭동 사태가 일어난 것도 영국 등의 국가들이 노예제도의 폐지를 주장하고 나선 이유가 되었다. 이 소요사태로 프랑스는 1794년 자국 식민지에서의 노예제도 폐지를 공식 선언하기에 이르렀으며[1] 영국도 1807년 노예제도의 폐지를 선언하였고 미국 역시 1776년 노예제도를 폐지하는 등 전 세계가 노예제도에 대하여 반대 움직임을 공식화하는 분위기였다. 이러한 상황은 부르주아 계급의 권력 장악과 관련된 산업자본주의의 형성과정의 하나로 간주할 수 있다.[2]

2. 뽕발 재상과 식민지 브라질의 상황

■ **경제적 변화**–유럽 내 주변 열강들의 득세 속에서 18세기 중엽의 포르투갈은 여전히 후진국의 면모를 탈피하지 못하고 있었으며 특히 영국과는 종속관계에서 벗어나지 못한 채 그 대가로 프랑스와 스페인의 압력으로부터 보호를 받는 입장이었다. 하지만 포르투갈 왕실은 식민주의 체제를 유지한 채 브라질에서의 영국의 세력 확장을 막으려고 안간힘을 쓰고 있었다. 이러한 상황 속에서 1750년

〈뽕발(Pombal) 재상〉

1) 하지만 1802년 나폴레옹은 노예제도를 다시 부활시켰다.

2) 물론 부르주아 계급의 권력 장악과 산업자본주의 관계를 단순화하는 것은 위험한 일이다. 왜냐하면 귀족계급의 몰락과 더불어 진행된 부르주아 계급의 지배계급으로의 부상은 각 국가마다 나름대로 다양한 관계와 과정을 거쳤기 때문이다.

동 주엉 1세가 즉위하면서 상황이 바뀌기 시작하였는데, 그것은 동 주엉 1세의 절대적인 신임을 받는 뽕발 후작(Marquês de Pombal, 본명은 쎄바스찌어웅 주제 지 까르발류 이 멜루, Sebastião José de Carvalho e Melo)이 재상으로 임명되면서 본국 포르투갈과 식민지 사이의 관계를 변화시키는 일련의 조치를 취하기 시작하였다. 즉 그는 중상주의 정책을 유지하면서도 계몽주의 사상이 가미된 절대왕정 시스템을 조화시키려 노력하였는데 일례로 '빠라 및 마란냐웅 주 총 무역회사'(Companhia Geral do Comércio do Grão-Pará e Maranhão, 1755년)와 '뻬르남부꾸 및 빠라이바주 총 무역회사'(Companhia Geral de Pernambuco e Paraíba, 1759년)라는 무역전문 관청을 세워 브라질 내 이 지역들에 대한 무역권을 국영기업이 독점토록 하였다. 이들 관청은 카카오와 계피, 면화, 쌀 등 이 지역에서 생산되어 유럽으로 수출되던 상품들의 가격을 낮추고 나아가 이 상품들의 운송을 이 관청이 독점토록 함으로써 최소한 외형상 브라질 북부지방의 발전을 도모하였으며 또한 아프리카에서 들어온 흑인 노예들을 마뚜 그로쑤를 비롯한 인근 지역에 재수출하도록 하였다. 그러나 뽕발 재상의 정책은 이들 독점국영기업들에 의해 소외된 브라질의 산업 및 상업부문에 타격을 입히는 결과를 낳았는데 이는 이들 기업들의 독점행위로 시장질서가 와해되었기 때문이다.

이렇듯 독점 국영기업들의 횡포로 인하여 뽕발 재상의 경제정책은 식민지 브라질의 경제를 악화시키는 결과를 초래하였는데 특히 18세기 중엽 사탕수수 및 금 생산의 하락으로 브라질이 경제적 위기 국면에 접어들면서 그의 경제정책은 실패로 끝나고 말았다. 식민지 브라질의 경제침체는 곧 본국 포르투갈의 소득 하락을 의미하는 것으로

1755년 리스본의 지진에 따른 복구사업에 엄청난 자금이 지출된 것과 싸웅 빠울루 남부에서 쁘라따 강에 이르는 광대한 지역의 통제권을 놓고 스페인과 전쟁을 벌임으로서 예상외의 비용이 지출된 점 등으로 포르투갈의 경제는 더욱더 어려움에 처하게 되었다.

이러한 가운데 포르투갈 왕실은 브라질의 금과 다이아몬드에 대한 밀무역을 차단함으로서 세수(稅收)증대를 꾀하기 위해 광산 종사자들의 머릿수로 세금을 부과하던 방식을 이전의 낀뚜(quinto)세를 재도입, 생산물의 20%를 세금으로 징수하던 방식으로 다시 바꾸었으며 이와 동시에 연간 100아호바(arroba)의 금을 의무적으로 생산토록 강요하였다. 그러나 이러한 시도는 광산업자들의 불만을 가져왔을 뿐만 아니라 많은 광산업자들이 문을 닫는 사태로 이어졌으며 이에 1771년에는 왕실이 직접 다이아몬드 광산을 운영하기에 이르렀다. 아울러 공산품 수입 의존도를 낮추기 위하여 포르투갈뿐만 아니라 브라질에서도 제조업 공장 설립을 장려하기도 하였다.

■ **예수회와의 알력**—뽕발 재상의 정책 중 가장 많은 시비를 낳은 것은 무엇보다 1759년 예수회 선교사들을 본토뿐만 아니라 포르투갈의 식민지에서도 추방하고 그들의 재산을 몰수한 것으로 이 조치는 중앙정부의 권력을 강화시킴과 동시에 본국 정부와는 다른 목적을 지닌 종교단체들의 자율적 활동을 막기 위한 것이었다. 또한 1760년대 중반에는 아마존 지역에서 활동하던 종교단체들도 모두 추방하고 그들의 재산을 몰수하기도 하였다.

한편 브라질에 대한 포르투갈의 지배를 공고히 하기 위하여 뽕발 재상은 인디오들의 교화에 노력하여 그들이 자연스레 본국 포르투갈의 문화에 흡수되도록 시도하였는데 사실 당시 광활한 브라질을 지배하기 위해서는 인디오들의 교화와 포르투갈 문화화가 필수적이었기 때문이다. 그 결과 1757년 뽕발 재상은 인디오들의 노예화를 완전히 폐지하였으며 아마존에 위치하고 있던 많은 인디오 부락들을 민간 주도의 행정 도시로 탈바꿈시켰으며 백인과 인디오들의 혼인을 장려하는 법도 제정하였다. 이와 같은 동화정책은 예수회의 인디오 교화정책과는 정면 배치되는 것으로써 포르투갈정부와 예수회의 충돌의 핵심 쟁점사항으로 떠올랐다. 결국 뽕발 재상은 우루과이에 위치한 인디오 마을에서 발생한 일명 '과라니띠까 전쟁'(Guerra Guaranítica, 1754−1756)을 빌미로 예수회에 대한 탄압에 박차를 가했으며 전쟁 직후 이들의 재산을 몰수하였다. 이 전쟁은 우루과이 지역에 위치한 인디오들이 자신들의 지역인 '세찌 뽀부스 다스 미쏭이스'를 포르투갈인들에게 넘기려는 것에 반대하여 반란을 일으킨 사건으로 사실 이 무렵 포르투갈 왕실뿐만 아니라 브라질에 거주하는 지배계급들이 예수회의 소유로 있던 광활한 지역에 대해 상당히 탐내고 있었으며 이 사건을 빌미로 이들은 예수회의 땅과 재산을 몰수하여 자신들의 욕심을 채웠다는 주장도 제기되고 있다.

실제로 예수회로부터 몰수한 땅의 대다수는 대지주들이나 거상들에게 경매로 낙찰되어 넘어갔으며 그들의 교회도 예수회에 속하지 않은 주교들의 손으로 넘어가기도 하였다. 또한 예수회가 세운 많은 학교들은 주지사들의 궁전이나 군대 병원으로 탈바꿈하였는데 이러한 과정을 거치면서 예수회가 간직하고 있던 많은 서적이나 예술품들이 안타깝게도 사라지고 말았다.

예수회의 추방으로 당장 긴급한 문제로 떠오른 것은 가뜩이나 열악하던 교육문제였다. 사실 당시까지 식민지 브라질에서의 교육은 전적으로 예수회 선교사들에 의해 이루어져왔었음을 부인할 수 없다. 당시 포르투갈은 스페인과는 달리 식민지에 엘리트 지식인층이 형성되는 것을 두려워하고 있었는데 이는 16세기에 스페인이 산 도밍고스 대학(1538년)과 리마에 산 마르꼬스 대학(1551년)을 설립한 것을 비롯하여 멕시코 시티에도 대학을 설립하였던 반면 포르투갈의 식민지였던 브라질에는 독립 때까지 대학이라는 것은 전혀 세워지지 않았던 사실로 확인할 수 있다. 또한 16세기 스페인 지배 하의 국가들에는 각종 언론 매체들이 등장하였지만 브라질의 경우는 1747년 히우 지 자네이루에 단순한 인쇄소 하나가 설립되었으며 19세기 초 동 주엉 왕이 브라질로 피난을 온 직후에야 언론의 역할을 하는 인쇄소가 세워졌을 뿐이었다.

예수회를 중심으로 한 뽕발 재상의 종교단체 탄압은 교회를 국가의 지배하에 두려는 당시 포르투갈 왕실의 의도가 숨어있었으나 그렇다고 이러한 탄압을 극한적인 대치 상황으로 몰고 가지는 않았다. 실제로 뽕발 재상은 교황과의 직접적인 충돌을 가급적 피하려하였으며 그 결과 가톨릭 교회 측도 뽕발 재상의 예수회 추방을 인정하였던 것이다.

제9장 토착주의 의식과 반 포르투갈 혁명

Ⅰ. 토착주의(土着主義)

1. 계몽주의 사상의 영향

18세기 중엽부터 프랑스의 사상계를 풍미하고 있던 계몽주의 사상은 브라질에도 커다란 영향을 미쳤다. 계몽사상은 프랑스의 절대군주제 하에 있던 봉건적 사회제도에 대해서 그 시대적 모순을 파헤쳐 비합리성을 비판하였고 사회적 억압에서 고생하는 민중에게 혁명에의 정열을 불러 일으켰다.

포르투갈에서는 1750년에 재상이 된 뽕발(Pombal)이 '왕의 권력은 신(神)의 이름으로 국가를 통치하기 위해서 신으로부터 부여받은 것이다.'라는 이념을 바탕으로 '왕의 신성한 권리'를 높이 치켜 올리면서 철저한 절대주의 왕권정치가 실시되었다. 따라서 브라질에 대해서도 탈취와 억압정치를 강화하였으며, 폐지되고 있던 특허무역회사를 부활하였고 금에 대한 세금을 강제로 징수하고 특히 식민자의 자유로운 정치발언을 금지하였다. 여기에다 1770년부터는 미나스 제라이스에서 금의 가격이 격감되었고, 경제 전반에 걸친 불경기는 매년 심화되는 가운데 가혹한 징세로 민중의 불만은 극도에 달하고 있었다.

18세기 후반에는 미나스 제라이스와 바이아 등지에서 프랑스, 포르투갈 그리고 영국으로 유학한 청년들이 많았다. 이들은 이러한 계몽사상에 영향을 받아 브라질을 괴롭히는 포르투갈의 절대군주제와 중상주의 정책에 대해 비판을 가하면서 이들 새로운 세대들이 들여온 인간의 자유와 평등을 주창한 몽테스퀴에, 로마교회의 횡포와 부패를 파헤친 볼테르, 그리고 '국가의 주권은 국민에게 있다.'라고 설파한 루소 등의 저서는 젊은 지식인간에 널리 탐독되었다. 이 무렵 1783년 브라질과 마찬가지로 영국으로부터 오랫동안 압박을 받고 있던 식민지 미국이 독립혁명을 일으켜 민주국가건설에 성공한 실례는 미나스 제라이스의 젊은 지식인들에게 독립과 공화주의 제도에 대한 갈망을 더욱 부채질하였다.

2. 토착주의 의식의 태동

이러한 계몽사상과 민족주의 의식은 브라질에서 특히 토착주의 의식으로 나타나게 되는데, 이는 주로 17세기 초부터 브라질에 자국의 식민지를 건설하려는 네덜란드인의 침략에 대항하는 투쟁에서 비롯되어 성숙되었다. 일종의 애향심 내지는 애국심을 나타내는 토착주의(Nativismo 또는 Sentimento Nativista)는 일시적으로 발생한 어떤 역사적 사건이라기보다는 내륙탐험대들이 브라질 전국을 탐험하면서 자연스레 자신들이 살고 있는 국토를 사랑하게 된 점, 그리고 네덜란드인들의 침공에 대항하여 힘을 뭉치면서 자신들의 정체성 즉, 브라질인이라는 의식을 가질 수 있었다는 것, 아울러 외국의 침공에 속수무책이던 본국 포르투갈에 대한 반감, 나아가서 금 생산이 활기를 띠면서 포르투갈 왕실의 간섭과 착취가 노골화되자 지배자에 대한 저항감을 가지게 되었다는 점 등에서 내적인 동기를 찾을 수 있다. 아울러 외적으로는 18세기 후반에 있었던 프랑스혁명, 미국독립, 산업혁명 그리고 그 밑바탕에 흐르던 자유주의 사상 등에서도 그 뿌리를 찾을 수 있었다.

토착주의는 특히 뻬르남부꾸에서 브라질의 주요한 인종 대표 즉, 원주민 인디오인 필리뻬 까마르구(Filipe Camargo)와 흑인인 엥리께 지아스(Henrique Dias) 그리고 포르투갈 백인인 주엉 페르난데스 비에이라(João Fernandes Vieira)가 함께 회동, 네덜란드의 침공에 대항하여 투쟁한 사건이 발생하면서부터 토착주의 의식은 더욱 강화되어진다. 이러한 토착주의 의식은 또한 내륙탐험대 반데이란찌스의 활약과 금의 발견과 함께 브라질의 풍부한 자원 보유에 대한 자부심에서도 기인하기도 하는데, 이러한 자부심은 당초에는 브라질의 독립이라는 의식의 발전이 아닌 포르투갈과의 잦은 충돌을 야기하게 되었다. 이러한 토착주의 의식은 이미 1641년 싸웅 빠울루에서 브라질의 독립을 옹호하는 하나의 시위, 즉 '싸웅 빠울루의 왕'(Rei de São Paulo)으로 옹립하려는 '아마도르 부에누의 옹립'(Aclamação de Amador Bueno)이라는 사건으로부터 시작되어 반 포르투갈 혁명과 점차 브라질의 독립을 요구하는 일련의 혁명적인 사건으로 비화하게 되었다.

Ⅱ. 반 포르투갈 혁명

1. 아마도르 부에누의 옹립 사건

〈아마도르 부에누 사건〉

1640년 당시 포르투갈이 스페인으로부터 독립하고 동 주엉 4세가 왕으로 옹립되자 식민지 브라질의 싸웅 빠울루의 경우 쌀바도르나 히우 지 자네이루와는 달리 동 주엉 4세를 자신들의 왕으로 받아들이려 하지 않았다. 이는 싸웅 빠울루가 여타 두 지역과는 달리 남부 지방에 위치하면서 인접한 스페인 식민지 국가들의 영향을 강하게 받고 있었을 뿐만 아니라 라 쁘라따

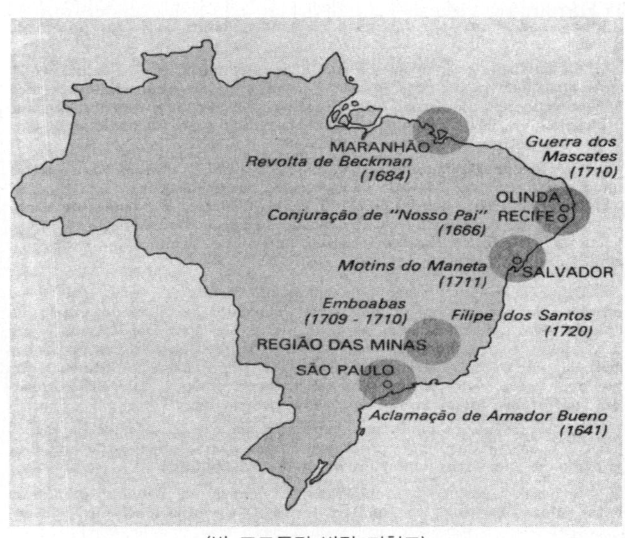

〈반 포르투갈 반란 지형도〉

강 인근지역과의 교역을 계속 유지하였기 때문으로 풀이된다. 어쨌든 싸웅 빠울루 주민들은 동 주엉 4세를 자신들의 왕으로 받아들이길 거부한 채 1641년 4월 1일 당시 주민들의 신망을 받던 지방 유지이자 거부였던 아마도르 부에누를 왕으로 추대(Aclamação de Amador Bueno)하였다. 그러나 정작 당사자인 그는 포르투갈왕실에 충성을 맹세하며 피신하였고, 고위 관리들이 나서서 주민들을 설득, 이틀 뒤 동 주엉 4세를 자신들의 왕으로 받아들이도록 하였다.

2. '노쑤 빠이' 시위 사건

1666년 발생한 이 사건은 당시 뻬르남부꾸 주지사였던 제로니무 지 멘돈싸 푸르따두(Jerônimo de Mendonça Furtado)의 실정(失政)에 대해 주민들이 교회행사였던 '노쑤 빠이'(Nosso Pai) 행렬을 위장, 그를 납치하여 리스본으로 추방한 사건(Conjuração de 'Nosso Pai')으로 주모자는 올린다의 판사였던 앙드레 지 바후스 헤구(André de Barros Rego)외 일단의 시의원 등이었으며 이 사건 직후 포르투갈 왕실은 신임 주지사로 당시 식민지 브라질의 총독(이때는 이미 총독대신 부왕제(vice-rei)로 바뀌어 있었다)이었던 앙드레 비달 네그레이루스(André Vidal Negreiros)를 임명, 민심을 수습하였다. 사건의 결과는 문제의 주지사를 인도로 유배를 보내고 사건 관련자들을 처벌하지 않는 것으로 끝이 났었다.

3. 마란냐웅 폭동

1653년 예수회소속의 선교사 비에이라 신부가 브라질의 마란냐웅 주에 도착하면서 인디오들에 대한 노예화를 적극 막고 나섰다. 이에 대해 이 지역 식민자들이 반발, 당시 포르투갈 왕인 동 주엉 4세에게 항의, 인디오 노예의 포획을 허가 받았다.[1] 그러자 비에이라 신부는 포르투갈왕실에 인디오 보호를 요청, 승인을 받았으며 게다가 예수회와 가까운 앙드레 비달 지 네그레이루스를 마란냐웅의 새 주지사로 임명하였다. 이에 불만을 품은 주도(州都)인 싸웅 루이스의 주민들이 예수회소속의 학교와 교회를 침입, 그들을 붙잡아 포르투갈로 추방, 선교사들과 포르투갈 정부에 대한 불만을 표시하게 되었다. 그 후 1680년 포르투갈 왕실은 인디오들에 대한 노예화를 전면 금지 시켰고 대신 1682년 마란냐웅 무역회사(Companhia de Comércio do Maranhão)를 세워 이 기관으로 하여금 연간 500여명의 아프리카 흑인 노예를 데려와 사탕수수 농자의 일손 부족을 메우도록 하였다.

이와 함께 마란냐웅 주에서 생산되지 않는 올리브유와 포도주, 대구를 독점 수입하여 이 지역에 대한 식품 공급을 원활토록 조치하였으나 그러나 마란냐웅 무역회사는 노예 수입의 약속을 지키지 않았을 뿐만 아니라 상기 식품의 가격을 급격히 인상, 지역 주민의 불만을 고조시켰다. 그래서 1684년 이 지역의 농장주이자 부유층이었던 마누엘 베크만(Manuel Beckman 또는 베끼마웅(Becquimão)으로 불림)을 중심으로 폭동(Revolta do Maranhão, 또는 베끼마웅 반란사건(Revolta de Bequimão)을 일으켜 주정부를 무너뜨리고, 무역회사를 폐지하고, 예수회선교사들을 추방하며 1년여를 지배하다가 포르투갈 군대에 의해 진압되고 베크만은 자신의 부하의 배반에 의해 붙잡혀 살해되고 만

1) 당시 포르투갈인들은 인디오를 잡아 노예로 삼는 것을 '정당한 전쟁'(guerra justa)으로 표현하고 있었다.

다. 이 사건으로 포르투갈 정부는 무역회사를 완전히 폐쇄시켰으나 예수회 선교사들에 대해서는 계속 그들의 업무를 할 수 있게 하였다.

4. 엠보아바스 전쟁

1700년대 들어서면서 미나스 제라이스 지역에서는 싸웅 빠울루 출신의 내륙탐험대 '반데이란찌스'에 의해 상당한 금광이 발견되면서 많은 수의 포르투갈인 들과 바이아 주민들이 이 지역으로 몰려들어 제각기 금광 소유권을 나눠 갖게 되었다. 따라서 싸웅 빠울루 출신의 사람들과 광물 발견 소식을 듣고 찾아온 타 지역의 주민들과 포르투갈인들 사이엔 격한 감정 대립이 나타나게 되었다. 당시 싸웅 빠울루 주민들은 이들 타 지역주민과 포르투갈인 들이 새 깃털이 장식된 장화를 신고 있었다 하여 경멸의 뜻으로 '엠보아바스'(Guerra dos Emboabas)[2]고 불렀다. 이들 사이의 적대 감정은 끝이 없어서 잦은 전쟁이 발발하였는데 그 싸움에서 싸웅 빠울루 주민들은 계속 수세에 몰렸다. 그러던 중 '엠보아바스' 측의 군대가 퇴각하는 300 여명의 싸웅 빠울루 군에게 투항하면 목숨을 살려준다고 약속하였으나 막상 싸웅 빠울루 군이 무기를 버리고 투항하자 모조리 죽여 버리는 사건이 발생하게 되었다. 이에 분노한 싸웅 빠울루 주민들이 1300여명으로 군대를 조직, 일주일간 치열한 전투를 벌이게 되나 '엠보아바스 '군대에 지원군이 도착한다는 소문이 퍼지고 또한 싸웅 빠울루 군의 지휘관들 사이에

---

2) 포르투갈어로 '엠보아바스'(emboabas)는 원래 뚜삐족 인디오들이 털로 덮여 있는 다리와 발을 가진 새를 일컫는 'mboab'라는 이름에서 유래되었다. 이는 포르투갈 백인이주자들이 언제나 새 깃털이 장식된 장화를 신고 있었다하여 경멸의 뜻으로 이들에게 붙여진 별명이었다.

불화가 발생, 결국 싸웅 빠울루 군이 퇴각함으로써 전쟁은 종말을 고하였다.

그때가 바로 1709년 11월이었으며 당시 포르투갈 왕이었던 동 주엉 4세는 히우 지 자네이루주로 부터 싸웅 빠울루 까삐따니아와 미나스 두 오우루 주를 분리, 왕실 직속주(直屬州)로 승격시켰다. 또 1711년에는 싸웅 빠울루를 시(市, 그전에는 빌라(Vila)였음)로 승격하고 1720년에는 싸웅 빠울루와 미나스 두 오우루를 두 개의 까삐따니아로 분리하였다. 이 전쟁을 끝으로 미나스 제라이스 주의 금광석을 둘러싼 전쟁은 종결되었으며 브라질 중서부 지방의 스페인령과의 경계가 확연히 구별되었다. 아울러 미나스 제라이스 주에서의 금광을 빼앗긴 싸웅 빠울루 주민들은 다른 지역으로 이동, 1718년 마뚜 그로쑤 주 지역에서 새로운 금광을 발견, 이 지역의 식민 사업에 공헌하였다.

5. 마스까찌스 전쟁

네덜란드의 지배가 시작되기 전까지만 해도 뻬르남부꾸의 올린다(Olinda) 시는 사탕수수농업으로 경제적 부를 소유, 헤시피(Recife) 시보다 부유하고 귀족적인 사회를 유지했으나 헤시페에 자국의 식민지 본부를 건설하려는 네덜란드의 침략이후부터 헤시피 지역이 상대적으로 발전하게 된다. 이로 인해 올린다의 사탕수수 지주들(브라질인)은 헤시피에 거주하는 포르투갈인들(마스까찌스, Mascates) 라 부름)[3] 에게 상당한 부채를 지게 되었으며 경제적 우위에 선 헤시피의 포르

3) 포르투갈어로 '마스까찌스'는 보부상이라는 뜻으로 상업의 발전으로 치부한 포르투갈인들이 원래 신분이 비천하다 하여 올린다 주민들이 이들을 가리켜 경멸적으로 지칭한 별명이었다.

투갈인들은 아직 구시대의 토착 지주 생활에 젖어 뻬르남부꾸 주의 정치계를 지배하는 올린다 사람들을 경멸하였다. 그러던 중, 동 주엉 4세가 헤시피를 빌라(Vila)로 승격시키면서 올린다와 헤시피의 경계를 정하도록 명령, 급기야 양 도시 간에 싸움이 벌어지게 된다. 이때 당시 주지사였던 쎄바스찌아웅 지 가스뚜르 이 깔다스(Sebastião de Castro e Caldas)는 중재할 능력을 상실하고 인근의 바이아 주로 피신하고 말았으며 이에 동 주엉 5세가 1714년 펠릭스 주제 마샤두 지 멘돈사(Felix José Machado de Mendonça)를 새 주지사로 임명함으로써 양 도시간의 전쟁은 끝이 났다.

이 사건은 후에 발발한 1817년 뻬르남부꾸 혁명(Revolução Pernambucaba de 1817)의 출발점이었다는 점에서 의미가 크다. 즉, 이번 사건을 통해 토착 브라질인들과 포르투갈인들 사이의 반감이 한층 증폭되었다는 것이다.

6. 마네따 폭동 사건

1711년 바이아 주에서 발생한 사건으로 당시 주지사였던 뻬드루 지 바스꼰셀루스 이 쏘우자(Pedro de Vasconcelos e Sousa)의 조세 인상에 대해 주민들이 주엉 지 피게이레두 다 꼬스따(João de Figueiredo da Costa)라는 인물(일명, 마네따라 불리움)을 중심으로 뭉쳐 폭동(Motins do Maneta, 또는 바이아 폭동사건(Motins da Bahia)을 일으켰었다.

7. 필리뻬 두스 싼뚜스 폭동

1709년 뻬르남부꾸의 엠보아바스 전쟁이 끝나면서 미나스 제라이스 주의 금 생산은 점차 증가하기 시작하였다. 그러나 1720년 포르투갈 왕실이 아쑤마르(Assumar)주지사로 하여금 처음에는 금에 대한 세금산출의 방법으로 '핀따'(finta, 연간 생산이 가능한 금에 대해 일정량의 금을 징수하는 세금부과 방식)를 택하다가 금의 밀매를 막고, 이른바 금에 대한 세금을 징수하는 방법으로 이 지역에 나는 금에 대해 확실한 세금 부과를 위해 생산된 금에 대해 '1/5'(um quinto)을 엄격히 징수토록 요구하였다. 이에 주지사는 모든 금을 일단 '금주조청'(金鑄造廳, Casa de Ouro)으로 가져가 '막대금'으로 만들도록 했고 그곳에서 곧바로 20%의 세금을 징수하였으며 단지 그곳에서 막대 금으로 나온 금에 한해서만 시중에 유통되도록 하였다. 이에 필리뻬 두스 싼뚜스가 주동이 되어 빌라 히까 주민들이 시위를 전개, 처음에는 모든 요구사항들에 대해 긍정적인 답변을 주지사로부터 얻어내나 그 후 군대를 동원하여 빌라 히까를 공격, 주모자인 필리뻬 두스 싼뚜스를 체포하여 교수형에 처하는 사건(Revolta de Filipe dos Santos, 또는 빌라 히까의 폭동(Revolta de Vila Rica)이 발생하였다. 이 사건은 후에 그 유명한 1789년의 '미네이라 사람의 반란'(Conjuracao Mineira 또는 Inconfidência Mineira) 사건으로 발전하게 되었다.

8. 미네이라 사람의 반란

식민지시대의 브라질에 있어 대혁명으로 기록되는 이 사건은 1750년 이후 금의 생산이 하강곡선을 그리면서 표면화 되었다.

내륙탐험대 반데이란찌스들의 활동으로 1736－1750년 사이 브라질에서 가장 많은 금이 생산된 미나스 제라이스 주는 앞서 언급한 엠보아바스 전쟁이 발발하는 등 금을 놓고 포르투갈인들과 브라질인들의 감정이 상당히 악화되어 있었다. 게다가 1750년대를 지나면서 금 생산량이 급격히 줄기 시작하자 브라질의 금 생산에 의존하고 있던 포르투갈의 재정 상태는 급속도로 악화되었으며 이에 포르투갈 왕실은 금에 대한 세금 징수 방식을 보다 강화하기에 이른다. 또한 동방 무역의 쇠퇴에 이어 포르투갈 왕실의 브라질에 대한 지나친 금에 대한 기대와 의존도가 심화될수록 포르투갈 왕실은 미나스 제라이스 지역에 사탕수수 농장 건설을 금지시키고 금과 보석 밀매를 엄격히 다스리면서 금 채굴에 모든 행정력과 노동력을 동원하는 등 생산량과 지역사정을 감안하지 않은 강압조치들을 내놓자 주민들의 반발은 고조해 있었다. 특히 18세기 중엽 이후 금 생산이 급감하면서 포르투갈 왕실에 내던 이른바 '1/5세금'(quinto)이 연체되기 시작하자, 포르투갈 왕실이 이 세금의 징수를 강력히 하도록 조치함과 동시에 일명 '**데하마**'(derrama: 일종의 부가세로 연체된 'quinto'를 모든 미나스 제라이스 주민들에게 분배, 강제 징수하는 세금)라는 새로운 징수법을 적용하려 했다.

또한 브라질 부유층 자녀들이 유럽 유학을 통해 자유주의 등의 신사조를 접하면서 민족주의 의식으로 무장하게 된다. 이와 함께 미국의 독립과 1786년 이 혁명 주동자의 한명인 주제 주어낑 다 마리아(José Joaquim da Maria)가 프랑스에서 미국의 대사로 있던 미국 독립의 아버지 토마스 제퍼슨을 만나면서 혁명의 주동자인 주어낑 주제 다 씰바 싸비에르(일명 '**찌라덴찌스**'(Tiradentes)) 등의 인물이 빌라 히까(Vila Rica)지금의 오우루 쁘레뚜, Ouro Preto)에 모여 혁명(Conjuração Mineira 또는 Inconfidência Mineira)을 모의하게 된다.

〈찌라덴찌스의 최후〉

이들이 계획한 혁명에는 브라질에 공화정을 선포하고, 수도를 싸웅 주제 델－헤이(São José del-Rei)로 정하고, 흑인 노예제도를 폐지하며, 빌라 히까에 대학을 설립하며, 전국 주요 지역에 공장을 설립하고, 의무 병역제의 도입 등을 실현하는 기존의 반란이나 혁명에 비해 보다 구체적이며 혁명적인 내용이 포함되어 있었다. 하지만, 혁명의 주요 주동자 중 포르투갈인 3명이 배반하는 바람에 주모자였던 '찌라덴찌스'가 히우 지 자네이루에서 동조자를 규합하다가 체포되어 1792년 4월 21일 교수형에 처해져 사지가 절단되는 참형을 받게 되면서 반란은 불발로 끝나게 되었다.

그러나 이 반란사건 후 포르투갈 정부는 '데하마'징수법의 실행을 중지시켰으며, 그로 인해 1808년 포르투갈 정부가 징수한 금 세금은 전에 없이 급감하는 양상을 보였다. 어쨌든 이 사건은 그 이전의 반포르투갈 움직임들과는 그 성격과 내용이 확연히 달랐다는데 있다. 특히 주모자들이 신흥 중산계급의 자제들이었으며 그들의 사상적 배경은 바로 유럽에 만연하던 자유주의 사상이었다는 점으로써 이제 식민지 브라질에도 독립의 기운이 모든 사회계층을 망라하여 널리 퍼져 있었음을 보여주고 있었다. 더구나 이 사건이후 발생한 1798년 바이아 반란사건(Conjuração Baiana de 1798)은 찌라덴찌스 사건과 더불어 식민지 브라질의 가장 핵심 지역에서 반 포르투갈 혁명기운이 꿈틀대고 있음을 알 수 있었다.

9. 바이아 반란사건

찌라덴찌스 사건 이후 가장 큰 반향을 불러일으킨 바이아 반란사건은 그 참가자와 관련자들이 흑인노예를 비롯한 유색인종과 군인, 재봉사, 석공 등 당시 사회에서 비교적 소외받으며 억압당하던 계층이었다. 재단사인 주엉 지 데우스(João de Deus)와 마누엘 파우스띠누 두스 쌍뚜스 리라(Manuel Faustino dos Santos Lira)를 비롯한 주모자들은 평소 반란의 모임을 갖고 루쏘의 책을 번역하고 볼테르의 작품을 함께 탐독하면서 거사를 준비했는데 이들은 1798년 8월 12일 바이아주의 쌀바도르에서 공화정 수립과 자유 그리고 사회평등을 주장하는 유인물을 교회와 각 가정집에 배포하면서 반란(Inconfidência Baiana, 또는 재봉사들의 반란(Revolta dos Alfaiates)을 시작하였다. 이 유인물에는 군인의 봉급 인상과 모든 국가와의 자유로운 무역, 생산 환경의 개선 그리고 자신들의 반란에 반대하는 교회 신부들에게 죽음을 요구하는 내용들이 담겨있었다.

그러나 당시 바이아의 동 페르난두 주제 지 뽀르뚜갈 이 가스뜨루(D. Fernando José de Portugal e Castro) 주지사가 반란을 사전에 눈치채고 시위현장으로 정해진 깡뿌 두 디끼(Campo do Dique)를 급습, 주모자들을 잡아 모두 교수형에 처하였다.

이 사건은 프랑스의 지배에 반대하여 봉기한 하이티의 반란 사건처럼 그동안 억압의 대상으로만 있었던 흑인들이 반 포르투갈 시위의 주동자로 나섰다는데 큰 의미를 가지며 이는 곧 브라질 전체 사회에 포르투갈의 지배로부터 벗어나야겠다는 분위기가 팽배해 있었음을 알 수 있으며 또 다른 한편으로 프랑스혁명의 근간이었던 자유주의 사상을 열렬히 옹호한 자유적 성향의 중간계층이 함께 동참했다는 점에 의의를 둘 수 있었다.

제10장 포르투갈 왕실의 브라질 이전

Ⅰ. 포르투갈 왕실의 브라질 이전[1)]

1. 배경-유럽의 정치적 변화

〈나폴레옹〉

1789년 프랑스 혁명을 통해 권좌에 오른 나폴레옹은 유럽 전체를 손아귀에 넣으려는 야심찬 계획을 갖고 있었다. 그러나 나폴레옹의 등장에 가장 위협을 느낀 영국은 오스트리아와

1) 포르투갈은 역사상 네 번에 걸쳐 브라질로의 천도를 꿈꾸었는데 첫 번째는, 싸웅 비쎈찌 까삐따니아의 지사였던 마르찡 아퐁쑤 지 쏘우자가 동 주엉 3세에게 파천을 제안한 적이 있으며 두 번째는, 1580년 스페인으로부터의 합병을 피하고 자주권을 수호하고자 브라질로의 천도를 논의한 바 있다. 세 번째는 1640년 스페인의 합병으로부터 독립을 선언하면서 국가의 안전을 위해 천도를 논의한 바 있으며 네 번째는 1750년대 뽐발 재상 시절 리스본이 지진으로 초토화되었을 때 외무-국방대신이었던 루이스 다 꿍냐(Luís da Cunha)가 천도를 제안하여 뽐발이 구체적으로 검토할 것을 지시한 적이 있다. 당시 루이스 다 꿍냐는 포르투갈왕실의 거주 적격지로 히우 지 자네이루를 거론하였다.

프러시아 그리고 러시아와 동맹관계를 맺고 프랑스에 대항하였다. 하지만 막강한 군사력을 지닌 나폴레옹은 오스트리아-러시아 연합군을 비롯하여 프러시아 군을 격퇴한 뒤 1806년 11월 21일 베를린에 입성하면서 이른바 **대륙봉쇄령**(Bloqueio Continental)을 발동하여 유럽 국가들로 하여금 영국과의 모든 관계를 단절토록 명령하였다.

한편 포르투갈에 주재하던 프랑스 대표 레이느발(Rayneval)은 영국과 오랜 세월동안 정치, 경제적으로 친밀한 관계를 유지하고 있던 포르투갈 왕실로 하여금 앞으로 20일 안에 영국에 대해 전쟁선포를 할 것과 영국 배들의 포르투갈 항구 접근을 금지할 것 그리고 포르투갈의 배들을 프랑스 함대에 합류시키고 포르투갈 영토에 거주하는 모든 영국인들의 재산을 압수할 것 등을 요구하였다.

당시 프랑스의 동맹국이었던 스페인의 경우 아메리카의 자국 식민지가 영국군에게 공격을 당하기 시작하는 등 분위기가 심상치 않았던 지라 포르투갈은 난처한 입장에 처하게 되었다. 즉 나폴레옹의 요구사항을 수용하자니 영국의 보복이 두렵고 영국과의 관계를 계속 유지하자니 나폴레옹 군대의 침략이 마음에 걸린 것이다. 게다가 당시 포르투갈의 도나 마리아 1세(D. Maria I) 여왕은 정신 질환을 앓고 있어서 국정을 황태자인 동 주엉 6세(D. João IV)에게 일임한 상태였는데 프랑스의 위협에 대해 동 주엉은 가능한 한 시간을 끄는 전략을 구사하면서 영국과의 관계를 유지하려고 애를 썼었다. 그러나 실제로 동 주엉은 1807년 8월 프랑스로부터 최후통첩을 받자 영국정부에게 포르투갈이 거짓 선전포고를 하도록 하여 1807년 10월 22일 영국 배들에 대해 포르투갈의 항구 접안을 금지하는 조치를 내리기도 하였다. 또한 그해 11월 8일에는 일단의 영국인들을 체포하였으며 또한 그들의 재산을 몰수하도록 지시를 내리기도 하였다. 또한 동 주엉 6세는 9살 난 자신의 아들 동 뻬드루(D. Pedro)를 나폴레옹의 손녀와 결혼시킬 것을 프랑스에 제안하기도 하였는데 이러한 계획은 어디까지나 시간을 끌기 위한 작전에 불과했을 뿐 사실은 영국인들의 재산과 생명을 보호하여 그들이 무사히 영국으로 귀향할 수 있도록 하기 위한 거짓 전술이었다.

한편 프랑스는 포르투갈의 이웃이자 자신들의 동맹국인 스페인과 1807년 10월 27일 퐁떼느블로(Fontainebleau)에서 비밀 협상을 맺고 만일 포르투갈이 대륙봉쇄령에 응할 경우 포르투갈을 양분하여 서로 나눠 통치하기로 합의하였다. 이러한 상황에서 포르투갈의 동 주엉은 한때 자신의 아들인 동 뻬드루만을 브라질에 피신시킬 생각도 하였지만 이를 포기하는 등 여러 대안들을 모색하였지만 실제 실천에 옮기지는 않았다. 한편 이 무렵 영국은 포르투갈이 지니고 있는 함대가 자칫 프랑스군에 넘어갈 경우 프랑스군에 대한 해상에서의 우위를 잃을 것으로 판단하여 외무대신인 스트랭포드경(Lord Strangford)을 비밀리에 포르투갈로 파견하여, 만일 포르투갈 왕실이 브라질로 피신한다면 목적지까지 자신들의 해군함대로 호위해주겠다는 제안을 하였다. 이에 대해 뚜렷한 대안이 없었던 포르투갈 왕실은 영국의 제안을 받아들여 급히 피난길에 오르는데, 당시의 역사 기록은 포르투갈 왕실이 리스본 항구를 떠날 무렵 이미 프랑스의 앙도쉬 주노(Andoche Junot) 사령관이 이끄는 프랑스 군대가 리스본에 도착하고 있었다고 전하였다.

2. 포르투갈 왕실의 브라질 도착과 문호개방

1807년 11월 29일, 14척의 배에 약 10,000여명에 이르는 왕족들과 군인들을 대동하고 영국 해군의 호위를 받으며 리스본 항구를 떠난 포르투갈 왕실은 대서양상에서 폭풍우를 만나 동 뻬드루 왕자가 탑승한 선박과 일부 선박은 1808년 1월 23일 옛 식민지 수도였던 바이아주의 쌀바도르에 임시 기착하게 되고 나머지 배들은 원래 목적지이자 당시 브라질의 수도였던 히우 지 자네이루로 향하였다.

〈포르투갈 왕실의 브라질 도착〉

브라질에 도착한 동 주엉 6세 왕은 브라질 역사에 중요한 획을 긋는 일련의 조치들을 발표하는데 그 중에는 브라질 항구를 포르투갈뿐만 아니라 여타 모든 국가에 개방한다는 내용이 있었다. 이로서 그때까지만 해도 식민지 브라질의 해외무역에 대해서는 포르투갈 왕실이 독점권을 행사하고 있었으므로 오로지 포르투갈 선박만이 출입할 수 있어서 브라질 상인들의 불만을 샀으나 그것을 해제함으로서 브라질의 경제와 사회 발전에 상당한 영향을 미치게 되었다. 물론 브라질을 개방한 것은 관세수입과 같은 부가적인 효과도 노렸지만 무엇보다 포르투갈 왕실이 브라질로 이전한 이상 왕실의 재정을 유지해야 했기 때문이며 그러기 위해서는 유럽과의 교역이 필수적인데 당시 유럽은 나폴레옹의 영향권하에 있었던 지라 그 영향권 밖에 있는 국가들과의 교역 활성화가 시급했기 때문이었다.

그러나 무엇보다 시장개방을 통해 브라질이 얻을 수 있는 것은 사회, 문화적으로 외국문물을 직접 접할 수 있는 기회를 가질 수 있다는 점이었으며 이로서 그때까지 일부 고위층의 전유물로만 느껴지던 유럽의 신문화가 브라질 일반국민에게도 직접 전달되는 기회가 주어질 수 있었기 때문이다. 아울러 이미 산업혁명의 전성기를 구가하던 영국과의 직접 교역이 가능해짐에 따라 경제적 영향도 기대할 수 있는데 그 이면에는 그때까지 브라질이 식민지로서 아무런 경제적 기반을 갖추지 못하였기에 쉽사리 외국 상품과 자본에 종속될 수 있는 악영향도 예상할 수 있었다. 실제로 동 주엉 6세는 바이아에 도착한 지 5일 만에 브라질 문호를 개방한데 이어 1810년 영국과의 무역과 항해에 관한 협정을 비롯하여 우호관계 및 군사동맹 조약을 체결함으로서 산업혁명으로 새로운 시장을 찾던 영국에게 많은 혜택을 안겨다 주었다.

3. 1810년 협정

1810년 동 주엉 6세는 포르투갈을 위해 프랑스군과 싸우고 있는 영국과 무역 및 항해 우호조약을 체결하였다. 그 내용은, 첫째, 브라질로 들어오는 영국 상품에 대해 관세를 15%로 인하하는 것인데 이것은 종주국인 포르투갈의 상품에 대한 관세보다 낮은 것이어서 영국에 대한 특혜라고 볼 수밖에 없었다. 둘째, 동 뻬드루 왕자를 비롯하여 차기 왕들도 포르투갈 국내뿐만 아니라 브라질에서도 종교박해를 하지 않겠다고 약속을 하였다. 셋째, 점진적으로 노예 밀무역을 중단하며 그

때까지 흑인 노예밀매는 아프리카로 한정하였다. 그리고 넷째, 브라질에 거주하는 영국인들은 그들 스스로가 판사를 선출할 수 있으며 포르투갈 왕실은 그것을 인준할 뿐이다. 이에 반해 영국을 비롯하여 영국의 식민지에 거주하는 포르투갈인들은 영국의 법을 따르도록 하였다.

이와 같이 1810년 양국 간에 맺어진 영국과의 조약은 일종의 불평등 조약이며 이처럼 포르투갈 왕실이 양보를 한 것은 왕실의 긴급 이전에 따른 재정조달과 더불어 당시 영국군들이 포르투갈에 들어와 포르투갈을 대신하여 나폴레옹 군과 전쟁 중이었기 때문이며 또한 대륙봉쇄령이 내려진 상황에서 브라질이 여타 외국과 거래할 수 있는 길은 영국과 영국의 해외 식민지뿐이었기 때문으로 풀이된다.

그리고 무역 및 항해에 관한 조약에서는 브라질의 주요 수출품이었던 사탕수수와 커피가 아무런 혜택을 받지 못함에 따라 브라질에 별다른 이득을 주지 못했으며 그와는 정 반대로 영국의 대 브라질 수출은 급격히 증가하여 무역적자 규모가 크게 늘어났다. 그리고 영국의 경제적 지배는 가속화되어 1820년대에 들어 히우 지 자네이루에만도 영국인들의 상가가 60여 개로 불어나 그들 간에 서로 경쟁하는 상황이 되었다. 한편, 브라질의 대 영국 주요 수출품들은 포도주, 올리브유, 면화, 염료나무 등으로 지역적으로 볼 때 커피산업이 활황이던 남부지방은 그런대로 견딜 수 있었지만 사탕수수를 주로 생산하던 북동부는 해외시장이 사실상 부재상태에 놓인 관계로 극심한 경제 침체기에 접어들게 되었다.

Ⅱ. 동 주엉 6세의 업적

1. 국내정책

브라질로 피신한 동 주엉 6세가 바이아를 거쳐 1808년 3월 7일 히우 지 자네이루에 도착했을 당시 본토 포르투갈에서는 영국군이 프랑스군과 일대 접전을 벌이는 상황이었지만 그는 식민지로서 사회 및 행정 그리고 군사조직이 절대 미비했던 브라질에 새로운 정치, 경제, 사회 시스템을 도입하는데 몰두하였으며 이를 위해서는 재정확보가 가장 큰 문제로 대두되었다. 그리하여 동 주엉 6세는 바이아에 체류할 무렵 측근이었던 비스꼰지 까이루(Visconde Cairu)의 조언을 받아들여 대외 문호개방을 선언하였고 이어서 당시에는 식민지 브라질에서 금지되어있었던 공장 건설을 허가하기도 하였다. 이와 함께 행정조직도 이제는 식민지 시스템이 아닌 본국과 같은 행정조직이 필요하여 국방-외무대신으로 친 영국파인 동 호드리구 지 소우자 꼬우찡뉴(D. Rodrigo de Sousa Coutinho)를 임명하는 등 조각(組閣)에 앞장섰다. 또한 군대 양성을 위해 해군사관학교(Academia da Marinha)와 왕립군사학교(Academia Real Militar)를 세웠으며 왕립인쇄소(Imprensa Régia)를 건립하여 정부의 공식 문서와 책 그리고 관보 등을 발행하였다. 동 주엉 6세는 또한 공립도서관(Biblioteca Pública)과 식물원(Jardim Botânico) 그리고 동 주엉 왕립극장(Real Teatro D.

〈식물원과 동 주엉 6세 흉상〉

João)과 브라질은행(Banco do Brasil) 등을 건설함으로써 히우 지 자네이루는 브라질의 수도로서의 면모를 갖춰나갔다.[2)]

2. 대외정책

■ **대 프랑스 선전포고**-브라질에 도착한 지 얼마 되지 않은 시점이라 군사조직을 제대로 정비하지는 못했지만 동 주엉 6세는 대외적인 명분상 1808년 6월 10일 프랑스에 선전 포고를 하고 영국군과 같이 470여 명의 군인만을 이끌고 프랑스령 기아나(Guiana Francesa)를 침공하여 1809년 1월 12일 점령하였다. 기아나는 1815년, 나폴레옹이 워털루 전투 이후 몰락하고 루이 18세가 왕으로 등극하자 1817년 프랑스에 인도하였다.

■ **남부 국경문제**-브라질의 남부 국경 문제는 17세기 초부터 시작되었다. 당시에 포르투갈은 지금의 우루과이, 아르헨티나와 경계를 이루는 지역에 이른바 싸끄라멘뚜 꼴로니아(Colônia do Sacramento)를 세워 이웃 국가들과 마찰의 소지를 갖고 있었는데 특히 이 지역은 예

2) 당시 브라질의 인구는 350만 정도였고(이중 흑인 노예는 백만 명 가량) 수도인 히우 지 자네이루에는 13만여 명이 있었다. 당시만 해도 식민지 브라질 사회는 본국 포르투갈에 비해 보잘것없었으나 왕실의 이전으로 브라질은 마치 유럽의 최신식 사회구조와 문화가 그대로 옮겨놓은 상황이 연출되었다. 왕실이 식민지로 옮겨왔다는 정치적 변화보다는 브라질국민과 사회가 겪는 문화적 충격은 엄청날 수밖에 없었으며 유럽의 최신 유행과 사상이 그대로 전파되고 이식되는 과정을 거치면서 착취의 대상으로만 존재하던 브라질의 사회, 문화적 수준은 급격한 변화를 겪게 되었다. 특히 동 주엉 6세는 1815년 나폴레옹이 워털루전투에서 패하던 해에 브라질에 대해 브라질 왕국(Reino do Brasil)이라는 명칭을 사용하기 시작함으로써 식민지 브라질에 대한 인식의 변화와 더불어 하나의 자치권을 가진 국가로 탈바꿈시키려는 의도를 드러내기도 하였다.

수회 선교사들이 포르투갈인들의 위협으로부터 인디오 보호를 목적으로 마을을 세우는 등 오래 전부터 식민 사업이 전개되었으나 쁘라따 강을 중심으로 전통적으로 스페인어권과 교류를 하여 왔기 때문에 정치적으로는 브라질에 속했지만 사회 관습과 교역은 우루과이나 아르헨티나에 가까웠다. 따라서 포르투갈의 인위적인 지배는 상당한 어려움을 지닐 수밖에 없었는데도 포르투갈은 이 지역에 대한 지배의 꿈을 버리지 않았었다. 특히, 동 주엉 6세의 아내였던 도나 까를로따 주아끼나(D. Carlona Joaquina)는 스페인 왕족이었기에 자신이 향후 왕권을 이어받을 경우 이 지역의 내적인 문제[3)]를 해결할 수 있을 것이라고 생각하며 평화 협상을 원하였다. 하지만 동 주엉 6세는 쁘라따 지역에 대한 지배의 꿈을 버리지 않은 채 기회를 엿보고 있었다.

〈싸끄라멘뚜 꼴로니아의 잔재〉

그러던 중 이 지역에서 우루과이 독립 전쟁이 발발하여 프란시스꼬 하비에르 엘리오(Francisco Javier Élio)가 이끄는 정부군이, 독립군의 사령관직을 맞고 있던 호세 아르띠가스(José Artigas)를 측면 지원하던 론도(Rondeau) 군에 의해 몬테비데오에서 포위를 당하자 브라질에 지원군을 요청하기에 이르렀다. 그때까지 사태추이를 지켜보던 브라질의 동 주엉 6세는 즉시 군사를 파견, 우루과이 독립전쟁에 개입하였으나 이 지역에서 포르투갈의 세력 확대를 원치 않던 영국이 개입, 1813

3) 당시 스페인은 나폴레옹군의 점령 하에 있었으며 그가 까를로스 6세를 퇴위시키고 자신의 동생인 조세 보나파르뜨를 앉혔다는 소식이 전해지면서 남미의 스페인 식민지들은 독립운동을 가속화하기 시작하였다. 이로 인해 스페인은 국내외적 우환에 시달리게 되었다.

년 5월 26일 휴전협정을 맺고 물러나게 되었다.

하지만 1816년 7월 9일 아르헨티나가 독립하면서 통합파(또는 블랑꼬스, Blancos)와 연방파(또는 꼴로라도스, Colorados)로 갈라져 내전 상태에 돌입하면서 당시 연방파의 우두머리였던 아르띠가스가 현재의 우루과이 쪽의 독립을 요구하면서 내전을 일으켰다. 이때 브라질의 동 주엉 6세는 수세에 몰리던 아르띠가스의 군대가 아르헨티나 군과의 교전 중, 종종 브라질 영토를 침입하여 약탈 행위를 일삼는다는 이유를 들어 군대를 파견하여 1817년 1월 20일 현재 우루과이의 수도인 몬테비데오를 점령하였다. 다급해진 아르띠가스는 아르헨티나 정부에게 지원을 요청하였지만 아르헨티나는 지원 조건으로써 우루과이의 아르헨티나 합병을 요구하고 나섰고 이 제안을 받아들일 수 없었던 아르띠가스는 그 후 3년간 외로운 투쟁을 전개하다가 1820년 파라과이로 피신, 우루과이 지역을 브라질에 넘겨주었다. 그러나 브라질의 동 주엉 6세는 과거와 마찬가지로 영국의 간섭이 있을 것으로 예상하여 1821년 7월 21일 우루과이 지역에서 지역 대표자 모임을 열고 우루과이의 포르투갈 합병을 결정토록 유도하였으며 우루과이를 씨스쁠라띠나 주(Província Cisplatina)로 명명하였다. 그러나 우루과이 지역은 동 주엉 6세가 포르투갈로 귀국하고 그의 뒤를 이은 동 뻬드루 1세(D. Pedro I)의 예비평화협정(Convenção Preliminar de Paz)의 체결로 1828년 포르투갈의 지배로부터 벗어나게 되었다.

〈씨스쁠라띠나 주〉

Ⅲ. 1817년 뻬르남부꾸 혁명

뻬르남부꾸(Pernambuco) 지방은 전통적으로 반 포르투갈 감정이 오래전부터 싹텄던 곳이며 또한 초기 포르투갈의 적극적인 식민정책이 실시되면서 사탕수수농업을 중심으로 한 가부장적 사회가 형성되어 그만큼 지배계급과 피지배계급간의 갈등이 심화되어 있었던 곳이다. 특히 네덜란드의 침공과 마스까찌스 전쟁을 치르면서 이 지역 주민들 사이에서는 브라질에 대한 애착과 자긍심이 싹트기 시작하는 등 이른바 토착주의 의식이 상당히 팽배했던 곳이었다. 또한 대외적으로도 프랑스 혁명과 미국의 독립 그리고 같은 남미국가로서 스페인 지배하에 있던 아르헨티나의 독립(1816년) 등은 이 지역 주민들 사이에 큰 반향을 불러일으켰으며 군인 뿐 아니라 성직자들 그리고 정치인들 사이에서도 포르투갈로부터의 독립이 화두로 떠오르고 있었다. 심지어 정치인들의 공개 회동이나 파티 때에도 포르투갈인들의 주식인 밀가루음식과 포도주가 제외되고 대신 브라질 토착음식인 만디오까 가루로 만든 음식과 사탕수수로 빚은 까샤사(cachaça) 술이 등장하기도 하였다.

당시 뻬르남부꾸는 1796년부터 1803년까지 마뚜 그로쑤 주지사를 지냈던 까에따누 삔뚜 지 미란다 몬떼네그루(Caetano Pinto de Miranda Montenegro)가 주지사로 지배하고 있었는데 그는 당시 여러 경로를 통해 반란사건이 모의 중이라는 정보를 입수하기도 하였으나 별다른 조치를 취하지 않고 있었다. 그러던 중 매년 네덜란드 격퇴를 기념하여 열리던 이스딴씨아(Estância) 축제 도중에 브라질 사람을 욕하던 포르투갈인을 한 흑인 장교가 폭행하는 사건이 발생하였다.

이 혁명은 삽시간에 북동부 전역으로 확대되어 히우 그란지 두 노르찌와 알라고아스 그리고 쎄아라 등지에서 공화국 건설을 위한 대규모 혁명으로 발전하게 되었다. 이 혁명에는 상인과 신부, 의사와 소장파 군장교 등이 참가하였으며 그 결과는 주동자의 체포와 처형으로 끝나고 말았다.

〈표-1〉 1819년 당시 식민지 브라질의 지역별 인구분포도

지 역	인 구		
	자유민	노예	계
북부(NORTE)	104,211	39,040	143,251
아마조나스(Amazonas)	13,310	6,040	19,350
빠라(Pará)	90,901	33,000	123,901
북동부(NORDESTE)	716,468	393,735	1,110,203
마란냐웅(Maranhão)	66,668	133,332	200,000
삐아우이(Piauí)	48,821	12,405	61,226
쎄아라(Ceará)	145,731	55,439	201,170
히우 그란지 두 노르찌(Rio Grande do Norte)	61,812	9,109	70,921
빠라이바(Paraíba)	79,725	16,723	96,448
뻬르남부꾸(Pernambuco)	270,832	97,633	368,465
알라고아스(Alagoas)	42,879	69,094	111,973
동부(LESTE)	1,299,287	508,351	1,807,638
쎄르지삐(Sergipe)	88,783	26,213	114,996
바이아(Bahia)	330,649	147,263	477,912
미나스 제라이스(Minas Gerais)	463,342	168,543	631,885
이스삐리뚜 쌍뚜(Espírito Santo)	52,573	20,272	72,845
히우 지 자네이루(Rio de Janeiro)	363,940	146,060	510,000
남부(SUL)	309,193	125,283	434,476
싸웅 빠울루(São Paulo)	160,656	77,667	238,323
빠라나(Paraná)	49,751	10,191	59,942
싼따 까따리나(Santa Catarina)	34,859	9,172	44,031
히우 그란지 두 술(Rio Grande do Sul)	63,927	28,253	92,180
중서부(CENTRO-OESTE)	59,584	40,980	100,564
마뚜 그로쑤 (Mato Grosso)	23,216	14,180	37,396
고이아스(Goiás)	36,368	26,800	63,168
계	2,488,743	1,107,389	3,596,132

(출처: Leslie Bethell(ed.). *The Cambridge History of Latin America*, vol. II, p. 63)

제2부

독립 이후의 브라질

제11장 브라질의 독립

Ⅰ. 포르투갈 혁명과 포르투갈 왕실의 복귀

1. 1820년 포르투갈 혁명

1817년 뻬르남부꾸 혁명사건 이후 포르투갈 왕실은 포르투갈과 브라질을 하나의 왕국으로 묶으려는 조치들을 취하기 시작하였다. 또한 당시 대륙봉쇄령을 발동하는 등 유럽을 태풍의 회오리 속에 몰아넣었던 나폴레옹이 1814년 패배하면서 브라질로 피난을 왔던 포르투갈 왕실의 브라질 체류가 더 이상 지속될 명분도 사라졌다. 하지만 동 주엉왕은 계속 브라질 체류를 고집하였고 이듬해 1815년 12월 브라질을 포르투갈과의 **연합왕국**(Reino Unido)으로 승격시키는 조치를 내렸으며, 몇 개월 뒤 모친이었던 도나 마리아 1세의 사망 후에는 그 자신이 연합왕국의 왕인 동 주엉 6세(Dom João VI)로 즉위하게 되었다. 이러한 상황에서 브라질의 독립은 대내·외적인 여러 요인들의 복합적인 분석에 의해 설명될 수 있는데 그 중 브라질의 자율성 옹호라는 기치에서 출발하여 독립의 고취로 발전하기까지에는 외부에서 불어온 충격이 적지 않은 영향을 끼쳤었다.

1820년 8월 포르투갈 뽀르뚜(Porto) 시에서 발생한 혁명은 당시 유럽 전체에 폭넓게 깔려있던 자유주의 사상에 기인한 바 크며 그 직접적인 동기는 당시 포르투갈의 대내 · 외적인 위기를 해결하기 위한 돌파구였다. 당시 포르투갈은 국왕과 행정기관의 부재로 인한 정치적 위기와 더불어 브라질의 대외 문호개방으로 인한 경제적 타격 그리고 포르투갈 군대가 영국군에 장악되면서 승진 등에서 포르투갈 출신들이 제외되는 등 총체적인 위기국면에 직면하고 있었다. 특히 영국의 군사적 지원으로 프랑스로부터 자유로워진 포르투갈은 영국의 윌리엄 베레스포드(William Beresford) 제독이 의장으로 있던 임시 섭정위원회에 의해 지배되고 있었으며 나폴레옹과의 전쟁 이후 그는 포르투갈 군대의 실질적인 독재자로 군림하고 있었다. 이러한 위기에 촉발되어 1820년 8월 24일 뽀르뚜에서 발생한 혁명으로 브라질에 가 있던 영국의 베레스포드 제독은 포르투갈로 귀환하지 못하고 영국으로 돌아갔으며 혁명세력은 군사적으로 뿐만 아니라 정치적으로도 정권을 장악하여 임시위원회를 설치하고 브라질에 체류하고 있던 동 주엉 6세의 귀국을 종용하였으며 또한 스페인의 모델을 본떠 임시헌법을 선포하였다. 이 혁명은 절대왕정을 구시대적이고 억압정치의 상징으로 간주하였으며 민간 대표기관들인 궁정회의에 활력을 부여함으로써 자유주의 사상을 대변하고자 하였다. 하지만 본국 부르주아 계급의 이익을 옹호하고 영국의 입김을 차단하려 하면서 브라질로 하여금 과거와 마찬가지로 포르투갈에 다시 식민지로 복귀할 것을 요구하는 모순도 보이고 있었다. 또한 혁명세력은 본국과 여타 해외 식민지에서 선출된 대표들을 소집하여 궁정회의를 개최하여 헌법을 개정하려 하였는데 이런 의도 하에 선출된 임시헌정국회는 인구비례제를 적용하여 브라질의 경우 70－75명의 의원을 선출하였고 포르투갈 본토와 여타 식민지에서 선출된 대표들을 합쳐 모두 200여명이 넘는 의원으로 구성되었다.

2. 혁명의 여파와 포르투갈 왕실의 환국(還國)

1820년 포르투갈의 뽀르뚜 시에서 혁명이 발발하였다는 소식은 브라질 내의 자유주의자들에게 커다란 반향을 일으켰다. 특히 빠라 주와 바이아 주에서는 현지 군대가 반란을 일으켜 이 지역에 임시 통치위원회를 구성하였으며 히우 지 자네이루에서는 일반 대중과 포르투갈 군인들이 동 주엉 6세 왕으로 하여금 내각을 개편하도록 압력을 넣으면서 통치위원회를 설치, 궁정회의 구성을 위한 간접선거를 준비할 것을 강력히 요구하고 나섰다.

당시 브라질 국민의 최대 관심사는 포르투갈 혁명세력이 요구하고 있는 동 주엉 6세의 포르투갈 귀환여부였다. 이 문제를 두고 브라질의 여론은 크게 두 갈래로 갈렸는데 왕의 귀환을 옹호하는 측은 히우 지 자네이루를 중심으로 한 고위 군 장교와 행정관료 그리고 과거 식민지 체제 하에서 브라질이 포르투갈의 식민지로 재 귀속하기를 바라던 상인들로 소위 '포르투갈파'였으며, 이에 반해 왕의 포르투갈 귀환을 반대한 세력은 수도 히우 지 자네이루 인근 주에서 단위 토지를 소유하고 있던 대지주들 그리고 브라질에서 태어난 입법부 관료들이 대부분이었던 소위 '브라질파'였다. 이 '브라질파'에는 일부 포르투갈인들도 합세를 했는데 그들은 브라질의 문호개방과 더불어 새롭게 변한 자유무역 환경에 적응한 상인들이거나 부동산 투자가들 그리고 도시에 재산을 가지고 있으면서 브라질 태생의 사람들과 혼인을 한 자들이 많았다. 특히 '브라질파'라고 지칭되는 이 파벌은 당시에는 지금과 같은 정당이라기보다는 하나의 통일된 의견을 지닌 사람들의 그룹을 지칭하는 말로써 이 시기의 정치적 규합은 유럽에 기원을 둔 비밀결사조직 **'마쏘나리아'**(maçonaria)[1]를 통해 이루어졌다.

시간이 지남에 따라 브라질 내에서 동 주엉 6세의 포르투갈 귀환 문제는 관심 밖으로 밀려났다. 그러나 포르투갈로 귀환하지 않을 경우 포르투갈 내에서 궁정회의가 그의 왕권을 상실시킬지도 모른다는 우려 속에 동 주엉 6세는 급기야 자신의 맏아들인 동 뻬드루(D. Pedro) 왕자를 브라질의 섭정자로 내정하고 이와 함께 포르투갈 궁정회의에

---

1) 영어로는 프리메이슨(Freemason)을 뜻하는 이것은 1717년 중세 유럽에 널리 퍼져 있던 건축업에 종사하던 석공(stonemason)들의 길드에 기반하여 생겨난 것으로 알려져 있다. 프리메이슨이라는 이름도 석공에 해당하는 영어 명칭인 '메이슨(mason)'에서 유래한 것이다. 그러다가 18세기에 인권과 사회 개선을 추구하는 엘리트들의 사교클럽으로 발전하여 본격적으로 유럽 각국과 미국으로 확산되면서 정치, 문화, 과학 등의 각계의 유명 인사들과 개신교 신자들이 대거 이 단체에 가입하였다. 근대에 들어서면서 프리메이슨은 계몽주의 사조에 호응하여 세계시민주의적인 의식과 함께 자유주의적 · 개인주의적 · 합리주의적 입장을 취했다. 종교적으로는 상대주의와 관용을 중시하며, 기독교 조직은 아니지만 도덕성과 박애정신 및 준법을 강조하는 등 종교적 요소도 포함시켰다. 그 때문에 기존의 종교 조직들, 특히 로마 교황청을 주축으로 하는 로마 가톨릭으로부터 대대적인 탄압을 받게 되어 지금과 같은 비밀결사적인 성격을 띠게 되었다. 로마 가톨릭에서는 수많은 팜플렛과 자료를 통해 프리메이슨의 가르침과 의식 가운데 많은 것들이 유대인의 카발라와 연관되어 있다고 주장해 왔으며 유대인과 개신교까지 한데 묶어 그들 모두를 '사탄의 삼총사'라고 부르며 멸시하였다. 한편 신부들이 소요사태에 가담하는 일이 비일비재했던 브라질의 경우 '마쏘나리아'는 절대왕정타도의 핵심세력으로 부상하였으며 그들 중 일부는 브라질의 독립을 주장하기도 하였다.

참여할 브라질 대의원 선거를 실시할 것을 결정하면서 포르투갈로 환국할 것을 결정하였으며 드디어 1821년 4월 26일 4,000 여명의 군사와 관료들을 대동한 채 포르투갈로 돌아가는 함대에 몸을 싣게 되었다.

II. 동 뻬드루의 섭정기

1. 정치적 변화

동 주엉 6세의 포르투갈 환국 후 동 뻬드루 섭정왕자는 선정가(善政家)로서 브라질의 정치 및 경제, 사회발전에 지대한 공헌을 하였다. 그는 초기의 정치적, 행정적 위기에 직면하여 공공 예산을 삭감하고, 세금을 감축하고 그리고 포르투갈 출신 군인들에 비해 상대적으로 차별을 받고 있던 브라질 군인들에게 여러 가지 혜택을 베풀기도 하였다.

그러나 1821년 5월 소집된 제헌의회와 포르투갈의 혁명세력은 동 뻬드루 왕자의 브라질 독립선언의 가능성을 두려워하였다. 그리하여 그해 9월 동 주엉 6세가 세운 브라질의 모든 법원을 폐쇄시키고 동 뻬드루 왕자에게도 포르투갈로의 귀국을 종용하며 그의 권한을 새로 구성될 위원회(Junta)에게 모든 권한을 위임하도록 강요하였는데 이 위원회는 포르투갈 정부의 직접적인 명령을 지시받도록 되어있었다. 이로서 동 뻬드루 왕자의 권한은 히우 지 자네이루 지역에만 한정이 되어 있었으며 포르투

〈섭정왕자 동 뻬드루〉

갈왕실은 칙령을 발표하여 동 빼드루의 급거 귀국을 요구하며 모든 권한을 연합왕국에게 양도토록 결정하였다.

한편 포르투갈의 궁정회의는 1821년 5월 브라질에서 선출된 브라질 대의원들이 포르투갈에 도착하기 몇 개월 전인 1821년 1월 모임을 갖기 시작하였으며 브라질인들에게 상당한 불만을 야기할 수 있는 여러 가지 조치들을 취하였다. 예를 들면 브라질의 각 주(州)들은 당시 브라질의 수도였던 히우 지 자네이루 총독정부에서 분리되어 독립할 것이나 곧바로 포르투갈 정부에 귀속된다는 것이었다. 또한 이 궁정회의에서는 영국인들뿐만 아니라 브라질의 대지주들을 비롯하여 도시 소비자들의 큰 이해관계가 걸려있던 당시의 브라질과 영국간의 무역 협정을 무효화하려는 시도도 있었다. 이러한 시도의 밑바탕에는 포르투갈혁명 지도자들 사이에 식민지 브라질에 대한 뿌리 깊은 멸시감도 깊이 작용한 것으로 보이는데 실제로 이들은 브라질이 아직 '원숭이들과 바나나 그리고 아프리카 해안에서 잡혀온 흑인 노예들로 가득한 땅'으로 '맹견들을 풀어 뿔뿔이 흩어지지 못하게 하여 질서를 유지하는 것이 필요하다'고 생각하고 있었다.

이러한 과정에서 1821년 9월과 10월 사이 혁명세력들이 궁정회의를 통해 취한 일련의 조치들은 그때까지 막연하게 진행되어오던 브라질의 독립을 구체화하는 계기로 작용하였다. 이와 함께 브라질의 독립을 부추기기라도 하듯 동 주엉 6세는 브라질에 설립했던 주요 관공서들을 리스본으로 이전키로 결정하였으며 히우 지 자네이루와 뻬르남부꾸에 새로운 군대를 창설, 배치하는가하면 브라질에 남아있던 섭정왕자인 동 빼드루의 포르투갈 귀환을 결정하기에 이르렀던 것이었다. 이에 '브라질파'는 모든 노력을 경주하여 동 빼드루의 브라질 잔류를 추진하기에 이르렀으며 동 뻬드루도 1822년 1월 9일, 이들의 의지에 동참, 포르투갈과의 관계를 단절하기로 하였다. 따라서 동 뻬드루에게 충성을 맹세할 것을 거부한 포르투갈 군대는 히우 지 자네이루를 떠나야할 상황이 되었고 이때부터 브라질 군대의 창설 문제가 본격적으로 거론되기 시작하였다.

2. 독립의 외침

동 뻬드루 왕자의 귀국을 요구하는 포르투갈왕실의 정치적 압박에 항거하기 위하여 '레지스탕스 조직'(Clube da Resistência)이라는 비밀조직이 결성되어 왕자의 브라질 잔류를 유도하기 시작하였다. 이때 동 뻬드루의 의상을 담당하던 프란시스꼬 고르딜류 지 바르보자가 "동 뻬드루 왕자는 브라질 국민이 자신을 지지한다면 브라질에 머물 수 있다"고 말하였음을 이 조직에 알리자 이에 힘입은 '레지스탕스 조직'은 싸웅 빠울루와 미나스 제라이스로 밀사를 파견하였다. 이 지역 주민들의 서명을 받고 히우 지 자네이루주민 역시 약 8,000여명 이상의 서명을 의회에 전달하며 동 뻬드루 왕자의 브라질 잔류를 지지하였다. 이에 동 뻬드루 왕자는 3개 지역의 지지 서명을 접한 후 1822년 1월 9일 정오에 "국민의 행복과 국가의 안녕을 위해서라면 본인은 모든 준비가 되었노라. 가서 국민들에게 전하라; 내가 여기 머무르겠노라고!"라고 선언하였으며, 머무름의 선언일(Dia do Fico)[2)]로 알려진 이 날은 브라질 독립에 첫 시발점으로 기록되게 되었다.

---

2) 이 날을 'Dia do Fico'라고 하는 이유는, fico는 포르투갈어로 '머물다'라는 의미의 동사인 ficar의 1인칭으로 '브라질파'의 고언에 공감을 표하면서 동 뻬드루 왕자 자신은 브라질에 머물 것 이라고 밝힌 것을 기념한 것이다.

〈동 뻬드루의 머무름의 선언으로 환호하는 군중들〉

동 뻬드루 왕자의 이와 같은 선언이 있자 히우 지 자네이루지역에 상주하고 있던 포르투갈군은 이에 반대, 모반을 준비하나 곧이어 동 뻬드루의 진압 명령으로 브라질인들로 구성된 군대에 의해 그해 2월 포르투갈로 추방된다. 그리고 이어 싸웅 빠울루에서 존경을 받고 있던 정치인 주제 보니파씨우 지 안드라지 이 씰바(José Bonifácio de Andrade e Silva)가 이끄는 내각이 구성되었다. 그리고 5월 4일에는 자신의 명령 없이는 포르투갈 의회가 내리는 어떠한 명령이나 법령도 집행하지 말라는 칙령을 내리게 되었다.

주제 보니파시우는 노예제도의 점진적인 폐지, 농지개혁, 이민의 자유화 등 사회분야에서는 진보적인 사상을 나타냈으나 정치적으로는 보수적인 자유주의자로서 지식인과 지배계급에 한정된 대표들로 이루어진 왕정체제가 브라질에 적합하다고 주장하기도 하였다. 이처럼 당대 거물 정치인의 의견이 명확하지 않았던 만큼 브라질 독립을 옹호하던 당대 여타 정치인들과 지식인들도 독립 전 일련의 사건들이 터지면서 점차 분명한 정치적 입장을 나타내기 시작하여 결국 급진주의자들과 보수주의자들로 서서히 양분되는 경향을 보였다. 물론 여기서 일명 '브라질파' 내부의 큰 양대 파벌을 규정하기 위해 사용하고 있는 급진주의자들이나 보수주의자들이란 말은 역사적 상황에 따라 다소 그 정의가 애매모호할 수 있다.

사실 독립직전의 몇 해 동안 보수주의자들은 포르투갈과의 관계에 있어서 원칙적으로 브라질의 보다 많은 자율권을 원하고 있었으며 독립에 대한 의견규합은 그 이후에 서서히 윤곽을 나타내었었다. 그들이 바라던 정부의 형태는 사회적 안정과 질서를 보장하는 의미에서 입헌군주제였으며 이를 위해 국민의 대표권은 제한하겠다는 입장이었다. 하지만 급진주의자들은 그 내부에서도 상호 엇갈리는 주장이 많았으므로 그들의 입장을 하나로 정리하기에는 어려움이 따랐다. 어쨌든 그들의 내부에서는 국민의 대표권과 자유, 특히 언론의 자유를 보다 많이 보장하자는 사람들로부터 독립을 공화국 시스템과 연계하는 사람을 포함하여 몇몇의 경우는 사회 개혁을 주장하는 사람들을 두로 포함하고 있었다.

이처럼 '브라질파'가 갈려있던 상황을 보여주는 한 예로써 양 파벌은 브라질에서의 제헌의회 선출 문제와 1822년 상반기에 논의되었던 선거문제를 두고 상당한 의견 대립현상을 나타내었다. 그들 중 주제 보니파시우를 비롯한 많은 정치인들은 이 문제를 두고 반대의견을 나타내었으나 일부의 정치가들은 찬성의사를 보였었다. 따라서 1822년 6월 동 뻬드루가 제헌의회 선출을 찬성했을 때 양 진영 간에는 큰 논쟁이 발생하였다. 즉, 제헌의원들을 직접선거로 선출할 것인가 아니면 간접선거로 선출할 것인가를 두고 양진영의 의견이 팽팽히 맞섰으나 다민족으로 구성된 브라질의 특성을 고려한다는 의견이 우세라는 바람에 비록 독립 후이지만 결국 제헌의원 선출은 간접선거로 치러졌다.

어쨌든 당시의 브라질 상황은 점차 포르투갈로부터의 독립으로 치닫고 있었으며 각 주 정부 앞으로 포르투갈로부터 오는 사람들을 공직에 채용하지 말 것을 권고하는 공문이 전달되었으며 그 해 8월 동 뻬드루는 포르투갈로부터 오는 군인들은 모두 적으로 간주한다는 내용의 칙령을 발표하였다. 이때에는 '브라질파'의 거의 모든 정치인들이 한결같이 여기에 동조하는 모습을 보임으로써 브라질의 독립 움직임은 이미 거스를 수 없는 대세로 자리 잡게 되었다. 이러한 상황에서 포르투갈 혁명정부가 동 뻬드루가 내린 모든 칙령들과 법들을 무효화한다고 결정하고 그의 귀국을 종용함과 동시에 내각을 배신자들로 비난하는 내용의 전문을 보내오자 포르투갈과의 관계단절은 사실상 결정된 것이나 다를 바 없는 분위기였다.

한편 싸웅 빠울루에서는 주제 보니파씨우의 동생인 마르띵 프란씨스꼬 히베이루의 월권행위가 잦아 이에 대한 불만이 고조하고 있었다. 이에 주제 보니파씨우는 동 뻬드루 왕자를 대동하고 싸웅 빠울루로 와 주민들의 불만을 진정시키고, 그 후 동 뻬드루는 싼뚜스 항으로 내려가 혹시나 있을지 모를 포르투갈의 공격에 대비, 이 지역의 요새들을 순시하고 다시 싸웅 빠울루로 귀환하였다. 이때 이삐랑가 강 유역에 그의 행렬이 다다랐을 무렵, 포르투갈 의회가 보내온 전문을 받게 되는데 그 편지에는 최근에 브라질에서 취해진 모든 결정들을 인정치 않음과 동시에 그 같은 결정에 대한 책임자를 색출키 위해 청문회를 열겠다는 내용과 아울러 동 뻬드루가 취한 여러 조치들을 무효화하겠다는 내용이 들어 있었다. 이러한 내용들은 곧 동 뻬드루의 권한을 인정하지 않겠다는 것으로, 이에 격분한 동 뻬드루는 그 자리에서 칼을 빼들고 "독립이 아니면 죽음을 달라!"라는 그 유명한 '**이삐랑가의 외침**'(O Grito do Ipiranga)을 고(告)하게 되는데 이 날이 바로 1822년 9월 7일, 즉 브라질의 독립기념일이다.

그 후 동 뻬드루는 10월 12일 브라질의 황제(Imperador do Brasil)라는 칭호를 사용하였으며, 12월 1일 24세의 나이로 드디어 공식적으로 브라질 황제로 등극하게 되면서 동 뻬드루 1세(D, Pedro I)로서 입헌군주제 하의 독립 브라질의 제 1대 왕이 되었다. 그러나 포르투갈 태생인 그가 포르투갈에서 갓 독립한 신생국가의 왕으로 등극했다는 것은 향후 전개될 정치적 소용돌이의 쟁점이 될 것임을 이미 시사하고 있었다.

〈동 뻬드루 1세〉

3. 독립전쟁

"독립이 아니면 죽음을 달라!"는 선언과 함께 1822년 9월 7일 포르투갈로부터 독립을 선언한 동 뻬드루는 국내의 전 지역에서 완전한 독립을 인정받지는 못하였다. 싸웅 빠울루와 미나스 제라이스 주는 동 뻬드루의 독립정부에 즉각적인 동참을 선언하였지만, 포르투갈 백인들이 지배하는 북동부지역의 바이아와 마란냐웅, 빠라, 삐아우이 그리고 오늘날 우루과이 영토에 속하는 남부의 씨스쁠라띠나(Cisplatina) 주[3]는 포르투갈 왕실에 충성을 맹세하고 브라질과 포르투갈의 분리

3) 동 주엉 6세가 파견한 포르투갈-브라질 연합군에 의해 1821년 브라질영토로 편입되었던 이 지역은 아르헨티나의 지원을 받아 혁명을 일으켜 우루과이공화국으로 독립을 준비 중이었는데, 이 혁명은 동 뻬드루까지 직접 출전한 전쟁으로 변하였지만 불리하게도 영국의

를 받아들이지 않았으며 브라질의 독립을 인정하지 않았다.

1822년 2월부터 시작하여 그 이듬해인 1823년 7월에 끝이 난 바이아 주의 소요사태는 당시 포르투갈 출신의 이나씨우 루이스 마데이라 지 멜루(Inácio Luís Madeira de Melo) 장군의 지배 하에 있었던 바이아 주에서 의회가 동 뻬드루 1세에게 우호적인 조정위원회를 구성하며 마데이라 지 멜루 장군에 반기를 들고 투쟁을 불사할 결의를 다지면서 시작되었다. 동 뻬드루의 정부군은 히우 지 자네이루로부터 원정을 온 군대를 규합하여 바다를 통한 진입로를 차단하고 있던 포르투갈 군대에 대항하여 육로를 통해 쌀바도르의 공략에 나섰으며 이때 헤꽁까부(Recôncavo)지역의 사탕수수 농장주들의 지지와 더불어 영국군대의 지원에 힘입어 1823년 7월 2일 쌀바도르를 완전히 탈환하며 소요사태를 진정시킬 수 있었다. 이날은 지금도 바이아 지방 사람들에게는 브라질 독립일만큼 중요한 날로 기념되고 있다. 또한 정부군은 1823년 7월에는 삐아우이 주와 마란냐웅 주에서 그리고 같은 해 8월에는 빠라 주에서 발생한 포르투갈인들의 반정부혁명을 진압하였으며, 이어서 10월에는 남부지역의 씨스쁠라띠나 주에서 발생한 포르투갈 군대의 반황제 및 반정부혁명을 진압하였다.

이렇듯 브라질 일부 지역에서 자신의 왕권을 확인하기 위하여 반정부세력과 1년이 넘게 소위 '**독립전쟁**'(Guerra da Independência)이라 불리는 분쟁을 겪게 되었던 동 뻬드루 1세의 정부군은 미국과 영국, 그리고 프랑스 군대의 지원을 받았는데 이 중에는 독립선언 이전 동 뻬드루에 의하여 자신에게 충성을 맹세할 육군을 조직하도록 임무를 부

조정으로 1828년 우루과이로 독립을 선언하게 된 계기가 되었다.

여받은 프랑스인 빼드루 라바뚜(Pedro Labatut)와 독립선언 이후 브라질의 독립을 공고히 하는데 큰 역할을 한 스코틀랜드인 로드 코크레인(Lorde Cochrane)의 역할이 컸었다. 스코틀랜드 귀족출신으로 영국 해군이었던 로드 코크레인은 동 빼드루의 명령에 의해 포르투갈 군대를 막아내는데 결정적인 역할을 하였으며 브라질뿐만 아니라 칠레와 페루의 독립에도 중심적인 역할을 수행한 인물이었다.

4. 대외적인 독립 인정

〈몬로 미 대통령〉

독립을 선언한 직후 동 빼드루는 국내에서 포르투갈인들의 반정부혁명을 제압함과 동시에 해외에서의 브라질 독립을 인정받기 위하여 특사를 해외에 파견하는 등의 외교노력을 통하여 1824년 5월 처음으로 미국으로부터 공식적인 독립을 인정받는데, 이는 당시 제임스 몬로 미국대통령의 '아메리카인에 의한 아메리카 국가들의 지배'를 주장한 소위 '**몬로 독트린**'의 영향에 기인한 것이었다. 물론 그 이전에 이미 영국에 의해 비공식적으로나마 독립을 인정받았었다. 사실 영국은 1808년 브라질의 문호개방을 유도하는데 성공한 이래 브라질과의 무역이 급성장하면서 브라질이 영국의 해외시장 규모 면에서 3위를 차지할 만큼 중요한 위치를 점하고 있었기 때문에 무엇보다도 브라질의 안정을 바라고 있었다. 다만 영국이 브라질의 독립을 공식적으로 인정하는데 시간이 걸린 이유는 브라질로 하여금 흑인노예 밀매에 대한 즉각적인 중지를 이끌어낼 심산이었기 때문이었다. 앞서도 보았듯이 영국 역시 자메이카 등에서 사탕수수를 생산하고 있었지만 오래전에 노예해방을 선언한 관계로 비싼 노동력을 사용하고 있었기에 아직 노예를 주노동력으로 이용하고 있는 브라질의 사탕수수에 비해 생산단가가 높아 국제 시장에서 고전하고 있었기 때문이었다. 따라서 브라질 독립을 공식적으로 인정하는 대신 그에 따른 대가를 기대했던 것이다. 한편 동 뻬드루에 의해 브라질 독립이 진행되던 당시 유럽은 절대주의와 식민주의를 공고히 함과 동시에 자유주의의 열망을 잠재우기 위하여 유럽 내에서 이른바 '성스러운 동맹'(Santa Aliança)이라는 협정이 체결되어 있었으며 브라질이 독립을 선포한 1822년에는 베로나에서 독립을 선언한 아메리카 국가들의 재식민화를 제안하는 총회가 개최되었었다. 그러나 영국은 위와 같은 실리를 위해 모든 국가는 나름대로 정부형태를 선택해야만 한다고 주장하고 '성스러운 동맹'에서 탈피하며 신흥 독립국들에 대한 불개입 원칙을 천명, 브라질의 독립을 비공식적으로 인정하였다.

이어 영국은 브라질의 식민지 종주국이었던 포르투갈에 압력을 가하며 문제해결에 나설 것을 주장, 결국 포르투갈은 1825년 8월 평화·우호조약을 통해 200만 파운드의 손해배상금을 지불할 것과 명예차원에서만 '브라질의 황제'라는 칭호를 사용할 것, 그리고 포르투갈의 여타 식민지와 연합하지 않는다는 조약[4)]을 조건으로 내세우며 브라질의 독립을 인정하게 되었다. 포르투갈에 뒤이어 프랑스와 오스트리아

---

4) 조약의 내용가운데 브라질이 여타 다른 포르투갈 식민지와 연합하지 않는다는 조건이 들어간 것은 아프리카의 흑인노예밀매에 대한 브라질의 이해관계가 그만큼 높았다는 것을 증명해주는 증거이며 브라질이 독립을 선언했다는 소식이 앙골라에 전해지면서 때마침 브라질의 대의명분에 가담할 것을 종용하는 내용의 유인물들이 아프리카의 이 지역에 살포되었기 때문이다.

그리고 영국도 브라질의 독립을 인정하게 되었는데 이로서 브라질은 하나의 독립왕국으로 대외적인 인정을 공식적으로 받게 된다. 그러나 브라질은 이 조약에 명시된 손해배상금 200만 파운드를 갚기 위하여 역사상 처음으로 영국으로부터 차관을 들여왔다.

일부 역사가들은 브라질의 독립이 여타 스페인령 국가들의 독립에 비해 상대적으로 손쉽게 성취되었다고 말하며 이것이 가능했던 것은 남미의 거의 절반을 차지하는 브라질이 여러 나라로 분할되지 않고 한 나라 형태를 취하고 있었기 때문이라고 한다. 하지만 히우 지 자네이루를 중심으로 연합형태를 띤 독립운동이 브라질 전 지역의 공감에서 비롯되었다기보다는 오래전부터 이어진 독립 투쟁의 산물일 뿐만 아니라 포르투갈과의 합병을 적극 옹호하고 나섰던 빠라 주를 비롯하여 바이아 주 등 다수의 지역이 무력으로 점령되었기 때문에 이에 대한 반론도 제기되고 있다. 하지만 상대적으로 이러한 저항의 움직임은 단기간에 끝이 났고 또 의외로 많은 희생이 뒤따르지 않았다는 점 그리고 독립이후 정부의 형태나 경제 · 사회 부문에 큰 변화가 이루어지지 않고 오히려 정부 시스템 경우는 독립과 동시에 공화정 시스템을 구축한 여타 중남미 국가와는 달리 브라질만 유독 입헌군주제를 그대로 유지했다는 점 등을 고려할 때 브라질의 독립은 주변 국가들에 비해 상대적으로 평화 속에 이루어졌다고 볼 수 있다. 사실 브라질이 독립한 후에도 이전의 정치시스템을 그대로 유지할 수 있었던 것은 포르투갈 왕실이 브라질로 이전한 것과 그 이후 독립이 이루어져 가던 과정을 살펴보면 어느 정도 이해가 될 수 있다. 브라질로의 피난 직후 동 주엉 6세가 브라질의 문호를 개방한 것은 포르투갈 왕실과 식민지 브라질의 지배계층, 특히 히우를 중심으로 싸웅 빠울루와 미나스 제라이스 지역의 지배계층과의 관계를 긴밀히 하는 역할을 하였다. 또한 그때까지 식민지로서 신문화와의 접촉 등 착취의 대상이었던 브라질에 유럽의 신문화에 흠뻑 젖어있던 포르투갈의 핵심계층이 유입되었다는 것은 브라질에 상당한 변화를 예고하는 것으로써 경제적인 관점에서 보면 이들 3 개 지역의 관심사인 설탕, 커피 그리고 흑인노예 밀매 등 분야에 많이 의존하고 있던 이들 지역의 경제적 팽창을 가속화하기에 이르렀다.

III. 제 1 왕정시대(1822－1831)

1. 제국의 건설

독립을 선포하고 브라질의 황제로 등극한 동 뻬드루 1세(D. Pedro I)는 포르투갈을 본떠 귀족들로 구성된 브라질 궁정회의를 만들고 자신의 황제 옹립에 공헌한 사람들에게 훈장과 포상을 하는 등 브라질을 제 1 왕정시대의 제국으로서 경영하기 위한 친정체제를 실시하기 시작하였다. 그러나 미래국가 건설의 초석을 위한 교육에 대해서는 등한시하여 대학을 비롯하여 초·중등 교육기관의 창설은 늦어질 수밖에 없었으며 1827년 8월에 가서야 싸웅 빠울루와 올린다에 법과대학을 만들었다.

독립 당시의 기본적인 사회 구조는 독립 이전과 비교해 크게 변한 것이 없었으나 대토지와 노예를 소유하고 있는 사탕수수 대농장주 계급이 점차 와해되는 조짐을 보이고 있었으며 이에 따라 과거 농업의 우월성도 약화되기 시작하여 대도시 관료 계층 및 신흥 전문직 종사자 층이 점차 두텁게 형성되어 가기 시작하였다. 특히 1810년의 대외 문호 개방과 함께 경제적인 면에서도 여러 변화가 일어나 외국 자본, 특히 영국의 자본이 브라질 주요 대도시에 밀려오기 시작하여 과거 식민지 시대의 사탕수수를 중심으로 이루어졌던 브라질 경제 역시 점차 상업 등으로 분산, 발전하게 되었다. 이러한 사실은 1820년경 히우지 자네이루에만 영국산 상품을 판매하는 상가가 60여개나 존재했었다는 것으로 증명되고 있었다.

제 1 왕정시대(O Primeiro Reinado)는 정치적으로 브라질 역사에 있어 경계선으로 구분될 수 있지만 경제적으로는 식민경제구조의 압력하에서 전이(轉移)의 단계로 볼 수 있으며 이 때문에 불안정한 경제상황이 연출될 수밖에 없었다. 과거 단일 경작 농업에 의존하며 포르투갈의 뿌리 깊은 식민지적 요소에 의해 유지되었던 전통적인 교역은 대도시 중심지에서 극심한 경쟁체제를 겪게 되었으며 이와 함께 영국을 비롯한 외국의 상인과 상선, 자본 등이 밀려오기 시작하였는데 특히 외국의 자본 침투는 곧 해외차관이라는 기대하지 않은 새로운 종속의 상태를 연출하게 되었다.

또한 독립과 함께 국가 건설이라는 목표 하에서 자발적인 국가로서의 면모를 갖추기 위해 각종 행정 조직의 확대와 군조직의 정비 및 확대를 가져오게 되었으며 이를 위한 비용은 거의 해외로부터 들여오는 차관으로 충당하였는데 그 결과 당시 브라질의 외채는 국내에서 거둬들인 전체 세입의 40%를 차지하게 되었다.

2. 제헌의회

동 뻬드루 1세는 1823년 5월 3일 독립 국가로서의 신헌법을 제정하기 위해 **제헌의회**(Assembléia Constituinte)를 소집한다. 이 의회는 14개 주(província)의 대의원들로 구성됐는데 이들의 신분은 학사, 신부(padres), 군인, 대농장주 등으로서 그들 대부분이 법률 제정과는 전혀 경험이 없는 사람들이었다. 게다가 이들 대다수는 브라질 태생이어서 포르투갈 태생인 동 뻬드루 1세와는 불편한 사이에 있었다. 게다가 그는 바이아 주에서 독립 반대 움직임을 전개했던 포르투갈군 간부들을 브라질 군에 재기용하여 브라질 태생이 태반이던 제헌의회와의 사이가 소원해졌다. 그러나 정작 제헌의회와 동 뻬드루 1세와의 사이를 갈라놓은 사건은 제헌의회 회기 동안에 뻬르남부꾸 대의원이었던 무니즈 따바리스(Muniz Tavares)가 브라질에 남아있던 포르투갈인들 중 브라질 독립에 절대적인 찬성을 표하는 자에 한해 브라질 시민권을 주고 이에 반대하는 사람은 모두 추방하자는 내용의 법안을 상정한 것이었다. 이에 주제 보니파씨우 내각총리의 형인 안또니우 까를루스 히베이루 지 안드라다(Antônio Carlos Ribeiro de Andrada)가 찬성을 표하자 브라질인이 아닌 동 뻬드루 1세와 그의 측근, 그리고 군 고위 장성 및 지방 유지들이 불안감에 휩싸였고 이에 제헌의회와 왕실 사이엔 깊은 불신의 벽이 생기게 된다. 게다가 주제 보니파씨우 내각에 대해 왕 자신도 의구심을 표시하며, 과거에 내각 총리의 정적(政敵)으로 숙청된 자들을 복권시키는 반발조치를 취하는데, 이에 내각

〈주제 보니파씨우〉

총리는 사퇴를 표함과 동시에 언론을 통해 동 뻬드루 1세에 대한 격렬한 야당 행위를 전개한다.

이러한 상황 속에서 1823년 5월 3일 열렸던 제헌 의회는 그해 11월까지 272개의 조항으로 짜인 헌법 초안을 단지 24개만 토론, 통과시키는 극도로 느린 속도를 보였다. 또 이 헌법 초안은 선거권자가 되든 피선거권자가 되든 일단 자신의 연간 소득이, 돈으로 환산한 것이 아니라 만디오까(mandioca)를 생산하는 150, 250, 500, 또는 1,000 알께이리스(alqueires: 1알께이리는 약 24,000㎡)의 농지를 소유하고 있는 자에 한하여 자격을 주도록 규정하고 있어서 국민들은 그 헌법 초안을 **만디오까 헌법**이라고 비난하기도 하였다.

3. 제헌의회의 해산: '고뇌의 밤'

이러한 상황에서 『따모이우』(Tamoio)와 『센찌넬라』(A Sentinela)라는 야당의 일간지(日刊紙)들이 '단호한 브라질人'(Um Brasileiro Resoluto)이라는 가명인의 기사를 통해 포르투갈 출신의 군인들을 격렬히 비난하고 나서자 이에 격분한 포르투갈 태생의 군인들이 이 기사를 쓴 인물로 믿고 있는 다비드 빰쁠로나(David Pamplona)를 찾아내 폭행하는 사건이 발생하였다. 이 문제는 1823년 11월 10일 열린 제헌 의회에서 격렬한 논쟁을 불러일으키게 되고 동 뻬드루 1세 또한 포르투갈 태생 군인들의 분노에 동감을 표하면서 일단의 군대로 하여금 제헌의회를 포위하도록 명령하게 된다. 이에 모든 제헌의회 의원들이 의회 의사당 안에서 밤샘을 하며 사태를 논의하는데 이를 일명 '고뇌의 밤'(noite da agonia)이라고 불렀다. 그러나 격분한 동 뻬드루 1세는 이튿날 무력으로 제헌 의회를 해산함과 동시에 내각 총리였던 주제 보니파씨우 등을 체포, 구금하기에 이르나 '단호한 브라질인'을 실제로 쓴 프란씨스꾸 안또니우 쏘아레스(Francisco Antônio Soares)는 뻬르남부꾸로 피신하였다.

4. 신헌법 공포

의회를 해산한 뒤 동 뻬드르 1세는 10명으로 구성된 국가위원회(Conselho de Estado)를 구성, 이 기구로 하여금 절대군주제에 상응하는 흠정헌법(欽定憲法), 소위 브라질제국 헌법(Constituição do Império do Brasil 또는 마그나 카르타)을 제정하게 하였다. 이 위원회에서 제정된 헌법에 따라 황제는 '신성하여 침해받지 않는다'라고 규정하였으며 황제가 상원의원을 선정하며 내각 및 주지사를 임명할 권리와 입법상의 결재 및 거부권을 갖게 됨으로서 독재정치의 기틀이 마련되었다. 신헌법은 의회의 승인 없이 1824년 3월 25일 공포되었다.

5. 적도 연방공화국

동 뻬드루 1세에 의해 무력으로 강제 해산된 제헌의원들이 각 지방으로 귀환하면서 왕의 의회 해산과 민의를 무시한 가운데 제정된 신헌법에 대한 불평불만과 반발 움직임이 전국 각지의 국민들 사이에서 일기 시작하였다. 특히 이와 같은 움직임은 공화주의자와 연방주의자가 많은 북동부 뻬르남부꾸 주에서 강하게 일어났었다. 이 지역에서는 독자적으로 주지사 선거를 실시하게 되고 이에 불만을 가진 동 뻬드루 1세가 여러 차례에 걸쳐 자신의 심복들을 주지사로 임명, 파견하지만 번번이 주의 주민들에 의해 거절당하게 되었다. 주민이 선출한 마누엘 까르발류(Manuel Carvalho) 주지사는 1824년 6월 2일 이른바 '적도 연방공화국'(A Confederação do Equador)이라는 혁명정부를 결성할 것을 선언하고 '유럽 체제에 따른 소수과두정치'를 부정하면서 미국 형태의 정부 제도를 도입할 것을 주창하고 나섰다. 이어 그는 밀사를 파견, 빠라이바 주, 히우 그란지 두 노르찌 주 그리고 쎄아라 주의 지지를 받아 독자적으로 당시 콜롬비아의 헌법을 임시로 자신들의 헌법으로 채택함과 동시에 독자적인 국기도 제작하게 되었다. 이에 동 뻬드루 1세는 군대를 파견, 영국군의 지원과 이에 협력한 뻬르남부꾸 대지주들이 조종한 의용군의 도움 하에 주도(州都) 헤시피를 공격, 주모자와 가담자를 체포하고 혁명정부를 와해시켰다.

〈적도 연방공화국 국기〉

6. 제1왕정의 쇠퇴

■ **요인**–제 1왕정의 쇠퇴요인은 무엇보다도 1821년에 브라질이 합병한 오늘날의 우루과이영토 즉, 당시의 씨스쁠라띠나 주의 분쟁에서 시작되었다고 볼 수 있다. 역사적인 기원이나 언어, 전통 등이 상이했던 이 지역의 합병은 브라질의 군사적 점령에 불과하였으며 사실상 지배할 수 없는 상황에 있었다. 그러던 중 1825년 우루과이의 일부 애국주의자들이 이 지역의 아르헨티나[5] 합병을 선언하였다. 이에 동 뻬

5) 당시에는 Províncias Unidas do Prata라고 불리었다.

드루 1세는 직접 참전하는 등 군대를 파견하나 전쟁은 장기화되어 갔으며 1827년 1월, 왕비인 도나 레오뽈디나(D. Leopoldina)가 사망하자 히우 지 자네이루로 돌아오게 되었다. 그 후 이 전쟁은 1828년 8월 27일 영국의 중재로 브라질과 아르헨티나가 동시에 우루과이의 독립을 인정하는 조약을 체결하면서 끝나게 되었다. 전쟁의 장기화로 브라질은 약 8,000명의 병사를 잃었고 또한 많은 경제적 손실을 입었으며 게다가 이 지역의 상실로 동 뻬드루 1세에 대한 브라질 국민의 신망은 급격하게 줄어들기 시작하였다.

한편 1826년 3월 10일 부왕인 동 주엉 6세가 포르투갈에서 사망하자 동 뻬드루 1세는 포르투갈의 왕위를 겸임하게 되었지만 그러나 브라질과 포르투갈이 지리적으로 너무 멀리 떨어져 있는 관계로 동 뻬드루 1세는 자신의 딸인 도나 마리아 다 글로리아(D. Maria da Gloria)를 포르투갈의 여왕으로 앉히고 동생인 동 미구엘(D. Miguel)과 결혼시켜 섭정하도록 하였다. 그러나 1828년 7월 동 미구엘은 반란을 일으켜 자신이 유일한 포르투갈의 왕으로 선언하고 질녀와의 결혼을 취소시켜 버리고 말았다. 이 사건으로 인하여 동 뻬드루 1세의 포르투갈에 대한 집착이 강하게 보이는 바람에 그는 브라질의 토착주의자들의 신뢰를 점차 잃게 되었다.

한편 1830년 말 자신의 실추된 명예와 인기를 만회하고자 동 뻬드루 1세는 미나스 제라이스 주를 방문하였으나 그러나 그 지역 주민들로부터 심한 냉대를 받게 되고 이어 빌라 히까(Vila Rica)[6]에서는 언론의 자유를 구속하는 선언서를 발표하였다. 그리고 히우 지 자네이루

6) 오늘날의 오우루 쁘레뚜(Ouro Preto)시.

로 돌아오는데 당시 그곳에서는 포르투갈 태생자들(브라질 태생들은 이들을 양자 adotivos들이라고 불렀음)이 그의 귀환을 환영코자 여러 행사를 준비하였다. 그러나 브라질 태생자들이 1831년 3월 12일부터 3일간 축제 준비를 방해하자 포르투갈인들이 빈병을 깨면서 난동을 부리는 일명 '병의 밤'(Noites das Garrafadas)이라는 소요사태가 발생하였다.

이렇듯 동 뻬드루 1세 즉위 후 계속된 사회 불안정은 그야말로 무정부사태를 연상시킬 정도로 혼란스러웠다. 이러한 사태를 야기 시킨 또 다른 요인으로는 정계에서 동 뻬드루 1세를 지지하는 보수파와 이에 반대하는 자유주의파, 연방주의파와 공화주의파간의 정쟁이 심화된 점 등을 들 수 있었지만 그러나 근본적으로는 독립 후에 아직도 근대국가로서의 기초가 충분히 정착되어 있지 못하였다는데 기인한 것으로 볼 수 있다.

〈동 뻬드루 왕자〉

■ **동 뻬드루의 하야**－계속되는 사회혼란을 진정시키기 위해 동 뻬드루 1세는 1831년 3월 20일 브라질 태생들만으로 내각을 구성하였다가 4월 5일 이를 해산하는 등 3차례의 조각(組閣)을 단행하나 실패로 돌아가게 말았다. 그러나 드디어 4월 7일 황제직을 사임하고 5살 된 아들 동 뻬드루 지 알깐따라(D. Pedro de Alcântara; 후에 동 뻬드루 2세로 즉위) 왕자를 브라질에 남겨둔 채 왕비와 딸을 동반하고 히우 지 자네이루에 정박 중인 영국함대로 피신했다가 1831년 4월 11일 유럽으로 떠나고 말았다. 그리고 동 뻬드루 1세는 아들의 정치적 후견인으로 친구이자 정적(政

敵)이기도 했던 주제 보니파씨우 지 앙드라지 이 씰바를 임명하여 이로서 브라질은 1840년까지 섭정자들에 의한 섭정기(攝政期)의 역사 속으로 들어가게 되었다.

제12장 섭정시대(1831-1840)

Ⅰ. 섭정시대의 개막

동 뻬드루 1세가 브라질에 남겨둔 동 뻬드루 2세는 1825년 12월에 출생, 부왕인 동 뻬드루 1세가 1831년 4월 유럽으로 떠났을 때 5세가 막 지난 유아였기 때문에 헌법에 의거, 성년이 되는 1842년까지 섭정을 받게 되는데 실제로는 1840년 7월 23일 동 뻬드루 2세 자신이 성년이 되었음을 선포한 때까지 섭정을 받게 되었다. 동 뻬드루 2세에 대한 섭정시대(O Período Regencial)는 1831년의 '3인 임시섭정'(Regência Trina Provisória)과 1831년부터 1835년까지 '3인 영구섭정'(Regência Trina Permanente), 1835년부터 1837년까지 '디오구 안또니우 페이조 신부의 일인 섭정'(Regência Una do padre Diogo Antônio Feijó), 그리고 마지막으로 1837년부터 1840년까지 '뻬드루 지 아라우주 리마의 일인 섭정'(Regência Una de Pedro de Araújo Lima)을 차례로 거치게 되었다.

1. 3인 임시섭정(1831년)

동 뻬드루 1세가 양위를 발표한 날 의회는 회기 중이 아니었음에도 불구하고 상·하원의원들이 모여 프란씨스꾸 지 리마 이 씰바(Francisco de Lima e Silva)에 의해 공식적으로 왕의 양위 서한을 접수하게 되었다. 그리고는 이어서 프란씨스꾸 지 리마 이 씰바를 비롯한 3인으로 구성된 섭정자들은 1831년 3월 구성되었다가 해산된 내각을 재기용하고 동 뻬드루 1세의 하야에 다른 국내의 혼란을 진정시키기 위해 대 국민 담화를 발표하며 다양한 정치적, 행정적 조치를 단행하였다. 그 중 특기할 만한 사항은 브라질 군대로부터 외국인을 추방하며 과거의 모든 정치범 석방 등의 조치 등이었다. 그러나 이 섭정기간 국내의 여러 가지 사정은 호전되지 않은 채 바이아와 미나스 제라이스, 빠라 그리고 뻬루남부꾸 주 등지에서 폭동사태가 빈발하는 등의 혼란을 겪게 되었다. 이들 섭정자들은 1831년 4월 동 뻬드루 2세를 브라질의 황제로 공식 선포하였다.

〈동 뻬드루 2세〉

2. 3인 영구섭정(1831–1835)

5월 3일 소집된 국회는 동 뻬드루 2세가 성년이 된 1842년까지의 섭정정부 구성을 논의하며 일련의 조치를 취하였다. 이후 6월 17일 의회는 프란씨스꾸 지 리마 이 씰바를 비롯한 3인의 영구 섭정자들이 선출되었고 이들은 1824년 헌법에 규정된 황제의 권한을 발휘하지 못하도록 하였고 아울러 하원을 해산치 못하도록 하였으며 귀족 칭호 수여 및 훈장 수여도 금지시켰다.

이 무렵 브라질에는 섭정 체제를 옹호하는 온건주의파(Moderado)와 공화제를 지지하는 자유 과격주의파(Exaltado) 그리고 동 뻬드루 1세의 친구이자 정적이기도 했던 브라질 독립의 아버지라 불리던 주제 보니파씨우를 필두로 동 뻬드루 1세의 복위를 주장하는하는 복고주의파(Restaurador, 일명 까라무루파, Caramuru 라고도 불림, 이들은 1834년 9월 24일 동 뻬드루 1세가 사망하자 보수주의파로 전환하였다)의 3개 정파(政派)가 나뉘어져 있어 심각한 정치적 분쟁을 겪고 있었다. 차후에 이와 같은 구도는 온건주의파 일부와 자유 과격주의파가 합쳐져 자유주의파로, 온건파 일부와 복고주의파가 합쳐져 보수주의파로 양분하게 된다. 이러한 초기의 3파 구도는 치열한 파벌 싸움을 낳았고 이와 함께 전국적인 폭동과 소요사태가 발생하는 원인이 되었다.

이런 가운데 당시 하원의원이었던 안또니우 디오구 페이조(Antônio Diogo Feijó) 신부가 법무장관으로 임명되었으며 임명 즉시 히우 지 자네이루를 비롯한 전국적인 소요사태를 진정시키기 위해 내각구성에 대한 전권을 행사하게 되었다. 그의 강력한 권한 행사로 지방의 폭동사태는 진정되기 시작하였으며 그는 또한 해외에서 들어온 모든 노예들을 자유인으로 하는 법령(그러나 이 법은 실행에 옮겨지지는 못했다)을 발표하는 등 상당한 업적을 세웠다.

한편 동 뻬드루 2세의 정치적 후견인으로 임명된 주제 보니파씨우가 복고주의파의 실력자로 다시 부상하며 섭정체제에 반대하는 음모를 도모하자 안또니우 디오구 페이조 장관은 그를 히우 지 자네이루의 폭동의 장본인으로 지목하며 후견인의 직책에서 물러날 것을 주장하였지만 상원에서 거부당하자 자신이 물러나고 말았는데 그 후(1833

년) 주제 보니파씨우도 후견인 자리에서 물러나고 말았다.

한편 이 섭정 기간 중 전국적인 소요 사태의 해결책으로 1824년 헌법을 일부 수정하여 각 지방 정부에 보다 많은 권한을 주는 헌법개정안(Ato Adicional)이 온건주의파가 대부분인 하원에서 발의되어 통과되었다. 1834년 8월 12일 의회에서 통과된 헌법개정안은, 각 주에 의회(Assembléia Legislativa)의 명칭을 통일하면서 이 의회에 주의 민·사법 조직, 교육, 공무원, 각 시의 치안, 경제, 항공, 공공기관 등에 대한 입법권을 부여하였으며, 3인으로 구성되던 섭정체제를 일인 체제로 함과 동시에 섭정자를 의회에서 선출되지 않고 직접 선거에 의해 선출하며 그 임기도 4년으로 국한하였으며, 주지사는 중앙 정부에 의해 임명되며 그리고 상원의원의 임기는 이전과 같이 종신제로 하는 것 등을 골자로 하고 있었다.

3. 디오구 페이조 신부(神父)의 일인 섭정(1835-1837)

1834년 9월 24일 동 뻬드루 1세의 사망과 함께 실질적으로 복고주의파는 그 명맥을 잃게 되었으며 헌법개정안의 발표 후에 온건주의파와 자유 과격주의파는 각각 싸웅 빠울루 출신의 디오구 안또니우 페이조 신부와 뻬르남부꾸 출신의 안또니우 프란씨스꾸 지 까발깐찌를 섭정인 후보로 내세웠지만 디오구 안또니우 페이조 신부가 1인 섭정자로 선출되었다. 3인 영구섭정기간 동안에 법무장관으로 강력한 통치력을 발휘하며 선정을 베풀었고 일련의 혁신적인 조치들을 취하였던 그는 그

〈디오구 페이조〉

러나 이 시기에 들어와 병약한 자로 변해 있었으며 또 야당으로서 다수 의석을 차지하고 있던 보수주의 성향의 자유과격주파의 거센 저항과 빠라 주의 '까바나다(Cabanada) 혁명'과 히우 그란지 두 술 주의 '파로우필라(Farroupilha) 혁명'과 같은 국내 일부지역에서의 혁명과 소요사태 등으로 효율적인 섭정을 하지는 못하였다. 이에 디오구 안또니우 페이조 섭정자는 정치적 지원을 극대화하고자 '진보주의자'(Progressista)라는 정파를 만들었지만 반대파는 보수주의 성향의 '복고주의파'(Regressista)라는 새로운 정파를 만들어 정치적 대항에 나서게 되었다.

디오구 페이조 신부는 반대파의 압력에 굴복, 결국 1837년 9월, 사임하고 말았으며 사임 전날 뻬르남부꾸 출신의 상원의원인 뻬드루 아라우주 리마(Pedro Araújo Lima)를 차기 섭정자로 임명하였다.

4. 뻬드루 아라우주 리마의 일인 섭정(1838-1840)

1838년 4월 선출된 보수주의 파의 아라우주 리마 섭정자는 섭정정부에 대한 여론의 지원을 얻고자 당시 명망 있는 정치인들을 동원하여 소위 '능력 있는 내각'(ministério das capacidades)을 구성하였으며 이 내각은 실제로 당시 브라질의 정치적 안정과 경제적 번영에 크게 기여하였다. 그는 '뻬드루 2세 왕립학교'(1837년)와 19세기 브라질 인문, 사회과학의 초석이 되었던 '브라질 역사 · 지리연구원'(Instituto Histórico e Geográfico Brasileiro) 그리고 '농업학교'와 '군사학교' 등을 설립하는 등의 치적을 행하였다.

개정된 헌법에 따라 아라우주 리마의 섭정은 1842년까지였으나 야당으로 돌아선 자유주의자들이 1840년 7월 23일 당시 16세 밖에 안 된 동 뻬드루 2세를 당시의 혼란한 상황을 틈타 성인이 되었다고 주장하여 이를 의회가 인정하는 데 성공하여 그의 섭정은 끝이 나고 제 2 왕정시대가 시작되었다.

이렇듯 1831년부터 1840년까지 10년간에 걸친 섭정시대는 군주제를 옹호하는 파벌과 각 지방의 자치권을 주장하는 파벌들에 의한 정쟁 그리고 토착주의 등을 주장하는 일련의 혁명과 소요사태 발생 등으로 상당히 혼란스러운 시기였지만 제 2 왕정시대에 나타날 입헌주의의 뿌리를 내리고 이와 함께 국민적 단결을 이룩한 시기였었다.

Ⅱ. 섭정기간 동안의 혁명 및 소요사태

1. 히우 지 자네이루의 폭동사건(1831-1832)

3인 영구 섭정시대의 초기 히우 지 자네이루에서 발생한 일련의 폭동사건은 당시 복고주의파와 자유과격주의파들에 의해 야기되었지만 당시 권력을 쥐고 있던 온건주의파에 의해 제압되었다. 내각구성에 대한 전권을 행사하며 법무장관으로 등용된 안또니우 디오구 페이조 신부는 1831년 7월 제 26여단의 반란사건과 이 반란사건으로 체포된 군인들을 풀어줄 것을 요구하며 발생한 전투경찰대의 소요사태를 시작으로 진압에 나섰으며 군부 외에도 민간인들의 소요사태는 이후 계속되었다. 그해 11월 히우 의사당에서의 반란사건과 해군의 소요사건 그리고 이듬해 4월의 히우 지 자네이루를 공포에 몰아넣었던 경비대 반란사건과 같은 달 독일용병 출신의 아우구스뚜 하이저(Augusto

Hoiser)대령의 폭동은 발발 직후 곧 진정되었지만 이러한 일련의 소요사태의 배후로 지목된 주제 보니파씨우와 함께 디오구 페이조 법무장관 또한 실각당하는 결과를 낳게 되었다.

2. 북부지역의 소요사태

복고주의파와 토착주의자들에 의해 전국적으로 발발한 폭동사태는 북부와 북동부 지역에서도 예외는 아니었다. 쎄아라 주에서는 동 뻬드루 1세의 양위 무효화를 주장하며 주어낑 삔뚜 마데이라(Joaquim Pinto Madeira) 대령이 반란을 일으켰으나 1834년 체포되어 진압되었고, 뻬르남부꾸 주에서는 1831년부터 1832년까지 군부와 민간인 토착주의자들에 의한 3차례의 폭동사건이 발생하였다.

바이아 주에서는 토착주의자들에 의해 1831년 한 해에만 4차례의 폭동이 발생하였는데 이들은 포르투갈인들의 본국퇴거를 주장하며 이 지역에서의 연방주의 정신의 건재함을 과시하기도 하였다. 특히 1832년 싸웅 펠릭스에서는 미구엘 과나이스 미네이루(Miguel Guanais Mineiro)라는 인물은 자신의 이름을 딴 '과나이스 연방 임시정부'를 창설하며 반란을 일으켰으나 정부군에 의해 진압되었다.

한편 빠라 주에서는 1835년부터 1840년까지 군인이나 정치가가 아닌 수도승이나 일반 평민, 농장주 그리고 오지인들과 같은 지방 민중들에 의한 소위 '민초(民草)들의 반란'(Cabanagem)이 연이어 발생하였다. 수도승이었던 빠띠스따 지 깜뿌스(Batista de Campos)[1)]와 농장주 안또니우 말세르(Antônio Malcher) 등은 혁명을 일으키며 수 백 명의

1) 그러나 그 자신은 정부군과 대항 중 사고로 사망하고 말았다.

민중과 오지인을 무장시켜 주도(州都)의 공격을 감행, 주지사를 비롯한 고위 장교 등을 살해하기도 하였다. 이들 반란 민중들은 자신들의 대통령을 임명하는 등 독립정부를 위한 투쟁을 수년간 계속하였으나 1840년 자신들의 3대 대통령이 체포되면서 반란의 막이 내렸다.

그리고 1837년 11월 바이아 주에서는 의사인 싸비누 알바리스 다 호샤 비에이라(Sabino Álvares da Rocha Vieira)라는 인물이 섭정정부와 바이아 주정부의 분리를 주장하며 이른바 '바이아 공화국'을 선포하며 자신의 이름을 따 '싸비나다 반란'(Sabinada)을 일으켰는데 그는 동 뻬드루 2세가 미성년일 때까지만 자신들의 '바이아 공화국'을 존속시킨다는 제한을 둔 것이 특징이었다. 이들의 무력 반란에 대해 당시 주지사였던 프란씨스꾸 지 쏘우자 빠라이주(Francisco de Sousa Paraíso)는 항구에 정박해둔 함선으로 피신하였으며 이에 반란자들은 바이아 독립정부를 구성, 독자적으로 주지사와 부지사 등을 임명하였으나 섭정정부에 의해 임명된 주정부와 인근 주 지역 군대의 지원을 받은 주방위군에 의해 이듬해 2월 진압되고 말았다.

1838년 마란냐웅 주에서는 일명 '발라이우'(Balaio)로 불리었던 마노엘 프란씨스꾸 두스 안주스 페헤이라(Manoel Francisco dos Anjos Manoel)[2)]의 별칭을 딴 '발라이아다 폭동'(Balaiada)이 당시 야당인 자유주의파와 여당인 보수주의파간의 정쟁이 가속화되면서 주 정부의 통제력이 허약해진 시점에 발생하였다. '발라이우'를 비롯, 목부(牧夫)였던 하이문두 고메스 비에이라 주따이(Raimundo Gomes Vieira Jutaí, 일명 까라 쁘레따(Cara Preta, 검은 얼굴이라는 뜻)와 노예출신의 꼬스

2) 그는 원래 광주리 제작자로 별칭으로 불렸던 '발라이우'는 포르투갈어 balaio(광주리, 바구니를 의미)에서 나온 말이다.

미(Cosme) 등이 주동이 된 이 소요사태는 당초 무차별 약탈과 악행이라는 오지인 도적행위로 시작되었지만 시간이 지나면서 반정부 폭동으로 비화되어 약 2천여 명이 주도를 2차례나 점거하는 등의 혼란을 야기시켰다. 3년에 걸친 이 사태는 정부군의 강력한 진압으로 주동자들이 체포 후 총살 또는 망명함으로써 끝이 났으며 일부는 동 뻬드루 2세의 즉위 후 사면되기도 하였다.

3. '파로우필랴' 혁명(1835-1845)

일명 '파하푸스의 전쟁'(Guerra dos Farrapos)이라고도 불렸던 '파로우필랴 혁명'(A Revolução Farroupilha)[3]은 디오구 안또니우 페이조 신부의 섭정기에 시작되어 제 2 왕정시대까지 10년간에 걸쳐 지속된 사건으로 브라질 혁명사에서 가장 오랜 혁명이자 승자도 패자도 없는 혁명으로 기록되고 있다. 브라질 남부 히우 그란지 두 술 주에서 발생한 이 사건은, 당시 인근의 스페인 식민지 독립국들의 새로운 정치사상에 영향을 받은 자유 과격주의파를 따르는 이 지역 주민들이 중앙정부에 의해 부과되는 높은 세금에 불만을 품은 가운데 연방주의와 공화주의 정신으로 무장하여 보수주의 브라질 섭정정부의 주지사 임명과 중앙집권화 정

〈파하푸스의 전쟁〉

3) farrapo라는 말은 원래 포르투갈어로 '누더기'나 '넝마'를 의미하며, farroupilha는 '누더기를 입은 남루한 복장을 한 사람' 혹은 '비천한 사람' 등을 의미한다. 그러나 여기서는 왕정을 주장하는 복고주의파에 반대하며 공화국정부를 주장하는 히우 그란지 두 술 주 자유주의파 당원들을 낮추어 부르는 말을 의미한다.

책에 반발하여 일으킨 정치적 불만족에 의해 야기된 혁명이었다.

1835년 9월 20일, 벤뚜 곤살베스 다 씰바(Bento Gonçalves da Silva)가 이끄는 약 200명의 자유주의 과격파 당원들은 주도(主都)인 뽀르뚜 알레그리를 무력으로 점령하고 보수주의 왕정의 군대로 하여금 이 지역을 떠나도록 하였다. 당시 뽀르뚜 알레그리는 작은 상업 항구 도시로서 지역 주민들은 가축이나 가죽, 육포 그리고 밀 등을 생산하였는데 중앙정부가 높은 판매세를 부과하고 동시에 타 지역으로부터 들여오는 소금과 농산물에 대해서도 높은 수입세를 거두자 지역 상인들의 불만은 극에 달하고 있었다. 하지만 1835년 벤뚜 곤살베스 다 씰바가 이끄는 자유 과격주의파들에 의해 혁명이 발발되고 이듬해 이들이 '히우그란지 공화국'(República Riograndense)을 선포했을 때에도 이 지역 상인들은 혁명에 동조하지 않았으며 오히려 주도를 점거하고 있던 혁명군에게 생필품조차 제공하지 않았다.[4]

한편 뽀르뚜 알레그리 외곽지역에서 자유 과격주의파 당원들은 정부군과의 전쟁에서 연일 승리를 거두고 있었으며 이러한 승리와 함께 혁명의 주동자 중 한사람이었던 안또니우 지 쏘우자 네뚜(Antônio Sousa de Netto)장군은 1836년 9월 삐라띠니(Piratini)에 본부를 둔 '히우그란지 공화국'을 선포하였다. 그러나 뽀르뚜 알레그리 인근지역에서 자유주의파는 연일 패배하였으며 판파(Fanfa)섬 전투에서 주모자였던 벤뚜 곤살베스 다 씰바가 체포되는 수난을 겪었다.

1839년 자유주의파는 주도 지역을 포위하고 있던 정부군을 섬멸시키

4) 지역주민들의 중앙정부에 대한 이러한 충성심으로 섭정정부는 1841년 히우 그란지 두 술 주정부에 '충성과 용맹'이라는 칭호의 훈장을 수여하였으며 오늘날까지도 이 칭호는 주정부의 문장(紋章)에 그대로 남아있다.

기 위해 이탈리아 해적 출신의 지우세뻬 가리발디(Giuseppe Gaibaldi)의 지원을 받아 자유주의파에 동조하고 있던 싼따 까따리나(Santa Catarina) 주로 진격하였다. 가리발디의 군대는 두 개의 큰 범선을 만들어 육로를 통해 이동시켜 강에서의 전투를 계획하여 한 개는 좌초되었지만 다른 한 개의 범선으로 라구나(Laguna) 전투에서 승리를 거두며 1839년 7월 싼따 까따리나 주에서 '줄리아나 공화국'(República Juliana)를 선포하기도 하였다. 이때 라구나에서 가리발디는 아나 마리아 지 제주스 히베이루(Ana Maria de Jesus Ribeiro, 후에 아니따 가리발디Anita Garibaldi로 불리게 됨)라는 여자 재봉사를 만났으며 그녀는 혁명전쟁이 계속되는 동안 내내 가리발디를 수행했다는 일화로 유명하다. 몇 년 후 가리발디는 이탈리아로 돌아가 고국의 전쟁에도 참여하여 그는 훗날 '2개 국가의 영웅'이라는 칭호를 얻기도 하였다.

〈아니따 가리발디〉

자유주의파에 의한 혁명은 1844년 삐란띠니와 바제(Bagé) 시에서 정부군이 자유주의 혁명당원의 군대를 대파함으로써 마무리되기 시작하여 1845년 드디어 혁명군이 정부군과 평화협상을 체결함으로써 끝이 났는데 이때 동 뻬드루 2세의 왕정 정부는 혁명군의 요구조건을 대부분 수용해주는 관용을 베풀었으며 혁명의 주모자들을 기려 그들의 이름이 오늘날 히우 그란지 두 술 주의 일부 시에 거리 이름으로 남아 있게 되었다. 또한 혁명은 역사상 유례없는 영웅들과 신화와 상징 등을 만들어냈으며 이들의 혁명 정신 '자유와 평등 그리고 박애'는 오늘날까지 히우 그란지 두 술 주의 상징으로 남아있게 되었다.

제13장 제 2 왕정시대(1840–1889)

Ⅰ. 제 2 왕정시대의 개막

〈동 뻬드루 2세〉

제 2 왕정시대(O Segundo Reinado)는 브라질 역사상 1840년 7월 23일, 동 뻬드루 2세(D. Pedro II)의 성년(成年) 선포와 함께 시작되어 공화국 선포로 인하여 왕정체제가 무너진 1889년 11월 15일까지 49년에 걸친 시대로 보고 있으나 사실은 앞서 동 뻬드루 1세의 제 1 왕정시대가 끝나고 1831년부터 1840년까지 4차례의 섭정정부가 있었던 점을 고려할 때, 즉 첫 번째 왕정에 이은 두 번째 왕정시대로 본다면 제 2 왕정시대는 섭정체제의 시작인 1831년부터 1889년까지 58년의 기간 동안 지속된 시대로 보는 것도 맞다. 역사가에 따라 이러한 시기 구분의 주장이 서로 다르기는 하지만 어쨌든 제 2 왕정시대는 오랜 역사의 질곡을 거쳐 오면서 브라질이 새로운 독립국가로서의 면모를 갖추고 아메리카 지역의 중요한 구성원의 하나로 자리를 잡아가면서 당시로서는 정치 · 경제 · 사회 · 문화 그리고 산업적으로 획기적인 발전을 이룩한 시기였다. 또한 이 시기에 브라질은 군사적으로도 큰 발전을 이루어 1870년의 **'빠라과이 전쟁'**(Guerra do Paraguai)에서 강력한 영향력을 행사하는 성과를 거두었으며 흑인 노예의 점진적인 해방과 이에 따른 브라질 노동력 부족을 해결하기 위해 해외이민자들의 유입 장려 등과 같은 사회적 부문에서의 획기적인 변화를 거두기도 하였다. 이로써 브라질의 전제 군주적 왕정체제는 동 뻬드루 2세의 강력한 권한 행사와 함께 보다 확고하게 공고화되었으며 이 시기에 브라질의 국제적 명성은 크게 높아져 있었다.

1. 성년의 쿠데타

헌법에 따르면 1825년에 출생한 동 뻬드루 2세는 사실 18세가 되는 1842년에야 성년(maioridade)이 되어 왕위를 공식 인정받을 수 있었으나 보수주의파가 득세하고 있었던 아라우주 리마의 섭정정부에 반기를 둔 자유주의파의 쿠데타에 의해 예정보다 2년 일찍 1840년에 성년을 인정받아 왕권을 행사하게 되었다. 당시 자유주의파는 보수파 일색의 섭정정부 하에서 상대적으로 정치적인 불이익을 받고 있었기에 이러한 이유로 '성년클럽'(Clube da Maioridade)를 구성하여 동 뻬드루 2세의 성인을 앞당겨야 한다고 주장하며 여론을 환기시키는 크고 작은 시위를 벌였었다. 이와 동시에 1840년 7월 21일 하원에서는 '성년주장파'(maioristas)들이 의사당을 점거하고 성년을 앞당기는 법안을 제출하였는데 이에 대해 정부가 시간을 벌기 위하여 11월 20일로 회기를 연기하려하자 이들 '성년주장파'들은 황제에게 직접 국정을 맡아달라고 촉구하여 동 뻬드루 2세가 이를 받아들여 드디어 7월 23일 의회에서 황제 스스로 성년임을 선포하며 황제직을 수락하였다.

이로써 브라질에서는 동 뻬드루 2세가 집권하는 제 2왕정 시대의 역사가 시작되었으며 이 시대는 첫째, 대내 투쟁의 시기로서 1840년부터 1848년 '쁘라이에이라 혁명'(Revolução Praieira)까지, 둘째는 대외 투쟁의 시기로서 '빠라과이 전쟁'이 끝을 맺는 1870년까지 그리고 셋째는 노예 해방과 공화국 운동의 시기로 크게 세 단계로 나누어볼 수 있다.

2. 성년 쿠데타의 결과

성년을 선포하고 황제에 오른 동 뻬드루 2세는 자신의 즉위에 앞장선 자유주의파와 '성년주장파' 들로 첫 번째 내각을 구상하였으며 이 중에는 특히 형제들이 동시에 입각하여 '형제들의 내각'이라는 별칭을 얻기도 하였다. 새로운 내각은 당시 국내의 주요 소요사태였던 '발라이아다 폭동'과 '파로우필랴 혁명'을 진압하며 무엇보다도 국내의 정치적 안정에 힘썼는데 이를 위해 혁명 주모자들에게는 대규모 사면을 행하는 등 온건유화 및 포용정책을 쓰기도 하였다. 한편 자유주의파 내각은 정권의 강화를 목적으로 1840년 10월의 선거에서 일부 주요 선거지역에 강력한 정치적 압력을 행사하고 또한 자신들의 뜻에 어긋나는 일부 주지사와 고위 관리들을 해고하는 등의 정치를 펼쳐 국민의 원성을 얻었다. 한편 젊고 경험 부족의 동 뻬드루 2세는 내각을 구성하고 있던 정치인들에게 둘러 쌓여 있었는데 특히 자유주의파 내각 구성원의 한 사람이었던 보수주의파 아우렐리아누 지 쏘우자 꼬우띵유(Aureliano de Sousa Coutinho)는 소위 '쥬안나 클럽'(Clube da Joana)[1]을 조직, 황제의 정치적 결정에 영향을 미치기도 하였다.

'형제들의 내각'은 정치적 실정으로 인하여 8개월 만에 해산되었으며 이어 보수주의파였던 아우렐리아누 꼬우띵유를 중심으로 한 보수주의파 일색의 새로운 내각이 구성되었는데 그의 외무장관 임명은 단순히 내각 구성원의 하나가 아니라 '쥬안나 클럽'을 통하여 동 빼드루 2세와의 긴밀한 관계를 지속적으로 구축하여 정치적 간섭을 공고히 하려고 하였던 것이다.

한편 동 빼드루 2세는 보수주의파의 두 번째 내각이 구성 직후 요청한 의회 해산을 받아들였는데 이는 곧 싸웅 빠울루와 미나스 제라이스 주 지역에서 자유주의파가 봉기하는 소요 사태의 원인이 되고 말았다. 1842년 5월 싸웅 빠울루의 쏘로까바(Sorocaba)와 따우바떼(Taubaté)에서는 일단의 군인들이 중앙정부가 임명한 주지사를 무시하고 자체의 주지사를 임명하고 소위 '자유주의 전선'(Coluna Libertadora)을 조직하여 반정부 봉기를 일으켰으며, 그해 6월 미나스 제라이스에서도 주 의회와 군부가 합세하여 주지사를 임명하는 등 싸웅 빠울루 주와 비슷한 형태의 반정부 봉기를 일으켰으나 정부군에 의하여 진압되고 말았다. 이들 반정부 소요사태의 주모자들은 1844년 자유주의파가 다시 정권을 잡게 되면서 사면, 복권되었다.

---

1) 당시 쥬안나 강(Rio da Joana) 인근 저택에서 그가 비밀리에 정치인들과 회동하며 국사를 논의하여 이들을 일컬어 붙여진 명칭이다.

3. '쁘라이에이라 혁명'(1848-1850년)

자유주의파에 의한 몇 차례의 내각 장악 후 1848년 9월 29일 보수주의파는 아라우주 리마 전(前) 섭정자가 주도하는 내각을 구성하여 다시 정권을 차지하였다. 이때 뻬르남부꾸 주에서는 동 뻬드루 1세 왕정시대 하에서 와해되었던 '적도연방공화국' 건설을 위한 혁명 사태(1817-1824)의 여운이 여전히 남아있어 공화국을 지향하는 정신과 풍조가 압도하고 있었고 또한 정치권과 유착해 있던 도심의 포르투갈적 상업적 영향과 대토지 소유 토착지주들의 소수과두지배체제에 대한 일반시민들의 반감 그리고 이들을 포함한 부유층의 착취행위에 대한 불만이 커져있었으며 이러한 분위기에 자유주의파의 보수주의파 정권에 대한 불만이 더해진 상황이었다. 당시 뻬르남부꾸 주 자유주의당의 지도자는 하원의원이었던 누네스 마샤두(Nunes Machado) 판사로서 주민들의 신망이 두터운 사람이었으며, 당 기관지는 쁘라이아 거리(Rua da Praia)에 위치한 루이스 호마(Luís Roma)라는 사람이 소유한 '노부 신문'(Diário Novo)으로 소재지의 이름을 따 이곳의 자유주의당을 '쁘라이아 당'(Partido da Praia)라고도 불렀다. 또한 이 신문의 편집장은 에콰도르와 노바 그라나다 그리고 베네주엘라의 독립의 영웅이었던 시몬 볼리바르와 친분이 있던 역사학자이자 장군인 아브레우 이리마(Abreu e Lima)였었다. 그리고 1845년부터 1848년까지 뻬르남부꾸 '쁘라이아 당'은 씨쑈루 다 가마(Chichorro da Gama) 판사가 이끌고 있었으며 그 성격은 포르투갈의 강력한 과두지배체제에 반대하는 자유군주적 요소와 부르주아 민주주의적 요소가 가미된 복합적인 양상을 띠고 있었다. 그리고 공화주의자들은 일명 '헤쁘블리꾸'(Repúblico)라 불리었던 보르제스 다 폰쎄까(Borges da Fonseca)를 중심으로 세력을 형성하고 있었는데 그는 사실 당초에는 정통 쁘라이아 당원은 아니었지만 '쁘라이에이라 혁명'(Revolução Praieira)이 발발할 때 자유주의파들과 노선을 같이하여 단일노선을 주장했던 인물이었다.

1848년 11월 7일 올린다(Olinda)를 시작으로 주도인 헤시페를 공격하고 일부 지역을 점령하는 등의 소요를 겪으며 2 년여 동안 지속되었던 이 혁명은 내각의 정권 변화에 따른 자유주의파에 의한 제 2 왕정시대의 마지막 내란 사태로 기록되고 있지만 그러나 엄밀히 말하면 일반 민중의 자발적 참여와 주장이 나타난 국민적 혁명이라고 보아야 한다. 당시 혁명의 주체세력 중 일부분이었던 하층계급, 보부상, 무토지 농민 등의 뻬르남부꾸 주민들은 당시의 사회적 상황에 대한 풍자와 함께 자유와 평등선거, 출판의 자유, 국민고용 확산을 주장하며 사회의 부정을 고발함과 동시에 전면적인 사회 개혁을 요구하고 나섰지만 혁명의 결과는 주동자였던 뻬드루 이부(Pedro Ivo) 보르제스 다 폰쎄까 그리고 주제 이나씨우 지 아브레우 이 리마(José Inácio de Abreu e Lima) 등이 정부군에게 체포되어 사망하거나 종신형을 받으면서 불발로 그치고 말았다.

Ⅱ. 제 2 왕정시대의 정치와 사회

1. 양당 제도와 의회 제도의 채택

제 2 왕정시대의 정치적 특징은 먼저 정치 세력이 크게 자유주의파와 보수주의파로 양분된 양당 제도로 이 기간 중 내각이 무려 36번이나 바뀌는 내각의 잦은 변경에 있었다는 점을 들 수 있다. 그러나 이 두개의 정치 집단은 모두 대토지소유자와 농촌출신의 권위주의자 그리고 노예 등 모든 사회계층의 이익을 대변하고 있었기 때문에 극심한 정치적 분쟁은 발생하지 않았다. 오히려 1853년부터는 내각에 양당인사들이 고루 중용되기 시작했으며 서로 정권을 바꿔가는 화해를 보이기도 하였다. 또한 이들의 이와 같은 관계는 노예제도 폐지에서도 잘 드러나 1850년 자유주의파가 노예 밀매 폐지 법안을 상정하였고 1888년에는 노예제도 자체를 없애는 **아우레아법**(Lei Áurea)이 보수주의 파에 의해 공표되기도 하였다.

또한 제 2 왕정시대에서는 1847년 신헌법에 의해 과거에 해체된 국가위원회(Conselho de Estado)가 부활되고 내각위원회(Conselho de Ministros)가 창설되면서 일종의 의회주의(Parlamentarismo) 시스템이 도입되었다. 브라질의 의회주의는 영국의 모델을 본떠 만들었는데 그 이전에 물론 이미 수상의 지위를 갖는 내각의 수반이 존재하기는 하였지만 1847년의 신헌법에 따라 브라질식의 의회주의가 확립되었다. 이 제도에 따르면 황제가 내각의 수반(수상)을 임명하면 그는 장관들을 임명하였으며 이 내각은 하원과 왕의 신임에 따라 그 운명이 결정되었는데 예를 들어 하원이 내각을 불신임하면 왕은 자유주의파와 보수주의파로 골고루 구성된 국가위원회에게 자문을 구한 뒤 내각을 교체하든 하원을 해산하든 두 가지 중 하나를 결정한 것이었다. 1850년부터 공화국을 선포한 1889년까지 지속된 의회주의는 당시로서는 획기적으로 민주주의적인 제도였으며 당시 황제는 의회주의의 본질과는 어울리지 않는 막강한 권력을 행사하였지만 이는 당시 영국을 포함한 대다수의 국가에서 관습적으로 용인되었었다.

2. 경제적 변화–'커피 경제주기'의 개막

1850년경부터 브라질의 경제는 눈에 띄게 발전하기 시작하여 자본주의 체제로의 변화가 두드러져 공장과 기업의 설립이 크게 증가하였으며, 은행의 설립과 조선업(造船業) 그리고 광산회사 등도 크게 늘어났다. 또한 도로망의 확충과 도시의 본격적인 건설 등 하부구조의 확대도 크게 개선되어 과거의 농촌, 농업경제에서 도시, 산업경제로 탈바꿈하기 시작하였다. 이와 함께 과거 브라질의 주요 수출 품목이었던 사탕수수와 면화 등은 유럽과 안틸랴스 그리고 미국에서의 생산 증가로 인하여 사양 산업으로 내리막길을 걷고 있었으며 또한 금과 귀금속 같은 광업의 쇠퇴로 인하여 고소득을 올릴 수 있는 새로운 수출작물로 커피가 각광받기 시작하여 이때부터 브라질 경제의 주요 원천 주기의 하나인 소위 '**커피 경제주기**'(Cíclo de Café)가 개막되었다.

1800년대 초(1717년 경) 브라질에 유입된 커피는 초기에 사탕수수와 면화보다는 수출작물로서의 가치가 없었지만 1850년부터 국제시장에서 각광을 받기 시작하면서 브라질의 최대 수출 특화작물로 부각되었다. 브라질에서의 커피 농업의 성공은, 재배에 적합하고 돈이 거의 들지 않는 풍부한 토양과 여전히 노동력의 근간을 이루고 있었던 노예 노동력의 손쉬운 확보 그리고 비교적 단순한 공정과정과 한번 재배하면

〈남동부 지방의 커피 농장〉

20년간 지속하여 열매를 얻을 수 있는 여러 가지 호의적인 조건에 기인한 것이었다. 게다가 국제시장에서의 커피 수요는 놀라운 속도로 확대되어 1870년 브라질 수출의 56% 그리고 1880년에는 61%가 커피가 차지하고 있었으며 유럽뿐 아니라 특히 미국은 브라질 커피의 주요 소비시장으로 등장하였다. 이로서 커피를 통하여 짧은 시간 내에 막대한 부를 획득하기 시작한 남동부 지역의 농업 엘리트들은 과거 사탕수수나 면화 등으로 부를 획득한 북동부 지역의 엘리트들보다도 훨씬 강력한 정치, 사회적 영향력을 갖게 되었으며 이로서 브라질의 정치, 경제, 사회 그리고 문화의 중심은 북동부 지역에서 남동부 지역으로 이동하기 시작하였다.

브라질의 커피 수출에 기초한 국제무역의 발전과 성공은 다양한 대내외적 요인에 기인한 것이었다. 먼저 대외적 요인으로는, 미국과 유럽 국민들의 생활수준 향상으로 브라질산 커피 수요가 증대하였다는 점과 이들 선진국들이 주력산업의 변화로 인하여 원자재를 필요로 하는 산업화를 진행시키고 있었다는 점, 새로운 기술의 발달로 인하여 운송수단 뿐 아니라 재정과 상업부문의 개혁이 이루어졌다는 점 그리고 19세기 말부터 전 세계에 불어 닥친 경제적 자유주의와 함께 거의 모든 나라가 무역의 중요성을 인식하기 시작하였다는 점 등을 들 수 있다. 한편 대내적 요인으로는, 노예제도 폐지에 따른 노동력 부족을 유럽이민의 유입을 통하여 해결하였다는 점과 은행개혁을 통하여 새로운 커피재배를 위한 재원의 확보가 용이해졌다는 점, 싸웅 빠울루 지역의 철도망 확충으로 커피 운송비가 절감되었고 이와 함께 경제활동의 다변화라는 경제적 성장의 조건을 이룩할 수 있었다는 점 그리고 산업화의 다변화와 함께 도시화가 가속화되었다는 점 등을 들 수 있다.

그러나 커피 농업의 가장 큰 단점은 일정 기간 커피를 생산한 지역의 토양이 아무 쓸모없는 땅으로 버려지고 커피농장주들이 새로운 땅을 찾아 다른 지역으로 이동하였다는 점이지만 그러나 이것은 오히려 새로운 지역의 이민화와 도시화를 가속화하는 역할을 하였다. 한편 싸웅 빠울루와 인근 지역은 커피농업의 성공과 함께 새로운 정치, 경제, 사회, 문화의 중심지로 각광을 받기 시작하였으며 또한 정부는 커피에 부과되는 고율의 세금으로 정부 수입은 크게 늘어났다. 어쨌든 커피농업의 성공으로 커피는 브라질의 주력 특화 생산품으로 확고하게 자리 잡았으며 이와 함께 역사상 처음으로 놀라운 경제성장을 기록하였고 또한 1870년대 이후 경제 구조는 본격적인 자본주의 체제로 획기적으로 변화하기 시작하였으며 이와 함께 기존에 흑인노예에 의존하던 노동력은 임금을 받는 새로운 이민자들로 대체되었으며 이들에 의한 도시화는 빠르게 진척되기 시작하였다.

3. 사회적 변화

먼저 브라질의 사회구조는 이 시기에 들어와서도 기존의 대토지와 노예 소유자 계층은 여전히 최상의 지배계층으로 군림하고 있었지만 중간계층은 군부와 자유직업인, 성직자, 관료 그리고 소규모 농업생산자 등으로 복합적으로 구성되어졌으며 하층계급은 노예들과 소작인, 자유 및 임금 노동자가 차지하고 있었다.

커피 재배농업의 생산 증가와 이를 통한 부(富)의 축적은 많은 유럽계 이민들, 특히 이탈리아 이주자들을 브라질 남부지역으로 이주하게 하는 동인이 되었으며 이들은 본국에서보다 훨씬 나은 삶을 영위할 수 있었다. 19세기 말에만 60만 명에 이르며 물밀듯이 밀려오는 이들 이탈리아 이민자들은 남부지역에서 농업 뿐 아니라 목축과 면직물 산업을 일으켜 부를 얻었지만 그러나 이들로 인하여 야기되는 사회적 혼란도 적지 않았다. 그리고 과거 사탕수수와 면화 그리고 목축업에 종사하여 부를 획득하였던 북동부 지역민들은 보다 나은 경제적 조건과 삶의 영위를 위하여 아마존 지역으로 대거 이주하기 시작하였다. 왜냐하면 산업화와 함께 고무에 대한 수요가 전 세계적으로 빠르게 증가하고 있었고 또한 당시 아마존 지역에는 고무나무가 풍부하게 산재하고 있어 고무 채취를 통해 사람들이 쉽고 빠르게 돈을 벌 수 있었기 때문이었다. 물론 고무 채취는 자연환경의 어려운 조건과 외딴 오지 지역에서 적절한 지원 없이 이루어지기 때문에 생명의 안전을 약속할 수 없고 또 열악한 노동 조건으로 인하여 이주 노동자들의 생활은 노예생활에 버금가는 빈곤의 연속이었지만 고무를 독점하고 있는 기업주는 노동자들의 값싼 노동의 대가로 막대한 수입을 걷어 들이고 있었다.

〈아마존의 고무 채취〉

이처럼 커피 산업은 브라질 경제에 새로운 활력을 불러일으키며 부의 획득에 기여하였으며 나아가 과거 식민국으로서의 면모를 일신하는데 크게 공헌 하였으나, 고무 채취산업은 높은 가격 조건으로 짧은 시일 내에 소수 기업인들의 재산 형성에는 도움을 주었지만 그러나 이마저도 아시아 지역에서의 활발한 고무 채취로 인하여 가격 경쟁면에서 떨어지기 시작하여 사양 산업으로 내몰리고 말았다.

어쨌든 19세기에 브라질은 커피와 사탕수수, 마떼차, 면화 그리고 고무 등의 농업 생산품의 수출로 높은 경제성장을 이룩하였으며 이로서 세계경제에 기여하는 바가 적지 않았다. 그러나 이러한 경제 발전은 당시의 정치적, 사회적 불안정으로 위기를 맞기도 하였는데 그 대표적인 것이 **'빠라과이 전쟁'**(Guerra do Paraguai, 1864－1870)으로, 물론 브라질은 이 전쟁에서 승리를 거두었지만 전쟁으로 인한 경제적 피해는 막심하였다. 특히, 수 년간에 걸친 전쟁 비용을 조달하기 위하여 브라질은 적지 않은 외채를 들여와야 했으며 이와 함께 막대한 통화남발로 국가적 재정상태가 위험에 처하기도 하였다. 그러나 전쟁이 종결된 후 1870년부터 1880년까지 10년간 브라질은 다시 경제적 호황기를 누리는데 이러한 경제발전은 당시 은행이나 보험회사 등의 숫자와 투자 또한 유례없이 증가한 것으로 확인할 수 있었다.

제 2 왕정시대 말기 브라질의 총인구는 약 1400만 명에 달하였으며 철도는 약 9000Km로 철도 운송이 담당하지 못하는 부분은 강을 통한 증기선이 담당하였는데 자동차가 없던 시절이었으므로 육상 운송이 모두 담당하지 못했던 부분은 강을 통한 운송이 담당하여 당시 브라질의 주요 지점을 연결하는 효율적인 운송수단으로 각광받았다. 특히 빠라과이 전쟁으로 얻어진 빠라과이 강과 빠라나 강을 통해서 내륙의 마뚜 그로쑤 주를 해안 지역과 연결하였으며, 아마존 강을 통하여 뻬루까지 연결이 가능해졌으며 그리고 싸웅 프란씨스꾸 강을 통하여 북동부 지역과 남부 지역으로의 연결이 가능해졌었다.

한편 소상인과 성직자, 군부, 관료와 자유직업인 등으로 새로이 형성된 중간계급은 당시의 농업경제를 지탱하고 있었던 노예와 농업경제 등에 불만을 가지게 되었고 이는 자연스럽게 당시의 정치체제를 변화시킬 수 있는 공화정이라는 새로운 체제와 노예해방이라는 새로운 기대를 품게 하였다. 결국 왕정체제와 노예제도는 보다 현대적인 국가적 번영을 위한 정치·사회적 개혁으로서 노예해방과 공화정이라는 새로운 체제로 변화되는 시점에 도달하게 된 것이었다.

〈표-2〉 1850-1889년까지의 이민 현황

시 기	브라질 유입 이민	싸웅 빠울루 유입 이민	비율(%)
1850-1859	108,045	6,310	5.8
1860-1869	106,187	1,681	1.6
1870-1879	203,961	11,730	5.7
1880-1889	453,788	183,349	40.1
계	871,984	203,070	

(출처: Heitor Ferreira Lima. *História Político-econômico e industrial do Brasil*, São Paulo, Ed. Nacional, 1970)

Ⅲ. 제 2 왕정시대의 외교

1. 영국과의 관계

동 뻬드루 2세의 왕정시대에 들어와 전통적으로 우호관계에 있던 영국과 브라질의 외교관계는 쉽게 해결할 수 있는 두 가지 사건, 즉 1861년 히우 그란지 두 술 주 해안지역에 좌초되었던 영국 상선 '프린스 오브 웨일즈'호에서 발생한 화물 약탈 사건과 그 이듬해인 1862년 히우 지 자네이루에서 3명의 영국 해군이 술에 취해 난동을 부리다 브라질 경찰에 체포되었다가 풀려난 사건은 영국 측의 외교적 노력 부족과 과도한 배상 요구로 인하여 급기야는 양국 간의 외교 단절이라는 위기에까지 이르게 되었었다.

당시 윌리엄 크리스티(William Christie) 브라질 주재 영국 대사는 이 두 개의 사건과 관련하여 브라질 정부로 하여금 손해배상과 함께 브라질 경찰의 파면 그리고 영국정부에 대하여 동 뻬드루 2세 황제가 공식적으로 사과할 것을 요구하고 나섰다. 그러나 브라질이 영국의 이러한 압력에 대해 굴복하지 않자 영국 해군은 수도인 히우 지 자네이루 항을 봉쇄하고 5척의 브라질 선박을 나포하기에 이르렀다. 이에 대해 동 뻬드루 2세는 외교적 해결책을 찾고자 벨기에의 레오폴도 1세(Leopoldo I) 왕으로 하여금 공평한 중재에 나서줄 것을 요청하였고 이에 레오폴도 1세가 브라질에게 우호적인 판단을 하였는데 이에 영국이 이를 무시하고 공식적인 사과를 하지 않자 브라질은 1863년 영국과의 외교를 단절하는 조치를 취하게 되었다. 그 후 영국은 1865년 빠라과이 전쟁에 나섰던 브라질을 군사지원하기로 발표하면서 공식적으로 브라질에 대해 사과하였다.

브라질이 강대국인 영국과의 외교관계 단절이라는 초강수의 조치를 취하였던 이 사건에서 외교적인 승리를 거두었다는 사실은 당시 독립한지 40년밖에 안된 신흥독립국인 브라질이 유럽의 선진국들로부터 외교적인 인정을 받지 못했었던 약소국이라는 오명에서 벗어나는 계기가 되었으며 또한 당시 유사한 상황에 처해있었던 남미의 다른 나라들에게 외교적으로 크게 고무되는 결과를 보여주었다.

2. 우루과이와 아르헨티나와의 관계

동 뻬드루 2세는 '쁘라따 만(灣)'(Bacia do Prata) 지역에 위치하여 브라질과 국경을 접하고 있는 인근의 아르헨티나와 우루과이 그리고 빠라과이의2) 세력 확대를 견제하며 이 지역에서 세력 균형을 도모함과 동시에 브라질의 세력 우위를 점하기 위한 외교 정책을 펴왔는데 이 때문에 지역 내에서 브라질의 전략적 이해와 상반되는 문제가 발생할 경우 언제나 이들 지역에 정치적으로나 군사적으로 개입을 하여왔다.

1828년 독립 후 우루과이는 아르헨티나의 독재자 후안 마누엘 호자스(Juán Manuel Rosas)가 지원하는 마누엘 오리베(Manuel Oribe)가 이끄는 백색인당(o blanco)과 프루뚜오조 리베라(Frutuoso Rivera)가 이끄는 유색인당(o colorado)으로 나뉘어져 치열한 정치적 투쟁을 겪고 있었다. 이때 마누엘 호자스는 과거 아르헨티나와 빠라과이 그리고 우루과이 3국의 '쁘라따 부왕령'(Vice-reinado do Prata)을 재건하기 위하여 소위 '공화정 연합'(Confederação Republicana)를 꿈꾸고 있었는데 이를 위해 우루과이 영토의 대부분을 차지하고 있는 리베라에 대항해 투쟁을 벌이고 있는 오리베와 그 뜻을 같이하기로 하였다. 그래서 이 두 연합군은 국경을 접하고 있

〈후안 마누엘 호자스〉

---

2) 빠라나 강(Rio Paraná)과 빠라과이 강(Rio Paraguai) 그리고 우루과이 강(Rio Uruguai)의 세 강이 쁘라따 강(Rio Prata)으로 합쳐져 흐르는 인근의 약 430만 Km² 의 면적을 차지하는 이 지역을 소위 '쁘라따 만', 또는 쁠라띠나 만(Bacia Platina) 이라고 부르며 이 지역에 위치한 국가, 즉 브라질, 아르헨티나, 볼리비아, 빠라과이 그리고 아르헨티나의 5개국은 전통적으로 환경이나 수력 발전 등 문화와 산업면에서 상호 관련성이 크다.

는 브라질의 히우 그란지 두 술 주 지역과 인근 지역에 자주 침몰하여 약탈행위를 자주 일삼았다.

이러한 상황에서 브라질의 동 뻬드루 2세는 브라질의 국가적 이익에 직접적인 영향을 미치는 쁘라따 만 지역에서의 맹주로서의 확인과 우루과이와 아르헨티나 두 나라의 세력 강화를 저지할 목적으로 전쟁을 벌여 꼰지 지 까씨아스(Conde de Caxias) 장군으로 하여금 지상전과 해전에서 모두 승리를 거두어 1851년 오리베가 이끄는 우루과이를 정복하였으며 이로서 우루과이가 아르헨티나에 편입될지도 모르는 가능성을 저지하였다.

한편 아르헨티나의 독재자 마누엘 호자스가 쁘라따 만 지역에서 인근 국가들에 대해 여전히 위협의 대상이 되고 있는 것과 관련하여 브라질과 우루과이 그리고 아르헨티나의 반정부군은 연합군을 형성, 1852년 1월, 마누엘 호자스에 대한 대규모 전쟁을 감행하여 그해 2월 수도 부에노스 아이레스 인근 지역에서 대승리를 거두어 호자스를 축출하였으며 브라질과 우루과이는 그 해 '경계 협정'(Tratado de Limites)을 체결하였다. 한편 전쟁에서 패배한 호자스는 부에노스 아이레스 영국 공사관으로 피신하였다가 몇 일후 영국으로 망명하여 그곳에서 사망하였다. 전쟁 종결 후 브라질과 아르헨티나는 그동안 단절되었던 외교관계를 재개하였다.

3. 우루과이의 아귀레와의 전쟁

1852년 마누엘 오리베의 패배와 그의 뒤를 이은 베르나르도 베로(Bernardo Berro) 대통령의 집권 이후 우루과이는 일시적으로 평화를 되찾은 것처럼 보였으나 백색인당과 유색인당 간의 내부 갈등은 끊이질 않았으며 1864년 3월 베르나르도 베로의 뒤를 이어 백색인당의 아나스따씨오 다 끄루즈 아귀레(Anastácio da Cruz Aguirre) 대통령이 집권하자마자 베난씨오 플로레스(Venâncio Flôres)장군이 아르헨티나의 바르똘로메우 미뜨레(Bartolomeu Mitre) 대통령의 후원 하에 혁명을 일으켰다. 이러한 가운데 아르헨티나는 우루과이의 민족주의자인 아나스따씨오 다 끄루즈 아귀레(Anastácio da Cruz Aguirre) 대통령과의 외교관계를 단절하였으며 이로 말미암아 우루과이는 강경 외교정책을 펼쳐 브라질의 히우 그란지 두 술 주 경계를 침략, 약탈하기 시작하였다. 이에 브라질의 동 뻬드루 2세는 외교적 해결을 모색하기 위하여 우루과이에 대해 피해보상 및 관련자 처벌을 요구하였지만 성과를 얻지 못하자 최후통첩을 하는 동시에 앞서 체결되었던 양국 간의 '경계협정'을 파기하겠다고 위협하기에 이르렀다. 이와 동시에 브라질은 우루과이에서 반정부 봉기를 일으킨 베난씨오 플로레스 장군과 협력 하에 우루과이를 침공하여 11개월간의 전쟁을 통해 드디어 1865년 2월 15일, 우루과이의 수도 몬테비데오에서 아귀레 대통령의 항복을 받아내었으며 그를 권좌에서 몰아내었다. 이후 우루과이는 베난씨오 플로레스가 새 대통령으로 임명되었으며 그는 2월 20일 브라질과 평화협정을 체결하였다.

브라질의 우루과이 침공과 아귀레 대통령의 실각으로 우루과이에는 평화가 찾아왔으나, 그러나 이 사건은 우루과이의 아귀레 전 대통령과 백색인당과 우호적이었던 쏠라노 로페스(Solano Lopez) 파라과이 대통령과 브라질 간의 최대의 전쟁이었던 '빠라과이 전쟁'을 일으키는 도화선이 되고 말았다.

4. 빠라과이 전쟁(1864-1870)

19세기 초 고립 정책을 펴왔던 독재자 호세 가스빠르 로드리게스 데 프란씨아(José Gaspar Rodrigues de Francia) 빠라과이 초대 대통령의 뒤를 이은 까를로스 안또니오 로페스(Carlos Antonio Lopez)는 외국과의 무역을 장려하고 군의 의무복무를 결정하고 수도 아순씨온에 무기공장을 설립하는 등 빠라과이 역사에 새로운 전기를 마련하였다.

그러나 그의 뒤를 이어 1862년 집권한 아들 프란씨스꼬 쏠라노 로페스(Francico Solano Lopez)는 자국의 군대를 보다 현대화시키면서 군사를 증강, 군사 대국으로 급성장하며 빠라과이의 현대화에 더욱 박차를 가하였다. 프란씨스꼬 쏠라노 로페스는 자주와 자립을 강조하며 인근의 남미 국가보다 훨씬 발전된 국가를 건설하기위해 매진하였는데 이때 그는 철도와 전신을 확충하고 중화학공업에 아낌없는 투자를 하였다. 그러나 이러한 경제적 번영은 외국과의 접촉과 교역을 필요로 하였지만 내륙 국가였던 빠라과이는 바다를 통해 자국의 생산물을 유럽 등지로 수출할 수 있는 길이 막혀있었다. 이에 그는 우루과이 강이나 쁘라따 강을 통한 교역을 필요로 하였으며 이와 함께 대서양으로 진출하기 위하여 브라질과 아르헨티나 영토를 자국의 영토로 병합하기 위한 계획을 꿈꾸었다. 이를 위해 그는 빠라과이의 군대를 증강하는 등 전력 증강에 힘을 쏟았으며 동시에 아르헨티나와 브라질에 우호적이었던 우루과이의 유색인당의 경쟁자인 백

〈쏠라노 로페스〉

색인당과 연합을 도모하였다.

그런데 앞서 1864년 브라질이 아귀레와의 전쟁을 위해 우루과이를 침공하자 빠라과이의 쏠라노 로뻬스는 중재를 자청하는 한편 브라질의 침략은 쁘라따 만 지역의 평화를 깨뜨리는 행위라고 비난하며 그해 8월 우루과이를 침공하였다. 그리고 11월에 빠라과이는 빠뚜 그로쑤 주를 향해 빠라과이 강을 항해하고 있었던 브라질 선박 '마르께스지 올린다'(Marquês de Olinda) 호를 나포하면서 12월에는 브라질에 대해 그리고 이듬해인 1865년 3월에는 아르헨티나에 대해 전쟁을 선포하였다. 이에 아르헨티나와 브라질에 우호적이었던 우루과이의 베난씨오 플로레스 대통령은 빠라과이에 전쟁을 선포하였으며 1865년 5월 아르헨티나와 브라질, 우루과이는 '삼국 연합 협정'(Tratado da Tríplice Aliança)을 체결하여 빠라과이에 공동 대항하기로 결정하였다.

교전 초기 전운은 막대한 군사력을 지닌 빠라과이가 우세하였는데 이는 당시 1만 8000명의 브라질, 8000명의 아르헨티나 그리고 5000여명의 우루과이 군대에 비해 빠라과이 군대는 약 6만 여명에 이르고 있었기 때문이다. 게다가 빠라과이 군대는 잘 훈련되고 조직적이었지만 삼국동맹군대는 훈련도 부족하고 전쟁을 수행할 만큼의 조직적이지도 못했었다. 우세한 육군의 전력 덕택에 빠라과이는 손쉽게 브라질의 마뚜 그로쑤 주를 점령하고 남쪽으로 진격하여 1865년 3월에는 아르헨티나의 꼬리엔떼스 주를 그리고 5월에는 아르헨티나를 가로질러 히우 그란지 두 술 주의 싸웅 보르자까

〈파라과이 전쟁 당시의 브라질 군인〉

지 점령하였는데 반면 해군력에 있어서는 브라질 해군에 뒤쳐있어 빠라따 강에서 벌인 그 유명한 '히아슈엘루 전투' (Batalha de Riachuelo)에서 브라질 해군에 대파당하고 말았다. 빠라과이 군대는 육지에서 브라질과 아르헨티나의 많은 도시를 점령하였지만 우루과이로 진격하면서 3국 연합군에게 패배하기 시작하였는데, 파라과이 패배의 직접적인 원인은 전력의 약화라기보다는 전장에서의 열악한 건강 상태로 말미암아 전염병과 영양부족에 기인한 것이 더 컸었다. 이러한 이유로 빠라과이의 수도 아순시온이 마침내 1869년 1월 3국 연합군에 의해 점령되었고 쏠라노 로페스는 남은 파라과이 군대와 함께 도망쳤으나 동 뻬드루 2세의 사위인 루이스 필리뻬 가스따웅 지 오를레앙스(Luís Filipe Gastão de Orleáns)의 무자비한 게릴라 전투로 1870년 결국 살해당하고 말았다.

빠라과이 전쟁(Guerra do Paraguai)은 브라질에게 많은 것을 남겨주었는데 특히 오랜 전쟁으로 인하여 영국으로부터 차입한 막대한 전쟁경비가 곧 외채의 증가로 이어지는 등 경제적 위기에 봉착하였는데 이러한 재정난국은 동 뻬드루 2세의 실각을 부채질하였다. 또한 당시 아르헨티나, 빠라과이, 우루과이는 공화국 형태를 취하고 있어서 빠라과이 전쟁으로 가장 많은 혜택을 받고 주요 정치세력으로 성장하게 된 브라질 군부가 공화정 정치 체제에 대해 큰 관심을 갖게 되었고 다른 한편으로 훗날 브라질 현대사에서 군부독재 등 군부의 세력 강화에 간접적인 영향을 끼치게 되었다. 그래서 전쟁의 종결과 더불어 브라질 군주제에 대한 반대 움직임이 일기 시작, 1870년 말에 이르러 공화주의 운동이 발생하였고 그리고 아르헨티나와 우루과이엔 노예제도가 이미 폐지된 상태였으므로 이 또한 브라질의 주요 정치 쟁점으로 부각되기 시작하였다.

제14장 노예제도의 폐지

Ⅰ. 노예제도 폐지(A Abolição)의 배경

1. 노예제도

노예제도는 아주 오래 전, 아프리카 흑인을 노예로 사고파는 행위보다도 훨씬 이전부터 인류 역사에 존재하여 왔는데 히브리인들 경우처럼 인류 역사 초기에 이미 타 부족과의 전쟁에서 패배한 경우 승리한 부족에 의해 노예로 팔리기도 하였다. 브라질을 비롯하여 아메리카에 도입된 노예제도는 아랍인들에 의해 보편화되었던 풍습이 곧바로 포르투갈과 스페인에 전파된 것으로 추측되고 있다. 그리고 이와 같은 요인 외에도 흑인 사회 자체가 노예

〈형벌을 받는 흑인 노예〉

제도의 풍습을 부채질한 요인들을 갖고 있었는데, 예를 들면 아프리카 흑인 사회에서는 부족의 심판장들이 죄인들을 노예화하는 형벌을 내렸고, 부모가 자식을 팔 수 있었으며, 또한 부족장이 직권으로 자기 부하들을 노예로 삼기도 하였다. 아울러 타 종족과의 전쟁에서 이길 경우 패배한 부족들을 노예로 삼기도 하였다. 따라서 종종 노예 밀매업자들은 부족 간의 싸움을 일부러 부추기기도 하였으며 그렇게 하여 만들어진 노예들을 유리 제품, 거친 직물, 칼, 연초, 술등으로 바꾸어 아메리카 대륙으로 데려갔던 것이었다.

포르투갈이 브라질을 식민화하기 시작하였을 때 브라질에는 원주민 인디오의 노동력 외에는 다른 노동력이 존재하지 않았으며 그나마 인디오의 경우에도 예수회 선교사들이 강력하게 반대하는 바람에 그들을 노예화하는데 실패하였고 그래서 포르투갈 식민자들은 아프리카 흑인들을 수입, 노예 노동력으로 대체할 수밖에 없었다. 브라질에서 아프리카 흑인 노예는 16세기 북동부 지방에서의 사탕수수 생산과 함께 시작되었으며 이때부터 포르투갈 노예상인들은 아프리카 흑인들을 마치 상품처럼 브라질에서 사고파는 행위를 본격적으로 실행하였다. 열악한 노예선에 실려 인간 이하의 비참한 선상 생활로 브라질에 도착 전에 병으로 사망한 흑인들도 많았지만 브라질에 도착한 아프리카 흑인들은 사탕수수 농장에서 그리고 18세기 금 광산에서 인간으로서의 대접도 받지 못하며 힘든 노동을 착취당하였다. 이들은 힘든 노예생활을 견디지 못하고 늘 탈출하는 꿈을 꾸며 살았으며 혹 탈출하다 붙잡히는 경우 채찍으로 맞는 형벌을 당해야만 하였다.

흑인 노예들은 포르투갈 식민자들에 의해 자신들의 원래 종교나 전통 관습 등의 문화행위를 금지 당하였으며 그 대신 가톨릭을 믿도록 강요당하였고, 자신들의 언어 대신 포르투갈어를 사용해야 하는 억압을 받았지만 자신들의 문화를 잊지 않으며 숨어서 몰래 종교적인 활동이나 축제 그리고 예술 행위를 지속하여 오늘날까지도 그들의 문화 전통의 명맥이 유지되고 있다. 아프리카 흑인 노예들은 18세기 금의 경제주기가 활발하게 번창하던 무렵 일부 노예들이 몰래 벌어들인 귀금속을 주고 노비문서를 사서 자유를 얻기도 하였지만 그러나 이들은 과거 노예였던 신분 때문에 사회적 냉대 속에서 차별을 받을 수밖에 없었다.

1761년 2월 포르투갈의 동 주제 1세(D. José I) 왕은 포르투갈 본국과 식민지령 그리고 인도에서 노예제도를 공식 폐지하였지만 그러나 브라질에서는 이 제도가 폐지되지 않고 1888년 노예제도가 완전히 폐지될 때까지 한 세기 이상 더 지속되고 말았다.

2. 노예제도 폐지의 기원

브라질에서 노예제도에 대해 처음으로 공식적인 항의와 반대를 주장하고 나선 것은 17세기 초 사탕수수 농장에서 힘든 노예 생활로부터 도망쳐 산이나 오지에서 자신들의 공동체인 **낄롬보**(quilombo)를 형성하고 살았던 흑인 자신들에 의해서였다.

이후 17세기 중엽 네덜란드의 침략 시 흑인 노예들이 농장에서 도망치거나 혹은 네덜란드 군대에 들어가 자유인으로서 남기도 하였으며 이때 그 유명한 '**엥리께 칙령**'(Regimento dos Henriques)에 의거하여 유색인종이 군대에 들어가 네덜란드와의 전쟁에 참여하면 용병으로서 자유인이 되는 기회를 얻는 경우도 있었다. 그러나 흑인들 간에 인

〈낄롬보의 흑인들〉

종적 연대감은 존재하지 않았으며 흑인들의 과거 종족 간 경쟁의식으로 인하여 백인들에 의해 낄롬보에 거주하는 도망친 흑인들을 공격하는 흑인 군인으로 이용당하기도 하였다.

1758년 바이아 주의 변호사였던 마누엘 다 호샤(Manuel da Rocha)가 여성 노예가 낳은 자식에게 자유를 줘야한다고 주장하여 노예제도 폐지 문제를 공개적으로 다룬 적도 있었지만 이는 이상론으로 그치고 말았다. 또한 1789년에는 '미나스 제라이스 사람의 반란' 사건의 주모자들이 흑인 노예제도의 폐지를 계획하면서 노예제도의 점진적인 폐지 문제가 제기되었지만 이 또한 공론으로 끝나고 말았다. 그리고 1789년 바이아 주 반란사건이 발생하였을 때 주동자중 한 사람인 루까스 단따스(Lucas Dantas)가 '모든 사람이 평등하고 자유롭게 살며 호흡하는 공화국을 원한다'는 주장과 함께 노예제도 폐지를 제기하기도 하였으며, 1810년에는 아후다 다 까마라(Arruda da Câmara) 신부가 '유색인종의 저발전은 끝나야하며, 제국이든 공화정이든 유색인도 브라질의 번영에 참여하여야 한다'라는 주장을 펴기도 하였다. 그리고 1817년 뻬르남부꾸 혁명이 발발하였을 때도 혁명의 주창자들이 평등을 주장하며 점진적인 노예제도 폐지를 거론, 당시 노예들을 소유하고 있던 농장주들로부터 강한 반발을 받기도 하였다.

3. 영국의 압력

영국에서 노예제도 폐지의 움직임은 종교적인 이유와 순수한 박애주의 정신을 가진 소위 '성인'(Santos)이라는 별칭으로 불리는 개혁주의자들에 의해 시작되었으며 이들은 모든 수단을 동원하여 의회에 압력을 가하여 노예제도 폐지에 앞장섰다. 1806년과 1807년 사이 해외 식민지에서의 노예 밀매 금지 조치를 시작으로 영국에서의 노예제도 폐지는 그러나 영국 식민지 사탕수수 재배지역에서의 노동력 부족이라는 예상치 못한 결과를 가져왔으며 이는 곧 안틸랴스 지역 사탕수수 재배 농장주뿐만 아니라 영국의 수출업자, 상인, 중개인 그리고 심지어 선박회사까지 수익의 하락이라는 결과를 야기하였다. 당시 사탕수수는 영국의 식민지 자마이카와 포르투갈의 식민지 브라질이 생산과 국제사장의 교역 면에서 서로 경쟁적인 관계에 있었는데 영국과 영국 식민지에서 노예제도 폐지로 말미암아 값싼 흑인 노예 노동력을 갖고 있는 브라질에 대항해 영국의 경쟁력은 떨어질 수밖에 없었다. 이러한 상황에서 영국은 자국과 경쟁관계에 있는 나라들의 노예제도 폐지에 압력을 가하기 시작하였으며 브라질에 대해서도 1810년에 점진적인 노예제도 폐지를 요구하였고 1815년에는 **'비엔나 협정'**(Congresso de Viena)을 통해 북반구에서의 노예밀매를 금지하도록 하였고 급기야 1817년에 포르투갈의 동 주엉 6세로 하여금 이를 준수토록 요구하고 나섰다.

1817년 영국은 포르투갈로 하여금 노예 포획을 적도 이남에 한하도록 요구, 협정을 맺는다. 이어 영국은 적도 이북 지방 즉, 아프리카 북부 지방에서 오는 포르투갈 노예선의 경우 공해상에서 영국 함대의 조사를 받게 되고, 책임자를 영국 재판소에 넘겨 처벌할 수 있도록 요구하였다. 하지만 이 조약은 실효가 없었고 브라질이 독립하던 1822년 브라질에 들어온 노예의 공식 숫자는 20,483명이었으며, 이듬해엔 29,211명으로 오히려 증가세를 나타냈었다.

이에 1826년 체결된 조약을 통해 브라질은 향후 3년 이후부터 아프리카 해안을 통한 모든 노예밀매는 어떤 형태로든 용납될 수 없다는 영국의 주장에 동의하기에 이르지만 그러나 노예 밀매는 계속되었으며 1831년 11월 7일 페이조 신부 섭정기에 그해부터 들어오는 모든 노예에게 자유를 부과한다는 법령을 내리지만 실행되지 않았다. 그래서 1840년부터 브라질에 들어온 흑인 노예수가 연간 5만 여명에 이르렀었다.

이에 분노한 영국은 1845년 8월 자국의 의회에서 외무장관이었던 **빌 아버덴**(Bill Aberdeen) 법을 통과시켜 세계 어느 국가, 어느 지역에서든지 노예선을 포획할 수 있으며 책임자를 영국 법에 따라 처벌할 수 있게 하였다. 이 법안의 선포로 영국과 브라질의 관계는 급속도로 악화되기 시작하였으며 영국의 입장이 확고함을 인식한 브라질은 1850년 당시 법무장관이었던 에우제비우 지 께이로스(Eusébio de Queirós)가 하원을 움직여 흑인 노예 밀매를 금지시키는 법령을 발표하였다. 이로서 브라질과 영국과의 관계는 개선되었으며 브라질도 노예 밀매에 투자되던 돈을 다른 산업 분야로 유도할 수 있게 되었다.

Ⅱ. 노예제도 폐지의 과정

1. '벤뜨리 리브리 법'

〈노예폐지 캠페인 포스터〉

빠라과이 전쟁이 계속되는 동안 노예폐지의 움직임은 진전이 없었으나 전쟁이 끝난 후 동 뻬드루 2세의 동의하에 자유주의 당의 삐멘따 부에누(Pimenta Bueno) 내각은 노예해방과 관련해 5개항의 법안을 의회에 제출하였다. 그러나 의회는 이 법안에 냉담한 반응을 보였으며 삐멘따 부에누 또한 이러지도 저러지도 못하는 상황 속에서 아무런 진전을 보이지 못하다가 6개월 후 교체된 차기 보수주의당의 주제 마리아 다 씰바 빠랑뉴스(José Maria da Silva Paranhos) 내각에 의해 1871년 9월 28일 이른바 **벤뜨리 리브리 법**(Lei do Ventre Livre)이 브라질 의회에서 통과되었다. 이 법안의 내용은 이 날짜 이후에 탄생한 여성 노예의 자녀들을 자유인으로 한다는 것이었으며 이와 함께 브라질 정부는 왕실 소유의 모든 노예를 해방시키게 되었다. 그러나 이 날 이후에 태어나는 자식들에게 노예 해방의 자유를 주었지만 그러나 그들이 21세가 될 때까지는 노예소유자에게 후원의 권한이 있었다. 당시 이 법안은 동 뻬드루 2세가 유럽에 머물고 있었기 때문에 그의 딸인 이사벨 공주(Princesa Isabel)에 의해 재가 되었다.

이 법안은 즉각적인 노예제도 폐지를 결정한 것이 아니라 장기적인 계획 하의 법안이었기에 발표 후 지속적인 노예해방의 캠페인이 계속되었는데 특히 1879년부터 주어낑 나부꾸(Joaquim Nabuco)를 중심으로 하여 '노예반대를 위한 브라질 사회'(Sociedade Brasileira contra a Escravidão)이란 이름의 단체가 전국적인 노예제도 폐지 캠페인을 전개하기 시작하였다. 이와 함께 일부 가톨릭 교회 측에서도 노예제도를 비야만적이고 반인륜적인 처사라고 규정하고 폐지 움직임을 보였으며 헤시페(Recife) 시에서는 대학생들이 주동하여 폐지를 위한 단체를 구성하는 등 전국적인 노예제도 반대 움직임이 계속되어 급기야 쎄아라 주에서는 1884년 주 단독으로 노예제도 종식을 선언하기도 하였다.

2. '쎄사제나리우스 법'

'벤뜨리 리브리 법'의 발표 이후 노예제도 폐지론자들은 때로는 노예들의 대규모 탈출을 도와주거나 또는 농장주들로 하여금 노예들을 임금노동자로 새로 계약을 하게 하는 등 현장에서 직접 노예해방을 위한 행동을 하기 시작하였다. 이러한 노력의 결과로 일부 도시와 쎄아라 주에서는 단독으로 노예를 해방하였는데 이는 곧 중앙정부에 대한 노예해방 여론의 압력이 보다 가중되기 시작하여 결국 브라질 정부는 1885년 9월, 진일보한 법안인 **'쎄사제나리우스 법'**(Lei dos Sexagenários)[1]을 공표하였다.

이 법안은 노예소유자들에게 재정적인 보상을 하는 대신에 만 60세 이상의 노예를 해방시키는 것이었지만 60세부터 65세까지의 노예들

1) 이 법안을 제안한 꼬떼지삐(Cotegipe)의 남작인 주제 안또니우 싸라이바(José Antônio Saraiva)의 이름을 따 '싸라이바-꼬떼지삐 법'이라고도 부른다.

은 3년간 주인을 위해 봉사하여야 했으며 65세 이후에야 비로소 노예로서의 신분에서 벗어날 수 있게 하는 것이었다. 그러나 60세 이상의 노예의 숫자는 많지도 않았을 뿐더러 그나마 60세 이상으로 해방된 흑인들은 이미 늙어, 자신의 생존을 위해 노동활동을 할 수도 없었고 돈을 벌기 위해 유럽계 이민 노동자들과 경쟁을 해야 하는 등의 어려움에 처하고 말아 해방이 되었어도 무관심과 노숙자의 대상이 될 수밖에 없었다. 게다가 1872년 인구조사 시 많은 농장주들이 흑인 노예들의 나이를 속여 실제보다 많게 등록하여 아직 젊은 노예들이 실제로는 60세가 넘는 현상이 벌어져 농장주들이 이 당시의 인구조사의 허구성을 주장하며 노예해방을 무효화하려는 시도를 하기도 하였다. 그러나 노예해방에 우호적인 싸웅 빠울루 일부 지역의 농장주들은 흑인 노예들보다는 임금노동 체계에 보다 적합한 유럽이민들에게 더 많은 관심을 나타내며 전면적인 노예해방을 주장하기도 하였다.

한편 이 당시 노예해방운동은 공화정을 주장하는 세력과 연계하는 양상을 보여 보다 정치적인 색채를 띠기도 하였으며 또한 군부의 경우 도망친 노예들을 뒤쫓거나 체포하는데 더 이상 군인들이 이용되지 않을 것임을 공식적으로 발표하기도 하였다.

3. '아우레아 법'

1887년 동 뻬드루 2세는 극도로 악화된 건강을 치료하고자 1년간의 예정으로 다시 유럽으로 출발하여 이사벨 공주가 세 번째로 섭정을 하게 되었다. 당시 '쎄사제나리우스 법'을 입안했던 집권당인 보수주의당의 주제 안또니우 싸라이바 내각은 전면적인 노예제도 폐지는 노

〈아우레아 법안 공식 문서〉

동력의 급격한 감소와 함께 브라질 농업 경제의 위기 봉착을 가져올 것이라고 위협하며 노예해방의 전면 실시보다는 앞서의 '쎄사제나리우스 법'의 연장을 주장하였다. 그러나 이사벨 공주는 여론의 압력에 굴복하여 이미 노예제도의 폐지로 마음을 굳히고 1888년 3월 안또니우 싸라이바를 물러나게 하면서 대신 주엉 알프레두 꼬헤이아 지 올리베이라(João Alfredo Correia de Oliveira)로 하여금 내각을 이끌게 하였다. 그리고 주엉 알프레두 꼬헤이아 내각은 두 달 후인 5월 10일 브라질에서 노예제도를 완전히 종식시키는 법안 '**아우레아 법**'(Lei Áurea)을 하원에 상정하였는데 이 때문에 이 내각은 '노예제도 폐지 내각'이라는 별칭을 얻었다. 이 법안은 의회에 상정된 후 노예해방으로 말미암아 공공질서와 사회 평화에 위협이 될지 모른다는 우려의 반대 의견이 있었으나 상·하원에서 압도적으로 의결되어 드디어 1888년 5월 13일 이사벨 공주는 브라질에서 노예제도를 완전히 폐지하는 '아우레아 법'을 발표하였다.

'아우레아 법'은 노예제도 완전 종식이라는 획기적인 결과를 가져왔으며 또 다른 한편으로는 다양한 상징적인 의미를 내포하고 있다. 즉 첫째, 이 법안은 정치인, 지식인, 종교인, 노동자 및 노예 등 당시 사회의 거의 모든 계층이 참여하여 일궈낸 브라질 역사상 처음으로 대중 여론이 집약된 결과의 총체로 볼 수 있으며 둘째, 소수 약자인 흑인에 대한 백인들의 쿠데타로 볼 수 있으며 셋째, 흑인의 문제를 중요한 국내 문제로 상정한 국민 여론이 토론과 논쟁을 반복하여 얻어낸 결과라고 볼 수 있었다.

〈표-3〉 1850년 이후 흑인 노예의 수

년	자유인	노예	계	비율 (%)
1850	5,520,000	2,500,000	8,010,000	31
1872	8,429,672	1,510,806	9,930,478	15
1887	13,278,816	723,419	14,002,235	5

(출처: Armando Souto Maior. *História do Brasil*, Companhia Editora Nacional, 1970, p. 343)

4. 노예제도 폐지의 영향

노예제도의 전면 폐지로 말미암아 우려했던 만큼의 심각한 위기는 없었으며 경제적으로 생산의 조직이나 소득의 분배 등의 면에서도 실제적으로 큰 변화는 초래하지 않았다. 그러나 노예제도 폐지는 흑인 노예를 자신들의 소유 재산으로 인식하고 노예에 의존해있던 대토지 소유 농장주들이 재산 손실에 따른 보상을 요구하였지만 관철되지 않자 이들을 공화주의를 주장하는 정치세력으로 변하게 만들었으며 이 때문에 왕실은 과거 왕실을 지원하던 주요 정치세력을 잃게 되는 결과를 초래하고 말았다. 또한 노예에 의존하던 히우 지 자네이루 주와 싸웅 빠울루 주에서의 커피 농업은 타격을 받게 되나 오히려 이탈리아와 독일을 중심으로 한 유럽 이민의 증가를 야기하였다. 그리고 미나스제라이스 주의 금 생산도 타격을 받게 되며, 북동부지역의 경우 신분의 해방을 맞은 노예들이 천연 고무 생산으로 몰리나 그 생산 지역도 대지주들의 소유여서 결국 비참한 반노예 생활을 영위하게 되며 땅을 찾아 내륙으로 들어가도 이미 다 남들에 의해 소유되었거나 못 쓰는 땅이라 결국 농장에서 농장으로 이동한 것에 불과한 생활을 하게 되었다.

이와 함께 노예를 사서 유지하는 비용 대신 저렴한 가격으로 신 노동력을 동원할 수 있게 되었으며 아울러 노예 밀매 및 구매에 드는 비용이 없어짐으로써 그 여유 자금이 브라질의 산업화에 투입되기에 이르렀다.

제15장 공화정의 선포

Ⅰ. 제 2 왕정시대의 몰락

제 2 왕정시대의 붕괴는 19세기 이후 브라질이 겪기 시작한 일련의 경제적, 사회적 변화과정의 당연한 결과로 보아야하며 이는 곧 군주제가 사회의 다양하고 중요한 부문들의 요구와 문제를 더 이상 수용하거나 해결할 수 없어 새로운 정치제도의 도입을 필연적으로 요구하게 된 결과로 보아야 한다. 특히 1800년대 중반 이후부터 브라질은 국내적으로 '쁘라이에이라 혁명'이라는 내란을 치렀고 대외적으로는 아르헨티나, 우루과이, 빠라과이 등 주변국들과의 '빠라과이 전쟁'에 휘말리면서 다양한 정치, 경제, 사회적 문제가 노출되었다. 물론 이 전쟁은 대외적으로 오랜 불화의 씨앗이었던 쁘라따 강 유역에 대한 국제적 분쟁을 종식시켰지만 이때 참전한 군대가 남미의 다른 나라들, 즉 아르헨티나와 빠라과이 그리고 우루과이에서 시행되고 있는 공화정이라는 새로운 사고와 접촉하면서 당시 존재하던 브라질 군주제에 악

영향을 미치게 되었다. 게다가 노예제도의 폐지는 전제 왕권의 기틀이자 사회 조직의 근간이었던 이원적 구조를 무너뜨림으로써 입헌 군주제의 붕괴를 유도하기에 이르렀다.

당시 브라질의 경제적 위기는 '빠라과이 전쟁'으로 야기된 전쟁비용의 상당액이 외채로 충당되었던 만큼 늘어나는 채무로 인한 국가 재정의 압박으로 가중되었는데, 전쟁이 끝난 후인 1871년의 외채 규모는 왕정이 몰락한 1889년에 무려 7배 이상으로 늘어났으며 이는 곧 국내 인플레 상승이라는 결과를 가져오고 말았다. 그리고 정치 · 사회적으로는 공무원, 자유직업인, 기자, 학생 그리고 상인 등 중간계층이 도시 지역을 중심으로 크게 늘어나기 시작하였으며 이들은 공화주의와 자유주의 그리고 유럽에서 들어온 실증주의로 무장하여 더 많은 자유와 정치 참여의 확대를 주장하고 나섰다. 이외에도 동 뻬드루 2세에게는 아들이 없고 딸들만 있어 그의 사후 왕권은 프랑스 사람인 가스따옹지 오를레앙 백작(Conde Gastão de Orléans)과 결혼한 첫째 딸인 이사벨 공주가 계승하게 되어있어 국민들 입장에서는 브라질이 외국인에 의해 다스려질지 모른다는 위기감이 팽배해 있었다.

1. 공화주의 사상

제 2 왕정시대의 몰락과 함께 선포된 1889년의 브라질 연방공화국은 사회 전반의 지지를 얻어 유일하게 성공한 공화정으로 기록되고 있지만 사실 그 이전에도 공화주의 사상은 여러 차례 주장되어져 왔기에 그 기원은 오랜 역사를 갖고 있다고 말할 수 있다.

역사적으로 브라질에서 공화주의 사상을 처음으로 제기한 인물은

1710년 '마스까찌스 전쟁' 당시 주동자의 한 사람이었던 베르나르두 비에이라 지 멜루(Bernardo Vieira de Melo)가 이탈리아 베니스 공화국과 유사한 공화국 설립을 주창하면서였다. 당시의 시대 상황을 고려할 때 이는 상당히 획기적이고 진보적인 사고였지만 베니스 공화국은 완전한 민주주의 형태가 아니라 다만 귀족에 의한 소수과두지배체제의 형태였었다. 그리고 1789년 '미네이라 사람의 반란' 사건 당시 주동자들이 포르투갈로부터의 브라질 독립뿐 아니라 일련의 정치, 사회, 경제적 개혁을 통한 보다 민주적인 공화주의 사상을 주창하였는데 이들의 사상은 당시 유럽에 유학하고 있던 많은 젊은 지성인들이 자유주의와 실증주의라는 신사상을 호흡하고 이를 도입한 것이었다. 이외에도 1817년의 '뻬르남부꾸 혁명'은 자주적이고 자립적인 혁명이었을 뿐 아니라 다른 한편으로는 공화주의 혁명이라고도 말할 수 있으며, 1824년 북동부 지방의 여러 주에서 '적도연방 공화국정부'를 비롯하여 독자적인 독립정부 창설을 위한 움직임이 있었는데 이들도 엄밀히 말하면 공화정부의 창설을 위한 사건이었다. 또한 1839년 '파로우필랴 혁명' 당시 히우 그란지 두 술 주와 싼따 까따리나 주가 각각 독립적으로 히우-그란덴시 공화국(República Rio-grandense)과 줄리아나 공화국(República Juliana)을 선포하였던 것도 공화주의 운동의 기원이었으며 이 사상에 근거한 시위와 캠페인은 이후에도 계속되었는데 특히 1870년 제 2왕정시대 때 비로소 공화주의당(Partido Republicano)이 공식적으로 조직되어 공화주의 운동의 정점을 이루었다.

한편 공화주의는 브라질에서 제 2 왕정시대라는 절대군주제를 붕괴시키는데 그 사상적 토대를 제공하였지만 왕정의 몰락에는 아래와 같은 소위 또 다른 요인들이 작용하였다.

2. 노예 해방의 문제(Questão de abolição)

노예제도 폐지의 문제는 1850년 흑인 노예의 밀매를 금지한 소위 '에우제비우 지 께이로스법'의 시행 이후 왕실의 전통적인 지지계층인 대농장 소유 농촌 엘리트들의 강력한 저항에 부닥치면서 점차 문제화되었다. 흑인 노예를 갖고 있는 이들 대토지 소유 계층은 왕실정부의 점진적인 노예 폐지 정책에 직면하여 자유를 찾는 노예의 수에 비례하여 정부의 보상을 요구하고 나섰지만 노예제도의 완전 폐지를 제도화한 '아우레아 법'의 시행 이후에도 이들의 요구가 왕실에 의해 관철되지 않자 이들은 군주제에 대한 지지를 철회하고 그 대신 공화정에 대한 지지를 표명하기 시작하였다. 어쨌든 왕실정부가 노예 해방과 관련한 문제 해결에 미온적인 태도를 취한 것은 곧 오랜 시간동안 지속되어온 군주제의 정당성이 훼손된 결과로 나타난 것이었다.

3. 종교적 문제(Questão religiosa)

1824년 헌법에서 보듯이 가톨릭은 브라질의 국교로 공식 채택되어 그 이후 국가와 교회는 하나의 형태를 이루게 되었다. 그들은 일명 '**후원과 수혜**'라는 관계 하에 유지되었으며 주요 성직은 정부가 지명하고 임명하였으며 교회의 모든 성직자는 국가 공무원으로 월급을 받고 국가의 법과 교회의 법을 동시에 따라야 했었다. 이와 함께 브라질 가톨릭 교회는 로마 교황청의 어떠한 명령이나 지시들도 왕실 군주의 재가 없이는 실행될 수 없었다. 그래서 어느 한쪽의 명령이 상반될 때 위기가 올 여지가 충분히 있었던 것이다. 그러던 중 1872년에, 27세의 나이에 올린다의 주교가 된 동 비딸 곤살베스 지 올리베이라(D. Vital

Gonçalves de Oliveira)와 벨렝의 주교 동 안또니우 지 마세두 꼬스따(D. Antônio Macedo Costa)는 왕실의 재가 없이 교황 비오 9세가 내린 칙령에 따라 교인들의 비밀 공제조합, 즉 '마쏘나리아'의 참여를 막고 이에 관련된 가톨릭 교인들에게 종교적 행위를 금지하는 형벌을 내리면서 문제가 발생하기 시작했다. 당시 브라질의 정치 특성상 '마쏘나리아'의 활동은 브라질의 독립에도 지대한 역할을 하였으며 당시 주제 보니파씨우와 같은 거물 정치인들도 여기에 가담하고 있었던 터라 이 사건은 브라질 전체에 확산되었다. 이에 왕실은 이 사건에 개입하여 두 주교로 하여금 '마쏘나리아'에 참여한 가톨릭 교인들에 대한 형벌을 철회할 것을 요청하였지만 주교들이 이를 거절하였고 이에 왕실은 1873년 두 주교를 체포하여 4년 징역형을 선고하였다. 이들은 그러나 1875년 내각의 중재로 풀려났지만 가톨릭 신도가 대부분이었던 브라질 국민의 왕실에 대한 감정은 매우 악화되는 결과를 낳고 말았다.

4. 군부의 문제(Questão militar)

브라질 군부는 장교들이 국방부 장관의 사전 허가 없이 정치 문제를 포함한 어떠한 견해도 언론 매체를 통해 발표할 수 없어 언론의 자유가 군주제 왕실에 의해 금지되어 있다는 것에 언제나 불만을 갖고 있었다. 또한 군부는 장군들의 명령을 포함하여 모든 지휘권이 황제에게만 복속되어 있어 실질적으로 영토수호에 관해서는 어떠한 자주권을 갖고 있지 못하여 왕실에 대한 불만은 극에 달하고 있었다.

이외에도 군부는, 민간 정치지도자들이 엘리트 출신에 높은 정치적 지위와 그에 상응한 대우를 받고 있는 것에 비해 사관학교 출신의 자신들도 유사한 엘리트 교육을 받고 민주적인 선발에 의해 군에 복무하고 있음에도 민간 엘리트보다 낮은 대우와 정치 · 사회 · 경제적으로 인정받지 못하는 지위에 처하고 있음에 항상 불만을 갖고 있었다. 그래서 많은 군인들이 군복무외에 또 다른 직업을 갖고 자신들의 경제적 문제를 해결하곤 하였다. 따라서 제 2 왕정시대동안 국내 · 외 전쟁에서 많은 기여를 하였던 브라질 군부가 '빠라과이 전쟁'이 끝난 뒤 왕실의 냉대에 상당한 불만을 갖게 된 것은 당연한 결과였다. 특히 군인사에 있어서 진급이 상당히 지체된 점과 연체된 임금이 지불되지 않고 있는 점 그리고 희생자 가족에 대한 연금 미지급 등 왕실의 배려가 거의 전무하여 군부는 언제든지 왕실 정부에 반기를 들 수 있는 상황이었다. 이러한 상황에서 '빠라과이 전쟁'을 통해 접하게 된 주변국들의 공화정 제도에 군부는 쉽게 매료되었으며 군내에서 공화주의 사상에 대한 토론이 자주 있어왔으며 이와 함께 잇달아 실시된 국내의 노예 해방에도 상당히 고무되어 자유주의와 실증주의의 신사고로 무장되기 시작하였다.

Ⅱ. 공화정의 선포

1. 공화정의 선포

중남미의 많은 식민지들이 공화정 형태로 독립을 성취한 반면 브라질은 동 뻬드루 1세가 군주제하에서 독립을 선언하였기 때문에 당시 브라질 공화주의자들은 브라질에서 군주가 군림하여 브라질을 신세계의 모든 주민들로부터 분리시키고 있다고 생각하였다. 이에 그들은 '빠라과이 전쟁'으로 성숙된 공화주의와 실용주의 사상을 바탕으로 하여 1870년 **'공화주의 선언'**(O Manifesto Republicano)을 하기에 이르렀고 이 선언에서 "우리는 아메리카에 살고 있다. 그래서 우리는 아메리카인이 되길 원한다."라고 주장하였다. 따라서 국민들은 동 뻬드루 2세의 서거 후 공화정이 선포되기를 염원하였으며, 브라질 군부 또한 이미 '빠라과이 전쟁'에서 아르헨티나와 빠라과이 그리고 우루과이 등 쁘라따 강 유역 국가들의 군인들과 함께 전투에 참여하여 공화정체제를 접촉하여 이에 쉽게 적응할 수 있었다.

'빠라과이 전쟁' 후 군 장교들과 각료들 간에는 정치체제에 대한 견해 차이로 갈등이 야기되어 군 일각에서 신문에 정치제도에 관한 자신들의 주장을 피력하여 정부로부터 문책의 대상이 되었다. 특히 전쟁 후 13년이 지난 1883년 사망자와 부상자에 대한 연금이 지급되질 않자 군부는 쎄나 마두레이라(Sena Madureira) 중령으로 하여금 군부를 대표하여 이 문제를 공식 제기하여 언론을 통해 연금법을 공격하는 등 반정부활동에 나서자 정부는 쎄나 중령을 비롯하여 일부 장교를 해고하였으며 이 사건 이후 군부는 왕실 정부의 사전 허가 없이 언론에 어떠한 발표를 할 수가 없게 되었다. 이 사건은 군부에서는 장교들의 지지와 동의로 그리고 정부의 관용으로 해결되었지만, 이때부터 군부 내의 반란 혁명은 서서히 고개를 들기 시작하였으며 또한 많은 장교들이 공화정 체제로 기울기 시작하였다.

상황이 이에 이르자 왕실 정부는 1889년 7월 비스꼰지 지 오우루 쁘레뚜(Visconde de Ouro Preto) 내각으로 하여금 심화된 정치적 동요를 막고 군주 정부를 구하기 위하여 공화주의자들이 제도의 변화 없이 군주제를 따를 수 있도록 개혁을 단행하려고 시도하였다. 당시 하원의회에 제출된 정부의 개혁안에는 종교적 자유 인정, 교육의 권리, 주정부의 자치권 인정 투표의 자유 그리고 상원의원의 임시 임기의 인정 등의 내용이 포함되어 있었다. 하지만 이러한 조치는 공화주의자들의 주장을 제지하기에 때가 너무 늦었고 또한 내각은 군부의 지원을 확보하려고 군부에 해군 및 국방장관직을 배려했지만 상황은 조금도 개선되지 않았다.

〈데오도르 다 폰쎄까〉

1889년 11월 9일 데오도르 다 폰쎄까(Deodor da Fonseca) 원수와 벤자민 꼰스딴찌(Benjamin Constant) 중령을 중심으로 한 일련의 군인들이 히우 지 자네이루에 있는 군인클럽에서 모임을 갖고 플로리아누 뻬이쇼뚜(Floriano Peixoto) 장군의 지지와 함께 혁명 거사일을 11월 20일로 정한다. 그런데 당시 혁명에 참가한 솔론 히베이루 히베이루(Sólon Sampaio Ribeiro) 소령은 정부 측이 방어태세를 갖출까 두려워 정부가 이미 거사일을 알고 14일 주모자를 체포하려 한다는 헛소문을 퍼뜨려 혁명 세력이 거사를 앞당기도록 유도한다. 그래서 11월 15일 새벽 데오도르 다 폰쎄까 원수는 혁명군의 요청을 받아들여 일단의 민간 공화주의자들과 함께 '공화국 만세'의 외침과 함께 군사혁명을 선언하였다. 한편 오우루 쁘레뚜 내각은 플로리아누 뻬이쇼뚜 장군에게 혁명 군인들을 체포할 것을 지시하였지만 그는 이를 거절하고 오히려 내각 수반을 체포하라고 명령하였으며, 동 뻬드루 2세는 이 소식을 접한 뒤 단순하게 현 내각의 교체로만 사태를 해결할 수 있을 것이라고 인식하고 새 내각을 구성하려 하였다. 이에 대해 군부와 공화주의자들은 황제가 새로운 내각 수반에 데오도르 장군의 정치적 적인 가스빠르 씰베이라 마르찡스(Gaspar Silveira Martins)를 임명하려 한다고 소문을 퍼뜨려 데오도르 장군으로 하여금 공화주의자의 편에 한 발 더 가깝게 만들었으며 이에 사태는 이미 완전히 기울어 황제는 결국 하야하기로 결심하였다. 그리하여 이날 밤 히우 지 자네이루 시의회에서 주제 두 빠뜨로씨니우(José do Patrocínio)는 투표 없이 만장일치로 '**브라질 연방공화국**'(República dos Estados Unidos do Brasil)을 공식 선언하였으며 다음 날인 11월 16일자 연방관보(聯邦官報)는 공화국의 선포와 데오도르 다 폰쎄까 원수를 수반으로 하는 임시 내각이 구성되었음을 공식 발표하였다.

1889년 11월 15일의 공화정 선언은 군부에 의한 쿠데타의 성공에 의한 것으로 비록 일반 대중의 지지에 의해 이루어진 것은 아닐지라도 그렇다고 국민들은 군주제나 황제 그리고 공화주의라는 새로운 제도에 대한 염증을 나타낸 것은 아니었다. 왜냐하면 국민들은 처음에는 공화주의에 대해서 열렬한 환영의 입장을 나타내지는 않았으며 시간이 지나면서 사회의 다양한 부문에서 새로운 제도에 대한 인식의 공론이 이루어졌기 때문이다. 이러한 맥락에서 노예폐지론자였던 주제 두 빠뜨로씨니우가 공화주의 선언을 한 것은 의미가 있는 일로 그는 노예 폐지를 단행한 이사벨 공주에 대한 빚을 지고 있었기 때문에 군주제에 옹호를 하였을 뿐 원칙적으로 군주제 옹호론자는 아니었다.

한편 공화정을 선포한 11월 15일 밤, 데오도르 원수는 국민들의 투표를 통하여 공화주의 제도의 정당성을 심판받는 국민투표를 실시할 것을 결정하였지만 그러나 이러한 국민투표는 이후 104년간 실현되지 않았으며 20세기에 들어와서야 1993년 4월 21일 국민투표를 통해 비로소 유효표의 86%의 지지를 받아 공화주의가 찬성되기에 이르렀다. 이때 브라질 국민은 대통령중심제와 내각책임제 중 대통령중심제의 공화제도를 찬성하여 1889년 선포된 공화정 정부의 정통성을 인정하게 된 것이었다.

2. 임시정부

11월 15일 군부 쿠데타에 성공하여 공화정을 선포한 데오도르 다 폰쎄까의 임시정부(Governo Provisório)가 가장 먼저 한 조치는 왕실 가족의 추방이었다. 다음 날인 16일 아침, 임시정부는 동 뻬드루 2세에게 전달한 서한을 통해 24시간 내에 브라질을 떠날 것을 요구하였으며 이에 동 뻬드루 2세는 '근 5세기 동안 사랑과 헌신으로 브라질을 통치하여온 왕실이 위대한 브라질 건설과 미래의 번영에 동참하는 의미에서 말로 다할 수 없는 그리움을 갖고 브라질을 떠난다'고 말하며 하야하여 브라질에 장기간 존속한 군주시대는 종말을 고하게 되었다. 그리고 동 뻬드루 2세와 가족은 17일 새벽, 임시정부가 제공한 재정적 지원을 거부한 채 프랑스 파리로 유배를 떠나고 말았으며 그 다음 달인 12월에 왕후인 떼레자 끄리스띠나(Teresa Cristina)가, 그리고 2년 후 인 1891년에는 동 뻬드루 2세가 파리의 한 호텔에서 쓸쓸한 죽음을 맞고 말았다.

〈동 뻬드루 2세와 왕실가족〉

임시정부는 내각에 공화주의자들을 대거 기용하여 제헌의회를 소집하여 국민의 대표들이 브라질의 정치체제를 결정할 때까지 임시로 연방공화국 형태를 채택한다는 내용의 첫 포고령을 발표하였으며 연방 상 · 하원 및 주의회와 시의회를 해산하는 조치를 단행하였다. 임시정부의 조치에는 또한, 브라질에 거주하면서 자신의 국적을 브라질로 바꾸고자 하는 외국인들에게 귀화를 허락하였으며, 국가와 교회를 분리하였고, 주의 공식 명칭을 '쁘로빈씨아'(Provincia)에서 '이스따두'(Estado)로 바꾸며 주지사를 임명하였으며 그리고 연방 수도를 **히우 지 자네이루**로 결정하였다. 또한 '원칙에의 사랑, 근본에의 질서 그리고 끝없는 진보'(O amor por princípio, a ordem por base e o progresso por fim)라는 주제 하에 '질서와 진보'(Ordem e Progresso)를 슬로건으로 하는 브라질 국기가 만들어졌다. 그리고 미국의 헌법에 기초하여 1891년 2월 24일 첫 번째 공화국 헌법을 공포하며 임기 4년의 단임 대통령을 국민의 직선제로 선출하고, 브라질 국체는 대통령 중심제의 연방공화국 형태를 취하고, 대통령의 내각 자유 조각권을 인정하였다. 또한 상 · 하원을 국민 투표로 선출하고 3권을 분리하였으며 이와 함께 각 시의 자치권을 부여하는 내용의 규정을 발표하였다.

〈1889년의 첫 번째 브라질 국기〉

제16장 구(舊) 공화국(1889-1930)

Ⅰ. 개관

제뚤리우 바르가스(Getúlio Vargas)에 의한 '1930년 혁명'(Revolução de 1930) 이후를 **'바르가스 시대'**(Era Vargas), 그리고 1945년 10월 그가 강제 축출된 이후 군사독재가 실시된 1964년까지를 **'신 공화국'** (República Nova)이라고 부르는 반면, **'구 공화국'**(República Velha)으로 불리는 브라질의 제 1 공화국은 1889년 11월 15일부터 1930년 10월 혁명 전까지의 40년간 지속되었다. 구 공화국은 또한 '학사(學士) 공화국' (República dos Bacharéis) 또는 '마쏘나리아 공화국'(República Maçônica)으로 불리기도 하였는데 이는 공화국 시대의 모든 민간인 대통령이 법과대학 출신에다가 싸웅 빠울루 법과대학의 비밀 결사조직원 출신이었기 때문에 붙여진 이름이었다.

구 공화국 당시 13명의 대통령 중 데오도르 다 폰쎄까를 비롯해 3명의 군부출신 대통령도 비밀결사조직원 출신이었으며 특히 그는 대통령 재임 시 '그랑-메스뜨리'(Grão-Mestre; 대사부라는 의미)로 불리기도 하였다. 10명의 민간인 대통령 가운데에는 싸웅 빠울루 주 출신이 3명, 미나스 제라이스 주 출신이 4명, 히우 지 자네이루 주 출신 2명 그리고 빠라이바 주 출신 1명이다. 그리고 1918년의 호드리게스 알비스(Rodrigues Alves)와 1930년의 줄리우 쁘레스찌스(Júlio Prestes) 2명의 대통령 선출자는 임기를 수행하지 못하였으며, 데오도르 다 폰쎄가 대통령은 임기를 채우지 못하고 사임하였고, 아퐁쑤 뻬나(Afonso Pena) 대통령은 임기 중 사망하는 기록을 남겼다.

역사가들에 따르면 구 공화국은 크게 두 개의 시기로 구분되는데, 첫 번째 시기는 1889년부터 1894년까지로 군부의 색채가 강하여 일명 '검(劍)의 공화국'(República da Espada)으로 불렸으며 이 시기는 군주제 부활에 대한 공화주의자들의 두려움이 컸었던 시기였다. 그리고 두 번째 시기는 1895년부터 1930년까지로 주지사 출신의 대통령이 대거 취임하여 일명 '과두지배체제 공화국'(República Oligárquica)으로 불리었으며 이 시기의 정치적 특징은 '**주지사들의 정치**'(Política dos Governadores) 또는 지방 정치에 근거한 대농장주가 주축이 된 '**꼬로넬**'(Coronel)의 정치가 특히 돋보였었다. 구 공화국은 1930년 10월 혁명을 성공시킨 제뚤리우 바르가스가 임시정부의 수반으로 취임한 1930년 11월 3일까지 지속한 것으로 보고 있다.

1. 제 1 시기-'검(劍)의 공화국'

구 공화국의 시작은 군부 주도하의 쿠데타에 의해 실현되었지만 그 근본 주체는 공화주의 사상으로 무장한 정치인과 군부라고 보는 것이 맞으며 특히 전제군주제 하였던 1871년 브라질 역사상 처음으로 창당한 '싸웅 빠울루 공화당'(Partido Republicano Paulista)이 구 공화국의 정치적 기원을 이루고 있었다. 이 정당은 왕정 하의 의회에서 비록 3명의 하원의원 밖에 당선시키지 못했지만 그러나 군부에 파고들어 제국주의의 종말을 가져오는데 결정적인 역할을 하였다.

군부 출신의 임시정부는 군주제의 부활을 염려하며 다소 강경한 정치 색채를 띠었으며 특히 1889년 12월 23일에는 첫 번째 언론법이 공표되어 군사평의회가 사상 표현의 남용 등을 감시하게끔 하여 동 뻬드루 1세 이후 언론에 대한 검열을 실시한 첫 번째 법안으로 기록되고 있다.

한편 이 시기에 브라질에서는 정부의 정치 · 사회적 안정화 노력에도 불구하고 전국 곳곳에서 정치에 불만을 품은 수많은 소요 및 폭동 사태가 발생하는 등 정치적으로나 사회적으로 불안정이 지속되었다.

2. 제 2 시기-'과두지배체제 공화국'

이 시기는 브라질 역사상, 정권이 커피 농장주 출신의 소수 과두지배계급에 수중에 있는 소위 **'커피-우유 정치'**(Política do café-com-leite)라고 불렀던 정치적 현상으로 특징 지워진 시기였다. 구공화국 기간 동안에 집권한 대통령 중 무려 9명의 대통령이 인구가 가장 많은 싸웅 빠울루 주와 그 뒤를 잇는 미나스 제라이스 주 출신으로 이 두 지역 출신의 과두지배계층이 정권을 담당하던 시기로, 주지사들의 정치라 불리는 정책에서 비롯된 연방정부와 주지사의 연합 밀착은 소위 이 두 개 주 출신의 대통령 배출이라는 또 다른 정치 양상을 보여주게 되었다. 여기서 유래된 소위 '커피－우유 정치'라는 용어는 싸웅 빠울루 주를 대변하는 커피(café)와 미나스 제라이스 주를 대변하는 우유(leite)[1])를 사용, 두 개 주 출신의 대통령이 정치적 타협을 통해 실질적으로 브라질을 번갈아 통치한다는 말을 의미하고 있다.

사실 공화정을 선포한 군부는 즉각적으로 정치에서 손을 뗀 것은 아니고 1895년 2대 대통령이었던 플로리아누 뻬이쇼뚜의 사망과 **'까누두스의 난'** 이후 군부의 세력 약화 그리고 쁘루덴찌 지 모라이스(Prudente de Morais) 국방장관의 암살 이후에야 권력으로부터 멀어졌으며, 이후 1910－1914년 에르메스 다 폰쎄까(Hermes da Fonseca) 대통령 집권과 1920년대 소위 **'소장장교운동'**(Tenentismo)이 한창이던 시기에 다시 정치 전면에 나섰었다. 따라서 과두지배체제의 공화국은 1898년 11월 15일 두 번째 민간대통령이었던 깜뿌스 쌀레스(Campos Sales)의 집권과 함께 공고화되었던 것으로 보아야 한다.

이 시기의 또 다른 정치적 특징은 깜뿌스 쌀레스 정권 하에서 고착화되었던 **'주(州)의정치'**(Política dos Estados) 또는 **'주지사들의 정치'**로 이로서 연방정부는 주정부의 정치에 그리고 주정부는 시정부의 정치에 개입할 수 없었으며 각 주와 시 정부에는 정치적인 자치와 안정이 보장되었었다. 한편 '주지사들의 정치'는 대통령과 주지사간의 암묵적인 협약에 의거하여 부정선거가 정당화된 상황에서 대중적인 대표자가 선출되었던 만큼 좌파 정당은 설 자리가 없었으며 좌파 정당은 1930

1) 미나스 제라이스 주는 사실 제 2의 커피 생산 지역이었으며 우유의 최대 생산 지역은 아니었지만 싸웅 빠울루에 대응하는 의미로서 이렇게 쓰였다.

년 이후에나 설립이 가능하였다. 이 당시 정당은 전국적인 정당은 없었으며 '미나스 제라이스 공화당'(PRM: Partido Republicano Mineiro)과 '싸웅 빠울루 공화당'(PRP: Partido Republicano Paulista) 그리고 '히우 그란지 두 술 공화당'(Partido Repblicano Rio-grandense) 등이 주요정당으로 활동하였다.

이때 당시 대통령 선거는 4년에 한번씩 3월 1일에 치러졌으며 신임 대통령의 취임은 그해 11월 15일에 이루어졌는데 공화국 대통령은 주지사들 가운데서 전국적인 동의하에 선출되었다. 따라서 대통령은, 주지사 후계자의 선출과 같은 주지사의 정치적 행위를 적극 지지하였으며 반대로 주지사는 대통령에게 전적인 지지를 보내는 상·하원 의원선거에 협력하면서 연방정부에 지지를 표명할 수밖에 없었다.

이 시기는 또한 경제적인 면에서 커피산업의 활성화, 그리고 커피에 이어 브라질의 두 번째 수출상품인 아마존 지역의 고무산업의 호황과 함께 폭발적인 산업화의 진전으로 브라질 경제의 현대화가 실현되었던 시기였으며 이는 1929년 미국의 대공황 때까지 지속되었다. 그리고 브라질 역사상 첫 번째의 파업이 이 시기 동안에 발생하였으며 공산주의 정당의 출현도 또한 이때 이루어졌다.

Ⅱ. 구 공화국 정부

1. 데오도르 다 폰쎄까 정부

1891년 2월 공화국의 헌법 공포 후 첫 번째 대통령과 부통령은 국민의 직접 선거를 통해 뽑는 것이 아니고 국회에 의해 선출토록 규정하였으며 혁명을 이끌었던 데오도르 다 폰쎄까(Deodor da Fonseca)가 대통령(1889. 11.15－1891.11.23)에, 플로리아누 뻬이쇼뚜가 부통령에 선출되었다. 이와 동시에 국회에는 강력한 야당이 탄생되었는데 이로 인해 내각이 총 사퇴하였고 곧이어 의회가 '공화국 대통령의 의무'라는 법을 통과시켜 대통령의 탄핵 가능성을 암시한다. 이에 데오도르 다 폰쎄까는 같은 해 11월 3일, 이제는 더 이상 대통령의 권한에 속하지 않던 의회 해산권을 발동, 의회를 강제로 해산시키는데 이에 빠라 주지사인 라우루 쏘드레(Lauro Sodré)와 일부 군 장성들이 문제를 제기, 수도인 히우 지 자네이루를 공격하겠다고 위협하였다. 당시 데오도르 다 폰세까 대통령은 군부의 전폭적인 지지를 받고 있었기에 이를 충분히 진압할 수 있었지만 내전을 원치 않았기 때문에 대통령직에서 사임하고 부통령이었던 플로리아누 뻬이쇼뚜에게 대통령직을 넘겨주며 자신의 정치적, 군사적 경력에 종지부를 찍고 말았다.

〈데오도르 다 폰쎄까〉

한편 당시 재무장관이었던 후이 바르보자(Rui Barbosa)는 1889－1892년 사이에 몇몇 은행에 무잔고 채권발행을 허가하고 무한 대출을 가능케 함으로써 인플레와 금융투기 현상을 야기 시킨 소위 **'엔씰랴멘뚜'** (Encilhamento; 원래는 경마장에서 말(馬)에 마구(馬具)를 채우면서 그 말에 도박을 거는 것에서 유래한 것으로 여기서는 모험, 투기, 도박을 의미함) 사건이 발생하였으며, 이를 계기로 수많은 기업들이 난립하여 도산하는 과정에서 인플레가 가속되었지만 일부 기업은 이후에도 생존, 브라질 국내 산업 발달에 도움을 주었다.

2. 플로리아누 뻬이쇼뚜 정부

〈플로리아누 뻬이쇼뚜〉

데오도르 다 폰세까 대통령으로부터 임기를 물려받은 플로리아누 뻬이쇼뚜(Floriano Peixoto) 대통령(1891.11.23－1894.11.15)은 의회를 복귀시키는 등 정국수습의 노력에도 불구하고 수도지역을 중심으로 도처에서 수많은 소요사태가 발생하였다. 1892년 4월에는 13인의 장성들이 플로리아누에게 전임대통령의 잔여임기를 채우기 위한 대통령선거의 실시를 요구했지만 의회의 지지를 받고 있던 그는 장성들을 징계하여 퇴역시키는 조처를 취하였다.

또한 1893년 2월 히우 그란지 두 술 주에서는 주정부에 대한 연방정부의 권한 남용 및 간섭 증대에 불만을 품은 이 지역의 연방주의자 정치인들이 입헌군주제 하에서 실시된 바 있던 의회주의의 도입을 주장하며 폭동을 일으키는 사건이 발생하였지만, 그러나 정부는 정부군은 반란군을 우루과이로 추방시킴으로써 사건을 일단락 지었다.

같은 해 9월 히우 지 자네이루에서는 전 장관이었던 해군의 꾸스또디우 주제 지 멜루(Custódio José de Melo) 장군이 주도한 해군함대의 폭동이 발생하였지만 이 역시 정부군에 의해 진압되고 말았다. 이렇듯 크고 작은 반란 혁명이 모두 플로리아누 뻬이쇼뚜 정부에 의해 진압되자 사람들은 그를 '철의 원수, 공화국의 기반을 공고히 한 인물'로 평가하기도 하였다.

3. 쁘루덴찌 지 모라이스 정부

1894년 3월 1일 선출되어 그해 11월 15일에 첫 민간인 출신으로 대통령에 취임한 쁘루덴찌 지 모라이스(Prudente de Morais, 1894.11.15－1898.11.15)는 '엔씰랴멘뚜' 사건의 후유증으로 인한 침체된 경제와 앞서 발생했던 군부와 정치 반란으로 인한 심각한 정치 불신 그리고 이에 따른 정치, 사회적 무질서라는 혼란스런 상황으로 재임기간 내내 평온함을 유지하지 못하였었다. 그러나 그는 히우 그란지 두 술 주 반란사건으로 체포된 자들을 사면하는 등 국내정치의 안정과 평화를 위하여 노력하였으며 이와 함께 대외관계에서도 상당한 업적을 이룩하였다. 특히 침체된 경제를 회생시키기 위하여 외국과의 협력관계 체결로 정부의 재정 안정을 이룩하였으며, 1895년 2월에는 미국의 중재 하에 아르헨티나와의 국경문제를 해결하였고, 그 다음 달에는 1년 전 군부 반란 사건의 주모자들에게 정치적 은신처를 제공한 두 척의 포르투갈 함선의 불법성을 빌미로 단절되었던 포르투갈과의 외교관계를 재개하기도 하였다.

〈쁘루덴찌 지 모라이스〉

그러나 쁘루덴찌 지 모라이스 정부 하에서는 당시 브라질의 불평등한 사회 구조의 표출로 대변되는 '까누두스의 난(亂)'(Guerra de Canudos)이 바이아 주 오지(奧地)에서 발생, 그의 정치사에 오점을 남기게 되었다. 그리고 이 전쟁을 승리로 이끈 정부군이 귀환하면서 열린 군대 환영회에서 마르쎌리누 비스뿌 데 멜루(Marcelino Bispo de Melo)가 쁘루덴찌 데 모라이스 대통령을 암살하려는 사건이 발생하고 또한 국방장관이었던 까를루스 비땡꾸르(Carlos Bittencourt)가 비수에 맞아 사망하는 사건이 발생하였다. 이 사건은 그러나 당시 대통령의 정치적 명망이 높아지는 계기가 되고 곧이어 이날 국회의 인준을 거쳐 계엄령이 선포되어 그의 잔여 임기는 평탄하게 지속되었다.

■ **'까누두스의 난'(Guerra de Canudos, 1896–1897)** – '까누두스의 혁명' 또는 '까누두스의 반란'이라고도 알려진 이 사건은 1896년부터 1897년 사이에 발생한 정부군과 오지 광신교도 간의 전쟁으로 당시 대토지 소유제 하에서의 심각한 사회 · 경제적 혼란에서 비롯된 기록적인 실업과 연방정부의 폭발적인 세금 부과, 연이은 가뭄으로 인한 빈곤의 악화 그리고 사회적으로 소외된 빈민계층과 오지인의 편향된 종교 의식에서 비롯된 사건이었다.

〈안또니우 꽁셀레이루〉

1893년 바이아 주 까누두스란 지역에서 쎄아라 주 출신의 안또니우 비센찌 멘지스 마시엘(Antônio Vicente Mendes Maciel, 일명 안또니우 꽁셀레이루(Antônio Conselheiro) 로 알려짐)이란 사람이 스스로를 예언자로 지칭하면서 교육과 문명의 혜택을 받지 못한 오지 사람들을 중심으로 전도 활동을 하면서 군주제 부활과 더불어 '19세기말에는 동 쎄바스찌아웅 왕이 돌아와 굶주림과 가난에 허덕이는 사람들에게 정의를 실행해줄 것이다.'라는 연설을 통해 1578년 아프리카 북부의 알까세르 끼비르 전투에서 사망한 포르투갈의 왕 동 쎄바스찌아웅의 귀환을 외치며 포르투갈에서 당시 유행하였던 **쎄바스찌아웅주의**(Sebastianismo)를 브라질에 유입시켰다.

그의 이러한 종말론적 전도활동은 당시 사회적, 경제적으로 소외받고 있었던 오지의 빈민 계층에게 급속도로 파고들어 상당한 세력을 형성하기 시작하였으며 까누두스에 정착하여 많은 오지인들과 광신적인 종교집단촌을 형성하자, 주변 도심지역의 중산층, 특히 상인과 농장주들에게 커다란 위험요소로 대두되게 되었다. 이에 1896년 11월과 이듬해인 1월 바이아 주 경찰의 소규모 병력이 나서지만 패배하게 되고 이어 세 차례에 걸쳐 주정부와 연방정부가 정벌군대를 파견하는 등 점차 전투가 치열해졌으며 정부군의 패배가 잇따랐다. 그러나 1897년 6월부터 시작된 마지막 정벌전투에서 반란자들의 근거지였던 까누두스가 함락되고 9월에는 주모자였던 안또니우 꽁셀레이루가 사망하고 그의 추종자들도 대부분 체포, 사망함으로써 사건은 종결되었다. 이 사건으로 브라질 전국 16개 주에서 차출된 군대가 1만 2천여 명에 이르렀고, 정부군과 오지인을 합쳐 모두 2만 5천여 명이 사망하는 결과가 나타났다. 한편 북동부 내륙지방의 가난한 소외 계층의 시대상과 그들의 삶의 애환을 그대로 반영한 이 사건은, 1902년 종군기자이며 소설가인 에우끌리데스 다 꿍냐(Euclides da Cunha)가 **'오지'**(Os Sertões)라는 문학작품으로 발표하였으며, 소설가 바르가스 료사(Vargas Llosa)는 이 전쟁을 '세상 종말의 전쟁'이라고 표현한바 있다.

4. 깜뿌스 쌀레스 정부

프란씨스꾸 지 아씨스 호자 이 씰바(Francisco de Assis Rosa e Slva) 부통령과 함께 당선된 깜뿌스 쌀레스(Campos Sales) 대통령(1898.11.15－1902.11.15)은 무엇보다도 구 공화국 최대의 재정 위기였던 '엔씰랴멘

〈깜뿌스 쌀레스〉

뚜' 사건과 '까누두스의 난'과 같은 정치적 사건으로 야기된 경제적 혼란을 바로잡는데 주력하였다. 이를 위해 그는 대통령으로 선출된 직후 유럽을 방문하여 외국 채권은행들과 소위 'Funding Loan'이라는 협약을 맺어 외채이자 지불을 일정기간 유보시킴과 동시에 새로운 외채를 끌어들이는데 성공하였다. 하지만 이 협약은 향후 브라질의 대외 종속을 가속화시키기에 이르렀고 외국자본에게 브라질 경제 통제권을 넘겨주는 결과를 초래하였다. 정치적으로 그는 각 주의 지사들과 그들의 동향 출신 상·하원의원들과 밀착, 연방정부의 혜택을 막대하게 제공해주었으며 연방정부는 그에 대한 대가로 자신의 정책 수행에 있어서 주지사를 비롯한 각 주의 지지를 받게 되었다. 일명 '주지사들의 정치'라 불리는 이 정책의 시행으로 자연히 의회 내에서의 각 정당의 영향력을 와해시키는 결과를 초래하였고 아울러 선거 때마다 주지사를 비롯한 주 출신 연방 상·하원 의원들의 부정과 부패를 가속화시켰다. 어쨌든 이와 같은 정책으로 말미암아 인구로 보나 경제적으로 상당한 위치에 있던 싸웅 빠울루 주와 미나스 제라이스 주 출신의 정치인들이 브라질 정치계를 좌우하는 양상을 나타내게 되었다.

5. 호드리게스 알비스 정부

플로리아누 뻬이쇼뚜 대통령 하에서 재무장관을 역임한 호드리게스 알비스(Rodrigues Alves) 대통령(1902.11.15－1906.11.15)은 능력 있는 내각 덕분에 4년간의 재임기간동안 구 공화국에서 가장 진보적인 업적을 남겼는데 특히 당시 연방수도인 히우 지자네이루 시를 보다 현대적으로 정비하여 도로 및 항만, 교량 건설을 대대적으로 확충하였다. 이와 함께 그는 의학자인 오스발두 끄루즈(Osvaldo Cruz)의 노력으로 매년 여름 히우 시의 많은 인명을 앗아간 황열병을 퇴치하는데 성공하였다. 하지만 천연두 예방사업을 위한 예산 확보가 의회의 반대로 난항을 겪게 되면서 이를 계기로 1904년 11월, 일부 반정부 정치인과 군부 일각 그리고 일반 대중이 연합한 시위와 반정부 혁명이 계속되자 이들과 정부군 사이에 일대 격전이 벌어졌으나 강경 대처하여 이를 무력화시키는데 성공하였다.

〈호드리게스 알비스〉

한편 호드리게스 알비스 정부의 외무장관으로 탁월한 외교업적을 남긴 히우 브랑꾸(Rio Branco) 남작인 주제 마리아 다 씰바 빠랑유스 쥬니오르(José Maria da Silva Paranhos Jr.)는 특히 브라질과 볼리비아 간의 국경문제해결을 위해 1903년 11월 양국간에 '뻬뜨로뽈리스 협정'(Tratado de Petrópolis)을 체결, 현재의 아끄리(Acre) 주의 광대한 영토를 브라질 땅으로 편입시키는데 성공하였다.

이 정부는 또한 남부의 부유하고 인구 밀집 지역인 싸웅 빠울루와 히우 지 자네이루 그리고 히우 그란지 두 술 주보다 상대적으로 열악한 환경에 처해 있던 북동부의 벨렝과 헤시페 그리고 바이아 지역에 대한 발전과 인구 집중에 노력하였으나 그 성과를 얻지는 못하였다.

■ **구 공화국의 정치 · 경제기반, 커피**—브라질의 경제활동에서 가장 중요한 부문은 커피경작이었다. 프란씨스꼬 지 멜루 빨레따(Francisco de

Melo Paleta)가 브라질에 이식한 커피나무는 여러 해 동안 북부지역의 채마밭에서 재배된 후 남부에 이식되어 히우 지 자네이루 부근에서 본격적인 경작이 시작되었다. 동 뻬드루 1세 통치기부터 브라질 부의 주요한 원천이었던 커피의 경작은 빠라이나 강 유역과 그 인접지역까지 확장되고 이어 히우와 미나스 제라이스 지역뿐 아니라 커피경작에 적합한 **떼하 호샤**(Terra Roxa) 토양이 발달한 싸웅 빠울루까지 확장되었다.

〈커피 열매〉

커피경작지의 확산은 경제적 이익뿐 아니라 도로시설의 확대에 따른 수송수단의 발전 등 많은 파급효과를 가져왔다. 1854년에 개통된 뻬뜨로뽈리스 산맥 기슭과 해안지대를 연결한 브라질 최초의 철도 그리고 히우와 미나스 제라이스 강을 연결한 우니아웅 이 인두스뜨리아 도로 등은 커피산업의 결과로 볼 수 있다.

19세기말부터 커피 생산이 급증했음에도 불구하고 특히 국제 수요는 그와 같은 증가세를 보이지 않았다. 따라서 커피 가격은 급속도로 하락하기 시작했는데 1890년까지만 해도 1포대 당 102프랑 하던 것이 1900년에는 40프랑 이하로, 그리고 1905년경엔 33−45프랑으로 급락하였다. 이에 커피라는 단일 품목에 정치와 경제가 의존해 있던 브라질 정부는 커피 산업을 보호하기 위해 1906년 2월 싸웅 빠울루 주의 따우바떼 시에서 싸웅 빠울루, 미나스 제라이스, 히우 지 자네이루 등 3개 주지사들이 모여 커피 산업을 보호하기 위한 일명, '**따우바떼 협정**'(Tratado de Taubatê)을 서명, 발표하였다. 그 주요 내용은 첫째, 커피의 수요와 공급의 균형을 유지하기 위해 연방 정부가 잉여 생산 분을 구매함으로써 시장에 개입하며, 둘째, 잉여 생산 분의 구입비용은 차

관도입으로 충당하며, 셋째, 차관의 상환 및 이자 지불 비용은 수출 커피에 대해 새로운 세금을 부과하되 그것을 금으로 징수하며 넷째, 이 문제의 장기적인 해결을 위해 커피를 생산하는 각 주정부가 커피 재배의 확산을 막도록 하는 것을 주요 골자로 하고 있다.

'따우바떼 협정'이 체결된 후 1924년에는 '커피연구소'를 설립, 간접적인 시장 개입으로 전환하게 되는데, 이로써 커피의 과잉 생산에 따른 커피 가격의 하락은 막을 수 있었다.

6. 아퐁쑤 뻬나와 닐루 뻬쌍냐 정부

〈아퐁쑤 뻬나〉

전임 대통령으로부터 평탄한 정부를 물려받은 아퐁쑤 뻬나(Afonso Pena) 대통령(1906.11.15－1909.6.14)은 그러나 하층계급의 빈곤의 가속화와 정치적 부패 그리고 과거 사탕수수 농장주에서 새로운 지주계층으로 등장한 커피 농장주라는 지방의 과두지배계층의 형성과 관련한 산적한 국내 문제를 겪어야 하였다. 이 정부 하에서는 1907년 네덜란드 헤이그에서 만국평화회의가 열려 브라질의 후이 바르보자(Rui Barbosa) 대표는 강대국의 특권에 맞서 브라질을 포함함 소수 국가들의 이익을 대변하는 업적을 쌓기도 하였다. 아퐁쑤 뻬나 대통령은 싸웅 빠울루－히우 그란지 두 술, 그리고 히우 지 자네이루-이스삐리뚜 싼뚜 간을 연결하는 대규모 철도확장 계획을 실현하였으며, 부족한 노동력의 유입과 국가 발전을 위해 유럽 이민을 대거 받아들였으며, 1908년에는 브라질 개항 100주년을 기념하여 만국박람회를 개최하여 국가 발전에 기여하였다. 아퐁쑤 뻬나 대통령은 그러나 1909년 임기 중 사망하여 잔여 임기를 부통령이었던 닐루 뻬쌍냐(Nilo Peçanha)가 승계하게 되었다.

브라질의 유일한 혼혈인 대통령으로 기록되는 닐루 뻬쌍냐 대통령(1909.6.14－1910.11.15)은 그의 임기 중 브라질 인디오를 위한 문명화와 개혁 작업에 착수하여 '인디오 보호청'(Serviço de Proteção aos Índios)을 창설하는 업적을 낳았다.

7. 에르메스 다 폰쎄까 정부

〈에르메스 다 폰쎄까〉

닐루 뻬쌍냐 정부 하에서 치러진 대통령 선거에서 민간인 출신의 후이 바르보자를 누르고 당선된 군인 출신의 에르메스 다 폰쎄까(Hermes da Fonseca) 대통령(1910.11.15－1914.11.15)은 군부와 대부분의 지방 과두지배계층 그리고 일반 민중의 지원을 받아 비교적 무리 없는 정군운용을 꾀하였지만 취임한 그 주에 해군 내에서 발생한 일명 **'채찍의 반란'**(Revolta da Chibata)으로 혼란을 겪게 되었다. 이 사건은 해군 내에 통용되고 있는 채찍으로 때리는 신체형(刑) 제도에 불만을 품은 2천여 명의 군인들이 일으킨 것으로 정부에 의해 곧 진압되었다. 하지만 사건에 연루된 군인들에 대해 사면령을 내릴 것이라는 당초 약속과는 달리 체포와 유배형이라는 가혹한 처리를 한 탓에 다음 달인 12월 9일 또 다른 해군의 반란 사건이 발생, 정부의 강경 진압 끝에 1200여명의 해군이 쫓겨나고 수 백 명이 체포 또는 사살되는 결과를 낳게 되어 군부와 일반 민중으로부터 불만을 사게 되었다. 이 정부 하에서는 또한, 빠라나 주와 싼따 까따리나 주 접경지역인 오지, 꼰떼스따두(Contestado)의 소유를 놓고 과거 '까누두스의 난'과 유사한 '꼰떼스따두의 난'[2)]이라는 사건이 발생하기도 하였다. 한편 이러한 정치적 혼란의 영향으로 당시의 경제는 특히 북부 아마존 지역을 중심으로 한 고무산업의 사양으로 심각한 위기에 봉착하였으며 이를 타개하고자 구 공화국 들어와 두 번째로 1914년에 해외로부터 새로운 'Funding Loan'을 차입하였다. 정부는 또한 철도확충 공사를 계속하였으며 교육부문에도 새로운 개혁을 실시하였으며 대학의 설립도 적극 추진하였다.

에르메스 다 폰쎄까 대통령은 첫 번째 부인이 그의 재임 중이었던 1912년에 사망, 대통령으로서 유일하게 임기 중 결혼하는 사례를 남기기도 하였으며, 처음으로 대통령 휘장(띠)을 착용하는 법안을 통과시켜 이때부터 오늘날까지 대통령 취임 시 이를 착용하게 되었다. 한편 이 정권 말기 제 1차 세계대전(1914−1918)이 발생 브라질을 포함한 전 세계가 극도로 혼란스러운 시기를 겪게 되었다.

8. 벤세슬라우 브라스 정부

전임 정부 하에서 부통령으로 재임하고 난 후 단독후보로 당선된 벤세슬라우 브라스(Venceslau Brás) 대통령(1914.11.15−1918.11.15)은 전 정부 하에서 계속된 **'꼰떼스따두의 난'**을 진압하는데 성공하였으며 이와 함께 1916년 이 사건의 원인이었던 빠라나 주와 싼따 까따리나 주 간의 경계를 확정하였다.

---

2) '도사'(Monge)로 불리었던 주엉 마리아(João Maria)라는 지도자를 따르는 수 천 명의 광신자들이 정부에 대항하여 투쟁을 벌인 사건으로 에르메스 다 폰쎄까 대통령 임기 말까지 정부군과 광신자 집단 간에 피비린내 나는 투쟁이 계속되었다.

〈벤세슬라우 브라스〉

이 정부는 1917년 10월, 독일 해군 잠수함에 의해 브라질의 빠라나(Paraná) 호가 침몰 당하자 곧이어 독일과의 외교관계를 단절하고 전쟁을 선포하여 연합군에 합류, 군량미와 해상 운송 수단을 제공함으로써 1차 세계 대전에 참전하게 되었다. 1차 세계대전으로 브라질은 타국과의 교역이 어려워져 수입에서 막대한 타격을 받지만 한편으로 국내 산업 활동은 한층 활성화되었으며 전쟁 물자인 농산물과 원자재 수출이 호조를 보였고 아울러 공산품 수입이 어려워진 관계로 자국 산업화가 성장하는 계기가 마련되었다. 하지만 1차 세계 대전을 전후해 브라질에서는 공산주의자들이 정치세력화 하는 상황이 만들어지기도 하였다. 동시에 1차 세계대전을 계기로 브라질에는 영국 자본의 유입이 감소한 반면 미국의 자본과 정치적 영향력이 점차 강해지게 되었다.

한편 벤세슬라우 브라스 정권 말기에는 세계대전의 영향으로 브라질 내에서 소위 '스페인 독감'이 전국적으로 유행하여 1만 5천여 명이 사망하는 불상사가 발생하기도 하였다.

9. 에삐따씨우 뻬쏘아 정부

변호사 출신으로 정계에 진출하였으나 1894년에는 플로리아누 뻬이쇼뚜 대통령과의 정치적 불화로, 그리고 1911년에는 상원의원에 당선되었지만 또다시 유럽으로 외유를 떠나 1914년에 귀국한 에삐따씨우 뻬쏘아(Epitácio Pessoa)는, 1918년 두 번째로 당선된 호드리구 알비스 대통령이 1919년 1월 갑자기 병으로 사망하자 부통령이었던 델핑 모레이라(Delfim Moreira)와 경선을 하여 대통령에 당선되었다. 대통령 경선 당시 그는 국내가 아닌 유럽에 있었던 관계로 브라질 역사상 국외에서 당선되는 첫 번째 대통령으로 기록되고 있으며 또한 빠라이바 주 출신인 그가 대통령에 당선됨으로써 당시의 '커피-우유 정치'를 종식시킨 첫 번째 대통령으로도 기록되고 있다.

〈에삐따씨우 뻬쏘아〉

북동부 출신으로서 에삐따씨우 뻬쏘아 대통령은 재임 중(1919.7.28-1922.11.15) 이 지역발전의 가장 큰 저해요인이었던 가뭄문제를 해결하고자 205개의 댐과 220개의 저수지를 건설하였으며 철로를 확충하는 업적을 쌓았다. 그는 브라질 최대 수출품목인 커피산업의 발전에도 힘을 쏟아 커피 수출가격의 안정에도 크게 기여하였으며, 1차 세계대전 후 야기된 재정위기를 타개하고자 군인의 봉급을 동결하는 조치를 취해 군부의 반발을 사게 되었다. 게다가 그는 과거 군주제의 전통을 따라 민간인 출신을 국방장관에 임명하여 군부의 반발을 사게 되어 결국 1922년 7월 5일 꼬빠까바나 요새에서 일단의 소장장교들과 사관학교 생도들이 가세한 혁명에 직면하게 되었다.[3] 이들 소장장교들은 에삐따씨우 뻬쏘아 대통령의 사임과 1922년에 실시된 대통령선거에서 당선된 아르뚜르 베르나르데스의 취임을 반대하는 요구를 하였으며 혁명에 참가한 군인 중 18명의 장교들은 최후까지 항전하다 그

3) 원래 군부 내의 불만을 위해 나타난 소위 '소장장교운동' (Tenentismo)으로 명명된 이러한 군부의 혁명은 그 후에도 계속되었는데, 이는 당시 브라질 정치사의 관례였던 과두제 정치를 종식시키는데 일조하였으며 나아가 1930년 혁명으로 비화되기도 하였다.

중 16명이 사살되고 말았다.

이 정부 하에서는 또한 1922년, 브라질 문화예술 분야의 가장 획기적인 '**현대예술주간**'(Semana de Arte Moderna)행사가 일단의 젊은 예술가들에 의해 주동되어 유럽 전통으로부터의 탈피와 브라질 고유의 문화예술 개념의 확립을 주장하여 당시 보수적인 문화 기류에 큰 영향을 미치기도 하였다. 또한 1922년에는 브라질 정당 사상 처음으로 브라질 공산당(PCB: Partido Comunista Brasileiro)이 창당되어 노동자들이 무정부주의를 포기하고 사회주의 노선을 걷게 되는 기회가 되었다.

10. 아르뚜르 베르나르데스 정부

〈A.베르나르데스〉

1922년 3월의 선거에서 부통령인 이스따씨우 꼬임브라(Estácio Coimbra)와 함께 당선된 아르뚜르 베르나르데스(Artur Bernardes) 대통령(1922.11.15－1926.11.15)은 정치적 혼란과 크고 작은 군부와 민간인 반란사건 등으로 얼룩져 임기 내내 비상령의 선포가 잇따랐다. 특히 그의 대통령 선출에 반대하고 전임 대통령에 불만을 가진 군부 내 **소장장교운동**의 도화선이 되었던 꼬빠가바나 요새 봉기 사건을 마무리 지어야 했으며, 루이스 까를로스 쁘레스찌스(Luís Carlos Prestes)가 주동이 되어 브라질 오지 지역 25,000Km를 순례하며 반정부 활동을 펼친 공산주의 게릴라 봉기 사건인 소위 '**꼴루나 쁘레스찌스**'(Coluna Prestes) 사건에 시달려야만 하였다.

또한 아르뚜르 베르나르데스 대통령은 히우 그란지 두 술 주에서

5번째 주지사 연임을 시도하였던 보르제스 지 메데이루스(Borges de Medeiros)가 주동이 된 이 지역의 민란 사건과 1923년과 1924년 각각 히우 그란지 두 술과 싸웅 빠울루에서 발생한 소장장교운동으로 국가비상사태를 선포해야만 하였다. 그는 1891년 헌법안 중 국가비상사태 선포와 관련된 헌법을 수정, 1926년 9월 발효시키기도 하였다. 대통령에서 물러난 그는 1930년 제뚤리우 바르가스 혁명에 동참하고 이어 1932년의 제헌혁명에도 참가하였으나 혁명의 실패로 포르투갈로 추방당하기도 하였다.

11. 와싱똔 루이스 정부

〈와싱똔 루이스〉

검사로 공직생활을 시작, 주의원과 연방하원의원, 그리고 싸웅 빠울루 시장과 주지사를 역임한 와싱똔 루이스(Washington Luís)는 1920－1924년 주지사 재임 시 '통치하는 것은 곧 도로를 여는 것'(Governar é abrir estradas)이라는 슬로건 하에 수많은 고속도로를 만들었으며 커피농업의 노동력 확보를 위해 1차 세계대전으로 중단되었던 유럽 이민의 유입을 재개하고 또한 일본 이민을 받아들여 이들의 농업 공동체를 만들기도 하였다. 또한 주정부 기록보관소를 현대화하였으며 독립기념비를 건립하고 박물관을 세우는 등 문화 사업에도 공헌하였으며 싸웅 빠울루 주와 인근 주들과의 경계선을 확정하기도 하였다.

1925년 공석 중인 연방 상원의원에 당선되어 임기를 마친 후 이듬해인 1926년 3월의 대통령 선거에서 당시의 '커피－우유 정치'의 정치적 분위기 속에서 싸웅 빠울루와 다른 주의 공화당(PRP)의 지원을 받아 단독후보로 출마하여 대통령에 당선되었다. 와싱똔 루이스 대통령(1926.11.15－1930.10.24)의 당선은 전임 정부 하에서의 크고 작은 혁명과 '꼴루나 쁘레스찌스'사건 등으로 얼룩진 정치 과거를 일신하고 국민들에게 희망을 줄 수 있는 시회로 비쳐졌으며 이에 발맞추어 그는 모든 정치범을 사면하고 동시에 전 정부에서 빈번하게 반복되었던 국가비상령을 해제하였다. 그는 또한 1929년 세계공황으로 시작된 경제위기와 커피산업의 위기를 극복하려고 노력하였으며 환율과 국가재정의 안정에도 기여하였다.

와싱똔 루이스 대통령은 오늘날의 정보기구의 전신이라고 할 수 있는 '국가수호위원회'(Conselho de Defesa Nacional)를 1927년에 창설하였으며, 주지사 시절부터 추진해온 도로건설에도 박차를 가하여 대통령 재임 중 히우－뻬뜨로뽈리스 간과 싸웅 빠울루-히우 간 고속도로를 건설하여 국가기반 망 확충에도 크게 기여하였다.

그러나 1930년 3월 1일 차기 대통령 선거에서 그는 당시 불문율처럼 되어있는 '커피－우유정치'의 정치적 타협을 무시하고 차기 대권후보로 역시 자신과 같은 싸웅 빠울루 출신의 줄리우 쁘레스찌스(Júlio Prestes)를 지명하고 그가 당선되면서 정치적 위기를 자초하였다. 결국 그는 **제뚤리우 바르가스**(Getúlio Vargas)가 주도하는 야당과 군부에 의한 **'1930년 10월 혁명'**으로 임기 만료 21일을 남긴 1930년 10월 24일 권좌에서 축출되어 구 공화국을 마감하는 마지막 대통령으로 기록되었으며 이후 오랜 세월 미국과 유럽 등지에서 유배생활을 지낸 뒤 1947년 브라질로 돌아와 1957년에 생을 마감하였다.

■ **1929년의 세계 공황과 브라질 경제**–1929년 뉴욕의 주식시장에서 주가가 폭락하는 사태가 발생하면서 전 세계적으로 불어 닥친 경제와 금융위기로 브라질 경제 또한 그 영향에서 벗어날 수 없었다. 특히 브라질의 주요 수출 품목이었던 커피는 1928년에 총 생산량은 2,600만 포대 이상을 기록하였는데 당시 브라질 정부는 '따우바떼 협정'에 따라 이미 2,200만 포대를 수매, 저장한 상태였으며 뉴욕 주식 시장의 붕괴로 커피 가격이 급락하자 커피 가격의 안정을 위해 잉여분을 재 구매, 총 재고가 순식간에 2,750만 포대로 증가하였다. 게다가 브라질 커피의 주 수입국인 미국의 공황으로 브라질 커피 관련 사업이 문을 닫는 사태가 속출하여 브라질의 경제 위기는 급속히 확산되었으며 여기에 정치적으로 '커피-우유 정치'로 인하여 지역 정치인 및 국민들의 불만도 크게 고조되었다. 어쨌든 1889년 공화국 창설이후 1930년 혁명이 일어나던 기간 중 브라질의 정치와 경제는 주 수출품인 커피 산업에 종속되어 있었으며 커피 산업의 호황으로 유럽계 이민이 급증하는 계기가 되었다.

제17장 1930년 혁명과 바르가스 시대

Ⅰ. '1930년 혁명'의 배경과 과정

구 공화국 시대의 마지막 대통령으로 기록되는 와싱뚠 루이스 대통령 집권 말기 전 세계는 심각한 경제적 위기에 직면하고 있었으며 미국은 대공황으로 브라질산 커피의 수입을 전면 중단, 브라질 경제는 공장폐쇄와 실업자의 증가로 경제적 위기와 함께 사회적 불안과 혁명의 위기에 내몰리게 되었다. 한편 1891년 헌법에 따라 중앙정부의 권력이 지방으로 분산되어 각 주의 자치권이 상대적으로 크게 강화되었으며 이에 따라 경제력을 바탕으로 한 싸웅 빠울루 주와 미나스 제라이스 주 출신의 정치인들이 소위 '커피－우유 정치'라는 암묵적 협약에 의해 구 공화국 기간 내내 정치적 타협을 통해 교대로 권력을 독점하고 있어 이에 다른 주 출신의 정치인들이 크게 반발하고 있었다. 그리고 지방의 유지 및 지역 정치인들의 권력 남용과 부정부패, 특히 부정 선거의 온상이 된 소위 '**꼬로넬리즈무**'(Coronelismo)정치가 산업화와 도시화 속에 점차 퇴보하기 시작하였고, 1920년대에 들어와서는 젊은 군 소장파들이 군부 내의 개혁을 빌미로 사회 개혁 및 선거 개혁을 위해 일련의 혁명, 즉 '**소장장교운동**'을 일으키고 있었다. 군부 내의 이들 소장 장교들은 1930년 혁명 이후 정치에 뛰어들었으나 1934년 이후 정치권에서 거의 사라졌다. 이와 함께 선거제도가 기명투표로 이루어지고 있었고, 선거 관리가 사법부가 아닌 입법부에 있어 각종 부정선거와 타락선거의 온상이 되고 있어 국민적 불만은 극에 달하고 있었다.

이러한 가운데 1930년 3월의 대통령 선거에서 싸웅 빠울루 출신이었던 와싱똔 루이스 대통령은 '커피－우유 정치'의 정치적 타협에 따라 차기 대권 후보로 미나스 제라이스 공화당(PRM)의 지지를 받는 이곳의 주지사인 안또니우 까를로스 지 안드라지(Antônio Carlos de Andrade)를 지명하여야 했으나 싸웅 빠울루 공화당(PRP)의 지지를 받는 싸웅 빠울루 출신의 줄리우 쁘레스찌스를 후보로 지명하고 그를 지지하고 나섰다.

이에 불만을 가진 미나스 제라이스 주 출신 정치인들은 당시 중앙 정치권에서 소외되어온 히우 그란지 두 술 주와 빠라이바 주 출신의 정치인들과 연합하여 자유연맹(Aliança Liberal)을 결성, 자신들의 후보로 히우 그란지 두 술 주지사인 제뚤리우 바르가스를 대통령 후보로, 그리고 빠라이바 주지사인 주엉 뻬쏘아(João Pessoa)를 부통령 후보로 내세우게 되었다. 당시 자유연맹을 결성하면서 '국민이 하기 전에 우리가 먼저 혁명을 실행하여야 한다'라고 주장한 안또니우 까를로스 지 안드라지의 말은 당시의 정치, 경제, 사회적 불안이 극에 달하고 있던 시점에서 곧 혁명이 일어날 것 같은 분위기를 조장하고 있었다. 이러한 가운데 치러진 대통령 선거에서 싸웅 빠울루 출신의 줄리우 쁘레스찌스가 대통령에 그리고 비딸 쏘아레스(Vital Soares)가 부통령에 당선되는 결과가 나타나고 말았다. 이에 자유연맹측은 선거가 불법으로 치러졌다고 주장하고 나섰으며 특히 히우 그란지 두 술 주에서는 군부혁명을 모의하는 분위기가 감지되었고 또한 선거 후 5월 3일에 개원된 의회에서는 야당과 여당의 극한 대립까지 연출되었다.

이러한 와중에 제뚤리우 바르가스의 러닝메이트로 출마했었던 주엉 뻬쏘아가 뻬르남부꾸 주도(主都)인 헤시페 시에서 살해되는 사건이 발생하였다. 그의 살해는 빠라이바 주 정치인들 간의 알력에 의해 발생한 것이었지만 이를 계기로 국가 전체가 술렁이기 시작하였고 자유연맹 측에서는 이를 경제 위기의 책임과 함께 정부 공격의 빌미로 삼아 대규모의 시위를 주동하였다. 이와 함께 소장장교운동 이후 현 정부에 반대의 기치를 내세웠던 군부 또한 현 상황이 정부의 책임이라고 주장하고 나섰으며 결국 그해 10월 3일 약 50여명으로 구성된 혁명 세력이 히우 그란지 두 술 주의 수도인 뽀르뚜 알레그리에서 반정부 시위를 주도하였다.

이를 계기로 헤시페 시에서는 주아레스 따보라(Juarez Távora)가 뻬르남부꾸 주지사를 몰아내는 혁명을 실행하였으며 북부지방에서도 혁명세력이 정국을 장악하는 등 전국에서 소요사태가 발생하기에 이르렀다. 이에 육군과 해군의 일부 장성들은 사태를 좌시할 수 없다고 판단하여 당시 대통령이었던 와싱똔 루이스를 퇴위시키고 10월 10일 혁명 군사위원회를 구성하여 헌정을 중단시키고 야당 후보로 나섰던 제뚤리우 바르가스에게 대통령직을 넘겨주었으며 이에 그는 11월 3일 '군부와 해군 그리고 국민의 이름으로 일구어낸 혁명의 대리인'으로서

〈1930년 혁명(Revolução de 1930)을 주도한 바르가스와 군부〉

공화국 정부를 임시로 맡게 됨을 공표하였다.

Ⅱ. 바르가스 시대(1930-1945)

'10월 혁명'이라고도 불리는 '1930년 혁명'으로 정권을 잡게 된 제뚤리우 바르가스 대통령의 집권은 1930－1945년까지의 제 1차 통치기간과 1951-1954년까지의 제 2차 통치기간으로 나눌 수 있다. 그리고 제 1차 통치기간은 1930-1934년까지 **임시정부**(Governo Provisório), 1934-1937년까지 **제헌정부**(Governo Constitucional) 그리고 1937-1945년까지 '**신국가**'(Estado Novo, 이스따두 노부) 체제의 3단계로 구분할 수 있으며, 그가 다시 정권에 복귀한 제 2차 통치기간은 1951-1954년까지로 이때 그는 직접선거에 의해 대통령으로 선출되었다.

1. 임시정부(1930-1934)

〈제뚤리우 바르가스〉

1930년 11월 3일 임시 군사평의회로부터 권력을 위임 받은 제뚤리우 바르가스 대통령은 취임식에서 임시정부가 추진해야할 17개의 국정과제를 설정하고 막강한 권력을 행사하며 구 공화국 시대의 정치 구조를 개편, 현대화하는데 총력을 기울였다. 그는 11월 10일, 임시정부의 첫 시행령을 발표하였는데 여기에는 1891년 제헌의회의 헌법조항을 수정하고, 연방의회와 주·시의회를 해산하고, 주로 1930년 혁명에 가담했던 소장파 군인들을 각 주정부 지사 자리에 임명하여 실질적으로 주정부의 자치권을 감소시켰으며 또한 각 주 정부군을 연방군 소속 하에 두는 안이 포함되어 있었다. 이로써 구 공화국의 특징이었던 중앙 권력의 지방 분산을 중앙 집권으로 바꾸는데 성공한 바르가스 대통령은 또한 노동부와 상공부 그리고 교육 및 보건부를 새로 만들고, 브라질의 주력 수출품목인 커피 산업의 보호를 위해 국가가 적극 개입하기로 하며 국가 커피위원회를 창설하기도 하였다.

이외에도 바르가스 대통령은 하원을 통하여 노조와 대통령을 직접 연관시키는 노조법을 만들어 소위 '**뽀쁠리즈무**'(Populismo)라고 불리는 자신의 정책에 대한 국민의 전폭적인 지지를 얻고자 하였다. 이로서 브라질 노조의 창설 등 노동운동의 합법화를 위한 법령이 이때 만들어졌다. 그러나 그의 이러한 통치 행위는 적지 않은 반발에 부딪쳤는데 특히 1932년에는 싸웅 빠울루에서 무장 봉기 혁명사건이 발생하기도 하였다.

■ **'싸웅 빠울루 제헌혁명'**(Revolução Conctitucionalista em São Paulo) – '1930년 혁명'을 인정하지 못하는 싸웅 빠울루 공화당(PRP)과 정치인들이 일으킨 이 사건은 학생, 의사, 기술자, 변호사, 공장 직공, 철도 공무원, 택시 기사 등 15세에서 60대 노인들까지의 일반인이 참가하여 '이방인에 의하여 싸웅 빠울루가 지배당하였다', '의회의 즉각적인 소집 요구' 그리고 '의회를 위한 모든 것'을 주장하여 그 성격이 여타 혁명과는 다른 특성을 보여주었다.

1932년 5월 23일 시위에 참여한 4명의 학생들이 의문의 살해를 당하자 정치인을 포함, 사회 각계에서 반발을 하기 시작한 혁명은 그해 7월 9일에는 싸웅 빠울루 주 전 지역으로 확산되었다. 그 후 이 혁명은 군중의 폭넓은 지지를 받아 싸웅 빠울루 주의 공장들이 전시 사태의 군수 공장으로 변형 가동되었고 일부 열차와 자동차들은 장갑차로 개조되기도 하였다. 하지만 이와 같은 주민의 자발적인 참여에도 불구하고 연방 정부군에 비해 수적으로나 화력 면에서 열세였던 데다가 히우 지 자네이루와 미나스 제라이스 주 등 다른 주의 참여를 지나치게 확신한 나머지 조직적인 세력 확대를 이루지 못한 탓에 1932년 9월 28일 항복함으로써 그 막을 내리게 되었다. 하지만 이 혁명의 결과로 1933년 5월 3일 제헌의회 의원 선거가 치러졌고 이듬해엔 신헌법이 제정되는 등 헌정 중단 상황을 바꾸는 데 크게 공헌한 것으로 평가되고 있다.

2. 제헌정부(1934–1937)

1933년 새로운 선거법의 제정과 함께 제 2공화국 시대의 하원의원들이 선출되었는데 이때 브라질 선거 사상 처음으로 비밀선거와 여성의 선거권이 인정되었다. 그해 11월에는 제헌의회가 소집되어 1891년의 헌법을 대체할 신헌법을 만들 것과 새 대통령을 선출할 의무를 부여받았는데, 이 제헌의회에는 고용주와 피고용인들 그리고 전문 노조의 지지를 받은 40명의 대의원이 선출되어 참가하기도 하였다. 제헌의회는 1934년 7월 16일, 브라질 역사상 3번째이자 공화국 사상 2번째의 신헌법을 탄생시켰으며 이는 1937년 개정하게 된다. 신헌법은 먼저 1938년 5월 3일까지 임기를 갖는 새 대통령을 의회에서 선출할 것을 결정하였는데, 이 헌법의 주요 특징은 자유주의적이며 민족주의적인 성격을 지니고 있으며 최저 임금제를 도입하며, 기업의 국영화와 사회 보장 제도 및 담당 기관의 설립 그리고 체포 영장제 도입과 부통령제의 폐지를 주요 골자로 하고 있다.

한편 이 시기에는 브라질 정치사에 두 개의 큰 줄기, 즉 파시즘과 전체주의 국가를 지향하는 '브라질 전체주의 운동'(Ação Integralista Brasileira, AIB)과 소비에트 연방의 사회주의 제도에 영향을 받은 '자유민족연맹'(Aliança Nacional Libertadora, ANL)이 형성, 활동함으로서 브라질 사회 전반에 커다란 영향을 미치게 되었다.

■ **'공산주의 폭동'(Intentona Comunista)** – 1935년에 발생한 '공산주의 폭동'(Intentona Comunista)은 1917년 러시아에 공산주의가 정착된 점에 고무 받았으며, 루이스 까를루스 쁘레스찌스(Luís Carlos Prestes)를 중심으로 '자유민족연맹'이 결성되면서 시작하였는데 이들은 일일 8시간제 근무 및 퇴직제 그리고 최저임금제를 요구하며 시위 및 파업을 주도하였다. 1935년 6월 11일 정부가 이 연맹을 해산시킴으로써 문제는 일단 가라앉았으나 공산주의의 활동은 브라질의 집권 정당에게 반

공산주의 캠페인을 시작하도록 하는 빌미를 제공하였다. 따라서 이 사건 이후 공산주의자들에 대한 연방 정부의 억압이 가속화되었고, 드디어 1937년 좌익과 이들의 준동이 바르가스의 친위 쿠데타에 빌미를 제공하고 말았다.

〈공산주의 폭동 기념비〉

■ **'전체주의 운동'**–1차 세계대전 후 이탈리아의 파시즘과 1930년대 독일의 나치즘 그리고 포르투갈의 쌀라자르, 스페인의 프랑꼬에 의한 파시즘 정권 수립 등에 고무되어 브라질에서는 1938년 쁘리니우 쌀가두(Plínio Slagado)에 의해 '전체주의 운동'(Integralismo)이 극에 달하였다. 이 운동은 일부 중산층의 지지를 받았으나 공장 근로자층은 이들의 활동에 극렬한 반감을 표시하였는데 이들은 1938년 5월 10일 정부군에 의해 무력 진압된 뒤 그 기세가 수그러들었다.

〈전체주의 운동〉

3. '신국가' 체제(1937–1945)

1933년 소집된 제헌의회는 제뚤리우 바르가스를 1938년 5월 3일까지 임기의 대통령으로 선출하였다. 한편 제뚤리우 바르가스는 1935년 11월에 발생한 '공산주의 폭동' 직후인 12월 의회에서 1934년 헌법 수정안을 통과시켰는데 그 수정안의 제 1항에는 비상사태 선포권을 대통령에게 부여하는 내용이 들어 있었다. 즉, 제뚤리우 바르가스는 이미 이때부터 강력한 대통령 중심제의 정치 체제를 구상하고 있었다.

한편 1937년 중반 무렵 차기 대통령 후보로 아르만두 지 쌀레스 올리베이라(Armando de Sales Oliveira) 싸웅 빠울루 주지사를 비롯하여 자유주의파의 주제 아메리꾸 지 알메이다(José Américo de Almeida), 전체주의파의 쁠리니우 쌀가두(Plínio Salgado) 그리고 공산주의를 대표하는 루이스 까를로스 쁘레스찌스(Luís Carlos Prestes) 등 4명의 후보가 나서 혼전 양상을 보이고 있었으며 평소 좌익의 활동에 대해 상당한 거부감을 갖고 있던 제뚤리우 바르가스는 1937년 10월 1일에 의회를 움직여 전시사태를 선포하도록 하였고 11월 10일에는 상·하원의 해산을 명령함과 동시에 사전에 작성해 놓았던 신헌법을 공표하는 **'신국가'**(Estado Novo) 체제를 발표하기에 이르렀다.

이 친위 쿠데타는 1930년 혁명과는 달리 뻬르남부꾸 주와 바이아 주를 제외하고는 중산층과 일반 국민의 지지를 받았는데 사실 그것은 무반응이라 보는 것이 옳은 표현이다. 왜냐하면 실제 제뚤리우 바르가스 정권의 지지 기반은 관제 노조, 하층 대중, 주지사를 중심으로 한 지방 행정 기구, 지방의 대지주 그리고 공업 부르주아였기 때문이다. 제뚤리우 바르가스 대통령은 이어 12월 3일 모든 정당을 해산하고, 특히 전체주의자들을 억압하기 위해, 모든 정치적 상징물이나 유니폼을 사용치 못하도록 하였다. 이로써 제뚤리우 바르가스는 자신의 권한을 대폭 강화하는데 성공하며 유럽 파시즘의 브라질판을 완성시키게 되었다. 즉, '신국가'는 국가비상사태의 선포와 함께 대통령령에 의한 강력한 중앙집권적 통치체계를 확립하여 권위주의적 성향이 지배적이었지만 민중주의적 정책은 그대로 추구하였다. 그 결과 노동자의 지원책으로 사회보장제도, 최저임금제도, 주 6일 노동 및 1일 8시간 근무제가 실현되었다. '신국가' 체제는 대중적인 지지나 어떤 정당의 지지에 기반을 둔 것이 아니라 군과 자신의 정치력에 의존한 체제였으며 반대파들의 조직력 결핍이 체제 수립에 도움이 되었다. 그러나 나치즘, 파시즘, 공산주의 등이 강력한 이데올로기에 바탕을 둔 반면, 제뚤리우 바르가스의 신국가 체제는 철학적으로나 사상적으로 공허하였으며 결과적으로 한 개인의 정치적 능력과 재능에 의해 세워진 체제였다고도 볼 수 있다.

한편 2차 세계대전의 발발과 함께 1942년의 제 3차 아메리카 외무장관 회담에서 제뚤리우 바르가스 정부는 '신국가' 체제의 모델이었던 파시즘, 나치즘을 주창한 국가들에게 선전포고를 하기도 하였다.

1943년 이후 제뚤리우 바르가스 정권은 중산층을 겨냥한 일련의 정책들을 펼치면서 도시 계층의 요구 사항에 귀를 기울이게 되는 일명 '뽀쁠리즈무' 정책을 펴면서 일반 대중의 지지를 얻는데 성공하였다. 제뚤리우 바르가스가 주장한 이 정책의 주요 내용에는 근로자, 노동법, 사회복지법 확충, 정부의 노조 통제, 노동자당 설립을 위한 대책 마련 등이 포함되어 있었다. 그러나 이러한 정책에도 불구하고 제뚤리우 바르가스 정권은 2차 대전 후 정치적으로 곤경에 빠져 급기야 민주화를 약속하기에 이르렀고 이에 따라 1945년 12월 2일 대통령 선거일을 확정하고 신당의 창당을 허용하게 된다. 이때 탄생한 정당들은 민족민주연맹(UDN; União Democrática Nacional)을 비롯하여 민주사회당(PSD; Partido Social Democrático), 진보사회당(PSP; Partido Social Progressista) 브라질 공산당(PCB; Partido Comunista Brasileiro), 브라질 노동당(PTB; Partido Trabalhista Brasileiro) 그리고 전체주의파들의 민중대표당(PRP; Partido de Representação Popular)이 있었다. 하지만 제뚤리우 바르가스는 정당의 허용과 더불어 자신이 또다시 권좌에 오르려 한다는 의혹을 받게 되는데 이는 그의 추종자들로 구성된 PTB당이 '우리는 제뚤리우를 원한다!'(Queremos Getúlio!)를 선거의 슬로건으로 내걸면서 새로운 입헌의회를 구성키 위한 선거를 해야 한다고 주장하였기 때문이다. 만약 이럴 경우 제뚤리우 바르가스는 다시 권좌에 남게 될 것이고 평화적인 정권 교체는 무산될 것이 틀림없었다. 게다가 1945년 10월 25일, 제뚤리우 바르가스는 자신의 친동생인 벤자민 바르가스(Benjamin Vargas)를 연방 수도인 히우 지 자네이루의 경찰청장으로 임명함으로써 새로운 입헌의회를 구성하려는 의도를 나타내 군인들 사이에서도 불만의 목소리가 거세게 일기 시작하였다. 이러한 상황에 이르자 군부에서는 1945년 10월 29일 제뚤리우 바르가스의 사임을 요구하였으며 그는 자신의 고향인 히우 그란지 두 술 주로 낙향하고 말았다. 이에 군부는 연방 최고 법원장인 주제 링냐리스(José Linhares)에게 대통령 직무 대리직을 넘겨주었으며 그는 12월 2일에 대통령 선거를 실시하여 PSD와 PTB의 지지를 받은 에우리꾸 가스빠르 두뜨라(Eurico Gaspar Dutra) 장군이 당선되었다.

한편 대통령 선거와 동시에 치러진 상 · 하원 선거에서 제뚤리우 바르가스는 역대 최고의 득표율로 상원의원에 당선되어 정치적 회복을 위한 발판을 마련하였으며 이로서 그의 시대는 끝난 것이 아니라 1950년 10월 3일 국민투표로 치러진 대통령 선거에서 당선됨으로써 정치적 재기에 성공하게 되었다.

■ **브라질과 제 2차 세계대전**–1939년부터 1945년까지 전 세계는 제 2차 세계대전이라는 전면전에 돌입하였다. 영국과 미국으로 향하는 농

〈바르가스와 루즈벨트 미국 대통령〉

산물과 원자재를 가로챘던 독일의 나치정권은 공식적인 선전포고 없이 1942년 8월 세르지삐 주와 바이아 주 인근의 대서양 연안에서 5척의 브라질 함대를 공격하는 사건이 발생하였다. 당시 607명의 희생자를 낸 이 사건으로 브라질의 제뚤리우 바르가스 정권은 그 전까지 중립적인 입장을 표명했던 전쟁과 관련하여 독일과 이탈리아 그리고 일본과의 외교 및 무역관계를 단절하고 자신의 '신국가' 체제의 모델이었던 파시즘과 나치즘 국가들에게 선전포고를 하였다. 이후 브라질은 농산물 수출과 전략원자재 산업의 확대를 위한 조치를 취함과 동시에 자국 수출선박을 호위 경비하는 함대를 파견하기도 하고 또한 공군을 이탈리아 전투에 파견하여 전쟁을 수행하기도 하였다. 제 2차 세계대전에서 브라질은 모두 2천 여 명의 군인과 함대 37척의 손실을 입었지만 전쟁을 통하여 브라질은 4만 5천 톤의 고무 원료를 연합국에 수출하는 성과를 거두어 아마존 지역의 번영과 식민화를 이룩할 수 있었다.

Ⅲ. 바르가스 시대의 경제 및 사회

1. 경제적 번영

1930년 혁명 이후에도 브라질의 주력 수출품목인 커피의 위기는 계속되었는데 과잉 생산 분을 축적하고 있던 연방 정부는 1931년부터 1940년까지 약 8,000만 포대를 태우거나 바다에 버렸으며 1937년 한 해만도 1,700만 포대 이상을 폐기하여 이러한 위기는 1944년까지 지속되었다. 바르가스 정부의 이러한 정책으로 다른 나라에서의 커피 생산은 오히려 증가하였으며 커피의 국제 가격은 1943년부터 서서히 오르기 시작하였다. 이러한 상황에서 브라질 정부의 커피 시장 개입은 '신국가' 체제에 들어와 더욱 강화되었고 동시에 사탕수수와 알코올 그리고 마떼차 등에까지 정부의 개입이 확산되어 '설탕 및 알코올연구소' 와 '마떼연구소'등이 설립되었다. 면화의 경우에는 1934년 커피 생산의 절반에 가까운 생산량을 기록하여 1939년에는 320,000톤 이상이 생산되어 주로 유럽 국가들에게 수출되다가 2차 대전과 함께 수출지역이 미국과 라틴 아메리카국가들로 전환되었다.

한편 1930년대 이후의 공업화는 무엇보다 기업이 아닌 군부에서 강력히 주장함으로써 실행되기 시작하였는데 이들은 주로 국가 안보 유지에 공업화가 절대적으로 중요하다는 인식과 더불어 군의 현대화와 재정비의 필요성 때문에 산업화를 추진해야한다고 역설하였다. 다행히 이 시기에 브라질의 공업화는 역설적으로 1929년 있었던 미국의 대공황 여파에 힘입은 바가 컸었는데 이는 1차 생산품의 단일 경작 체제(예, 커피)에 의존하는 한 나라의 국가 경제가 얼마나 위험천만한가를 이때 뼈저리게 느꼈기 때문이었다. 아울러 1929년 대공황으로 커피를 중심으로 한 1차 산업 즉, 농업에 투자된 자본이 커피 산업의 사양으로 공업화로 이전될 수 있었기 때문이었다.

이에 힘입어 브라질 산업은 1929－1937년 사이 50%의 성장률을 기록하였고 1940－1949년 사이에는 2차 세계대전으로 인해 소비제품의 수입 곤란으로 국내 산업의 육성이 시급해졌다는 점 그리고 1940년대에 들어와 정부에서 공장 건설과 가동에 필요한 기계 설비류의 수입에 우선권을 둠으로써 그 성장의 속도가 가속화되기 시작하였다. 특히 1940년대부터 제뚤리우 바르가스 정부는 국가 경제의 활성화에 각종 이니셔티브를 제공하여 제철소, 항공기 제작 공장, 수력 발전소, 국영 제철소를 건설하기도 하였다. 한편 정부의 내셔널리즘 정책과 2차 세계대전으로 인하여 각국과의 무역이 어려워짐에 따라 1929년부터 1937년 사이 브라질의 수입은 23% 감소하였으나 이를 기회로 오히려 국내 상업 활동이 크게 증가하였으며 또한 이 기간 중 화폐의 평가 절하와 도시 소비시장 확대도 이루어졌다.

2. 사회와 교육의 변화

제뚤리우 바르가스 정부가 적극 추진한 산업화는 도시 발전을 촉진하여 새로운 도시 근로자 계층이 형성되었으며 농촌인구의 도시 집중화 현상도 두드러져 산업에 필요한 인구를 초월하기에 이르렀다. 따라서 국내의 인구 이동은 주로 산업화에 박차를 가하던 남동부 지방으로 집중되었는데 그 원인은 북동부 지방의 지속적인 가뭄과 남동부에 공업 단지 집중, 농촌 인구 정착을 촉진시킬 정책이 부재한 점 그리고 근로자법, 노동법이 농촌 근로자보다는 도시 근로자에게 더 많은 혜택을 준 점 등을 들 수 있었다.

한편 교육과 문화 분야에서도 괄목할만한 발전이 이루어졌는데 특히 '신국가' 체제 기간에 초 · 중등 교육이 강화되었고 연방정부 차원에서 전문 고급인력 양성에 주력하여 1934년에 싸웅 빠울루 대학(USP)이 설립되었으며, 브라질 지리통계원(IBGE)도 이때 설립되었다. 또한 일간지의 숫자와 서점도 증가하였으며 1892년 싸웅 빠울루 주 내륙 지방인 모지 다스 끄루지스(Mogi das Cruzes)에서 첫 선을 보인 라디오 방송국이 1930년대에는 급속히 증가하였으며 그 결과 1932년의 혁명에도 언론이 적절히 이용되기도 하였다. 1930년부터 1945년 사이에 설립된 라디오 방송국의 1/3은 싸웅 빠울루 주에 집중되어 있었으며 이것들은 1933년 실업 증가와 더불어 활기를 띤 축구와 대중음악의 전파에도 크게 기여하였다.

〈싸웅 빠울루 법과대학〉

제18장 신(新) 공화국(1945-1964)

1945년 10월 제뚤리우 바르가스 대통령이 강제 퇴임된 후, 연방 최고 법원장인 주제 링냐리스가 임시 대통령직을 수행하면서 그해 12월 대통령 선거가 실시되고 가스빠르 두뜨라 장군이 당선되어 대통령 임기를 시작한 이후 1964년 군부의 쿠데타로 군위주의적 독재가 시작되기 전까지의 이 기간은 앞서의 구 공화국에 뒤를 이어 '신 공화국'(República Nova) 또는 '제 2 공화국'으로 불리고 있다.

Ⅰ. 가스빠르 두뜨라 정부

제뚤리우 바르가스의 사임과 함께 1945년 12월 2일 실시된 대통령 선거에서 PSD와 PTB의 지원을 받은 가스빠르 두드라(Gaspar Dutra) 장군은 UDN의 지지를 받고 있는 에두아르두 고메스(Eduardo Gomes)

〈가스빠르 뚜뜨라〉

장군과 PCB의 예두 피우자(Yedo Fiúza)후보와 경합을 벌여 55%의 지지율로 대통령에 당선되었다.

가스빠르 두뜨라 대통령(1946.1.31－1951.1.31)은 취임 후인 1946년 9월 18일 부통령제의 신설, 대통령의 5년 임기제, 주·시정부의 자치권은 일부 허용하나 연방 정부의 경제, 사회적 문제에 대한 간섭권은 유지하며 3권 분립 등을 주요 내용으로 하는 신헌법을 공표하였다.

그는 국내정치에서는 보수적인 입장을 견지하였으며 다양한 경제 정책을 입안, 추진하였으나 시행 초부터 여러 난관에 봉착, 제대로 성과를 거두지 못하였다. 그러나 히우 지 자네이루 간 고속도로를 완성하였고 또한 브라질 최대의 강인 싸웅 프란씨스꾸 강 수력발전공사의 설립으로 북동부 지역에 대한 전기 공급을 확대하였다는 치적을 남겼다.

두뜨라 정부의 외교 정책은 전 정부와는 달리 대미 접근을 보다 활발히 진행하여 미국의 아이젠하우어와 트루먼 대통령이 브라질을 방문하고 두뜨라도 1948년 미국을 방문, 양국 간의 관계가 긴밀해졌다. 반면에 소련과는 외교 관계를 단절하면서 국내의 브라질 공산당(PCB)을 불법화하고 소속의원들을 의원면직시키는 등 공산주의자들을 탄압하였다.

한편 1950년 10월의 차기 대통령 선거에서는 이미 연방 상원의원으로 진출, 활발한 정치 활동을 전개하고 있던 제뚤리우 바르가스가 PTB당의 후보로 나서 또 다시 당선, 대통령직을 인수하였다.

Ⅱ. 제뚤리우 바르가스 정부

1950년 10월의 대선에서 UDN의 에두아르두 고메스 후보와 PSD의 끄리스찌아누 마샤두(Cristiano Machado) 후보(그러나 그는 제뚤리우 바르가스를 지원하기 위해 선거유세 중도에 후보를 포기함)를 누르고 대통령에 또 다시 당선된 제뚤리우 바르가스(Getúlio Vargas) 대통령(1951.1.31－1954.8.24)은 1946년 신헌법에 따라 과거보다는 훨씬 제한된 내에서 정국을 운영하였다. 게다가 치솟는 인플레와 고가의 사치품 수입이 늘어나면서 국가 재정의 압박이 가중된 상태에서 특히 경제 난국의 해결에 심혈을 기울이지만 큰 틀에서의 경제 위기 해결은 이루지 못하였다. 다만 그의 재임 중에 국가경제 초석을 다지기 위한 국영 기업 및 기관들이 설립되었는데 1953년 브라질 국영석유회사(Petróbras)와 국립 경제개발은행(BNDE) 그리고 국립 연구위원회(CNPq) 등이 바로 그것이다.

한편 그의 재임 기간 내내 야당의 거센 반정부 저항이 계속되었는데 특히 쿠데타의 가능성과 아르헨티나 페론 정권을 본뜬 조합국가의 가능성이 있을지도 모른다는 소문, 그리고 정부 고위 인사들의 불법 재산 증식과 중앙은행의 금융스캔들과 관련한 고발이 끊이질 않아 정권의 안정을 위협하고 있었다. 이러한 반정부 움직임의 시작은 1954년 8월 5일 언론인이자 정치인인 까를루스 라세르다(Carlos Lacerda)에 대한 테러 사건이 발생하면서 구체화되기 시작하였다. 일명 '또넬레루스 가(街)(Rua Toneleros)의 범죄'로 알려진 이 사건의 관련자가 대통령의 경호 요원들임이 밝혀짐에 따라 언론과 국회, 군에서 거센 항의가 줄을 이었으며 급기야는 1954년 8월 23일에 공군 장교 30명이 서명,

대통령의 사임을 요구하기에 이르렀다. 이에 그 다음날인 24일 새벽 각료회의를 주재하던 중, 제뚤리우 바르가스는 회의장 밖에서 가슴에 총을 쏘아 자살하는 극단적인 해결을 선택하며 그의 시대는 또 다시 막을 내렸다.

제뚤리우 바르가스가 자살한 뒤 잔여 임기 17개월의 공백 기간 동안에는 주엉 까페 필류(João Café Filho, 1954.8.25－1955.11.8), 까를루스 꼬임브라 다 루스(Carlos Coimbra da Luz, 1955.11.8－1955.11.11), 그리고 네레우 지 올리베이라 하무스(Nereu de Oliveira Ramos, 1955.11.11－1956.1.31)의 3명의 대통령이 집권하였다.

Ⅲ. 까페 필류 정부

〈까페 필류〉

1954년 8월 제뚤리우 바르가스의 비극적인 자살 사건이 발생한 후 까페 필류(Café Filho) 부통령이 즉각적으로 대통령직을 승계하였으며 그는 이듬해인 1955년 10월에 신임 대통령을 선출하는 선거를 실시하였다. 이때 선거에서 미나스 제라이스 주지사인 주셀리누 꾸비체크 지 올리베이라(Juscelino Kubitschek de Oliveira) 후보가 바르가스의 절친한 친구이자 러닝메이트였던 주엉 굴라르(João Goulart) 부통령 후보보다 낮은 득표율을 보이는 이변 속에서 대통령에 당선되었다.

한편 까페 필류 대통령은 선거 직후인 11월, 신병을 이유로 대통령에서 물러나고 대신 하원의장인 까를루스 루스가 대통령직을 이어받았으나 선거와 관련해 군부와 대통령 간의 이견이 발생하였으며 이에 1955년 11월 11일 탱크와 군대를 앞세운 군부가 까페 필류 대통령의 하야를 강력히 요구하자 그는 대통령 궁에서 도망치고 말았다. 이에 의회는 까페 필류 대통령이 탄핵을 받아 유고상태인 것으로 간주하고 즉시 PSD의 고위정치인인 네레우 하무스로 하여금 차기 대통령의 취임 전까지 대통령직을 승계하도록 하였으며 그는 곧 국가 비상사태를 선포하였다.

Ⅳ. 주셀리누 꾸비체끄 정부

〈꾸비체끄〉

이름의 앞 약자를 따서 일명 'JK'로 더 잘 알려진 주셀리누 꾸비체끄는 1955년 10월의 선거에서 36%의 득표율을 기록, 부통령으로 나선 주엉 굴라르보다 득표율이 오히려 낮은 이변을 보이면서 대통령에 당선되었다. 주셀리누 꾸비체끄(Juscelino Kubitschek de Oliveira) 대통령(1956.1.31－1961.1.31)은 취임과 함께 **'50년의 발전을 5년에'**(Cinquenta anos de progresso em cinco de governo)라는 슬로건을 내걸고 국가의 경제 발전에 총력을 기울이기 시작하였다. 다행히 그의 재임 기간 중에는 국내 정치가 비교적 안정되어 있어서 그의 경제계획인 목표달성계획(Plano de Metas)이 순탄하게 실행될 수 있었으며 이 계획에 따라, 국가 핵에너지위원회와 동력자원부, 북동부 개발 감독청 등이 설립되고, 대규모 공장들과 수력발전소 그리고 고속도로 등이 건설되었다. 또한 제철 및 석유 산업의 확장과 조선업 등이 활발하여 국가 경제의 새로운 모습을 보여주게 되었다.

한편 주셀리누 꾸비체끄 대통령은 그의 오랜 숙원이었던 수도 이전을 단행하여 1960년 4월에 새 연방 수도인 **브라질리아**를 건설하였으며 이곳에 브라질이 낳은 건축가 루씨우 꼬스따(Lúcio Costa)와 오스까르 니에메이어(Oscar Niemeyer)로 하여금 현대적인 도시계획에 따른 건축물을 세우게 하였다. 이어 그는 새 수도인 브라질리아와 아마존 하구 도시인 벨렝을 잇는 고속도로를 건설하기도 하였다.

Ⅴ. 자니우 꽈드루스 정부

〈자니우 꽈드루스〉

1960년 10월 3일 치러진 차기 대통령 선거에서는 민주기독당(PDC; Partido Democrata Cristão) 출신으로 민족민주연맹(UDN)의 지원을 받은 자니우 다 씰바 꽈드루스(Jânio da Silva Quadros)와 브라질 노동자당(PTB) 출신으로 브라질 사회당(PSB)과 브라질 공산당(PCB)의 지원을 받은 주엉 굴라르(João Goulart)가 각각 대통령과 부통령[1)]으로 선출되었다. 이듬해인 1961년 1월 31일 취임한 자니우 꽈드루스 대통령(1961.1.31－1961.8.25)은 인플레 퇴치, 비능률적인 관료주의 타파 등 뽀뿔리즈무 성격과 도덕적 이미지의 정부를 운영하기 시작하였다. 자니우 꽈드루스 정부는 해변에서 비키니의 착용을 금지하는 조치를 실행하는가 하

1) 이로써 주엉 굴라르는 전임 주셀리누 꾸비체끄 대통령 시절의 부통령에 이어 두 번째로 부통령에 당선되는 기록을 남겼다.

면 대외적으로는 당시 중남미의 혁명가였던 체 게바라에게 브라질의 최고 훈장인 남십자성 훈장을 수여하는 등 파격적인 행동을 하여 국민들의 빈축을 샀었다. 체 게바라에 대한 훈장 수여의 궁극적인 목적은 사회주의 국가들과의 경제적인 협력관계를 긴밀히 하고자 하는데 있었으며 이를 통하여 쿠바와 소련과 외교관계 정상화를 이루었지만 브라질의 공산화를 우려하는 우파 정치인과 언론의 강한 반대에 부딪치기도 하였다.

그러나 자니우 꽈드루스 대통령은 취임한 그해 8월 25일, '보이지 않는 권력'이 자신의 대통령직 수행을 위협하고 있다고 주장하며 돌연 사임을 발표하고는 외유에 나서고 말아 정국을 혼미에 빠트리고 말았다. 그러나 여론은, 당시 그의 갑작스러운 사임은 곧 자니우 꽈드루스 자신에 의한 쿠데타에 지나지 않는다고 분석하고, 사임을 통해 의회가 좌파인 노동자당과 긴밀한 관련이 있던 자니우 꽈드루스 부통령에게 대통령직 승계를 결코 원하지 않을 것이며 자신의 대통령직 복귀를 요청할 것이라고 판단하여 이를 기회로 대통령의 권한확대를 노린 술수라고 보고 있었다. 실제로 의회는 그의 사임을 그대로 인정하였으며 그 당시 외국 방문 중이던 주엉 굴라르 부통령의 부재로 인하여 하원의장이던 빠스꼬알 라니에리 마질리(Pascoal Ranieri Mazilli)가 대통령 직무 대리를 맡게 되었다.

Ⅵ. 주엉 굴라르 정부

자니우 꽈드루스 대통령의 돌연 사임으로 중국을 방문 중이던 주엉

〈주엉 굴라르〉

굴라르(João Goulart) 부통령(일명 '장고'(Jango)로 더 잘 알려짐)이 대권을 이어 받아야 했으나 국내에 부재중인 관계로 일시적으로 당시 하원의장이던 빠스꼬알 라니에리 마질리가 대통령 직무 대리를 맡았다. 그런데 이 기간 동안 군부 측에서 주엉 굴라르의 좌파 노동자적 성향을 우려하며 취임을 거부하자 정치권은 헌법을 위배하지 않으면서도 군부의 저항을 무마할 묘안을 찾기에 부심하여, 드디어 9월 2일 '헌법 수정안 제 4호'를 통과시켜 대통령 권한을 상대적으로 축소시킨 의원내각제를 채택하였다. 의원내각제가 통과되는 우여곡절을 겪으면서 주엉 굴라르는 1961년 9월 7일 드디어 대통령에 취임하고 초대 수상으로는 미나스 제라이스 주 출신으로 민주사회당(PSD) 소속의 땅끄레두 네베스(Tancredo Neves)가 임명되었다.[2)]

재임 기간(1961.9.7－1964.4.1) 동안 주엉 굴라르 대통령은 '3개년 경제 · 사회개발 계획' 등 다양한 정책을 추진하였지만 대부분 군부와 정치인, 기업인들의 반발을 일으키고 말았다. 그가 추진한 정책들 중에는 해외로의 이윤 송출 규제, 농지 개혁안, 정유소의 국영화, 수입의 국가독점 등이 포함되어 있었다. 이러한 상황 속에서 1963년 인플레가 73.5%를 기록하면서 파업이 증가하기 시작하였고 1964년 3월 13일 석유 산업을 국영화하고 철도, 도로 주변의 유휴지를 국가로 귀속시키는 조치가 있자 3월 19일 싸웅 빠울루에서 50만 명이 참가한 대규모

2) 땅끄레두 네베스 수상은 그러나 1962년 주지사 선거에 출마하기 위하여 수상을 사임하였으며, 이처럼 임시방편으로 취해진 내각책임제는 1963년 1월의 국민투표에 의해 다시 대통령 중심제로 바뀔 때까지 3명의 수상을 낳게 되었다.

군중집회가 열리는 등 반정부 시위사태가 속출하였다. 이에 당시 육군참모총장이던 까스뗄루 브랑꾸(Castelo Branco) 장군은 군에 공산주의자가 있다고 경고하였고 이어 3월 31일 쿠데타를 주도, 주엉 굴라르 대통령을 퇴임시키고 말았다. 이에 굴라르는 4월 1일 우루과이로 망명하였으며 그 다음날 의회는 공식적으로 대통령의 유고를 선포하였다.

한편 대통령직이 공석이 되자 의회는 라니에리 마질리에게 대통령직을 인계하였지만 혁명군은 군 고위사령부에게 실질적인 최고 권력을 부여, 이 사령부가 의회로 하여금 새 대통령을 선출토록 강요하기에 이르렀다. 그 결과 1964년 4월 15일, 움베르뚜 지 알렝까르 까스뗄루 브랑꾸(Umberto de Alencar Castelo Branco) 장군이 새로운 대통령으로 선출되면서 1985년까지 21년간의 군부 독재의 시대가 막을 올리게 되었다.

제19장 군부 독재의 시대(1964-1985)

브라질에서 1922-1961년 사이에 발생한 14차례의 크고 작은 쿠데타는 군의 정치적 개입에 불과하였지만 그러나 1964년의 군사혁명은 1985년까지 무려 21년간 지속된 군부 독재(Ditadura Militar)의 권위주의 정권을 출범시킨 매우 중요한 분기점이 되었다. 까스뗄루 브랑꾸(Castelo Branco) 이후 주엉 피게이레두(João Figueiredo)에 이르기까지 5명의 군부 독재 체제는 초기에 브라질의 성숙된 민주화를 신속히 실현한 후에 자유선거로 민간정부에 정권을 이양하겠다고 분명히 약속했지만 민주화의 일정은 약속대로 쉽게 실천되지 않았다. 정치적인 측면에서 군사정권의 대통령들은 권력을 집중시키고 권위와 압제를 통해 국가를 통치하여 이 시대는 브라질 정치사에서 '암흑의 시대'요 또한 '침묵의 시기'였었다.

Ⅰ. 1964년 군사혁명

이 당시 브라질 정치의 위기는 1961년에 자니우 꽈드루스 대통령이 갑자기 사임하면서 예고되었다. 대통령의 사임 직후 당연히 부통령이었던 주엉 굴라르가 대통령직을 승계해야 하였으나 그의 좌파적 성향을 문제 삼은 보수주의파와 군부에서 그의 임명을 반대하여 그는 의원내각제 하에서 대통령을 맡게 되었다. 좌파에 뽀뿔리스트인 주엉 굴라르 대통령은 그러나 집권과 함께 학생과 민중 조직 그리고 노동자 단체 등 다양한 사회조직의 결성을 허용하여 기업인과 은행, 가톨릭교회, 군부 그리고 심지어 중산계급에 이르기까지 브라질이 사회주의 국가로 전락할지도 모른다는 보수주의 계층의 반발과 우려를 샀다. 또한 당시 냉전시대 하에서 브라질도 쿠바의 카스트로 사회주의 혁명과 유사한 길을 걷게 되는 것이 아닌가라는 미국의 우려까지 더해져 정치적 위기는 가속화되었다.

이러한 상황에서 야당인 UDN과 PSD는 주엉 굴라르 대통령이 좌파 쿠데타를 획책하고 있으며 또한 그를 당시 브라질이 직면한 높은 인플레와 물자부족 사태의 책임자로 비난하고 나섰다. 한편 주엉 굴라르 대통령은 1964년 3월 13일, 농업과 경제 그리고 교육 부문에서 보다 획기적이고 강력한 구조 개혁을 약속하는 이른바 '구조 개혁'(Reformas de Base)을 주장하는 대규모 군중집회를 열었다. 이에 보수주의파들은 엿새후인 3월 19일 싸웅 빠울루 시내 중심지에서 50만 명이 참가한 대규모 군중집회를 열어 대통령에 반대하는 시위를 벌였다. 이렇듯 정치 · 사회적 위기가 가중되자 3월 31일 미나스 제라이스와 싸웅 빠울루 군이 거리로 나와 대통령의 사임을 요구하는 가두시위를 벌였으며 당시 육군참모총장이던 까스뗄루 브랑꾸 장군이 이 날 군사 쿠데타를 주도, 주엉 굴라르 대통령을 퇴임시켰으며 그는 우루과이로 망명길에 올랐다.

한편 군부는 4월 9일, 군부정권에 반대하는 모든 야당 성향의 인물들에 대한 10년간의 정치적 권리 중지와 이를 어길 경우 체포와 추방 등을 명할 수 있으며, 주로 의원들로 구성되는 선거위원단에 의한 대통령의 간접선거 채택 그리고 현행 헌법의 6개월간 효력 중지를 골자로 하는 '**제도 강령 1호**'(Ato Institucional Número 1, AI－1)를 발동하여 향후 군부에 의해 실시될 강압정치를 예고하였다.

Ⅱ. 까스뗄루 브랑꾸 정부

〈까스뗄루 브랑꾸〉

1964년 4월 15일 'AI－1'에 의거하여 의회의 간접선거로 당선된 까스뗄루 브랑꾸(Castelo Branco) 대통령(1964.4.15－1967.3.15)은 취임연설에서 민주주의 수호를 주장하였지만 그러나 이 약속은 지켜지지 않았고 대신 강력한 권위주의가 실현되었다.

집권 후 그는 'AI－1'에 따라 상당수의 연방·주의원 임기를 중지하였으며, 일반 시민들에 대한 정치적 권리도 금지하였고 노조는 정부의 개입 하에 두는 조치를 취하였다. 그의 집권 하에서는 정당법이 새로 만들어져 양당제만 인정되어 여당인 '민족혁신동맹'(Aliança Renovadora Nacional; ARENA)과 야당인 '브라질민주운동'(Movimento Democrático Brasileiro; MDB)의 2개 정당만이 허용되었다. 한편 1964년부터는 대통령이 주지사 지명권을 가졌으며(이는 1982년까지 지속되었다.), 1967년 1월 24일에 신헌법을 제안, 그 해에 공표되었는데 이로서 연방 행정부의 권한은 다른 어떠한 부서보다도 크게 확대되어 군사정권의 권위주의가 고착화되었다.

한편 까스뗄라 브랑꾸 대통령은 중앙은행과 브라질 농지 개혁원, 브라질 전신전화 통신공사 그리고 브라질 관광공사 등을 설립하였으며 기존의 모든 사회 복지 기관들도 통·폐합 하였다.

Ⅲ. 꼬스따 이 씰바 정부

1967년 1월 15일 의회의 간접선거에 의하여 당선된 아루뚜르 다 꼬스따 이 씰바(Artur da Costa e Silva) 대통령(1967.1.15－1969.8.31) 집권 초기는 군사독재에 항거하는 크고 작은 시위가 전국적으로 발생하였다. 특히 히우 지 자네이루에서는 전국학생연맹(União Nacional dos Estudantes)이 **'십만 명 가두시위'**(Passeata dos Cem Mil)를 주도하였고, 미나스 제라이스와 싸웅 빠울루 주 일부 도시를 비롯해 전국에서 노동자들의 전면 파업으로 공장이 마비되는 지경에 이르렀다. 또한 야당의 반정부 활동을 위한 기금을 모으기 위해 좌파 성향의 청년들로 조직된 도시게릴라 활동이 산발적으로 일어나 은행을 습격하거나 브라질 주재 외국 대사들을 납치하는 사건이 발생하였다.

〈꼬스따 이 씰바〉

이에 꼬스따 이 씰바 대통령은 1968년 12월 13일 '제도강령 5호'(AI

〈십만 명 가두시위〉

-5)를 발동, 군사정권 사상 가장 강력한 탄압 정치를 실시하는데 이에 따라 의회가 해산됨과 동시에 의원면직 및 정치 활동이 금지되었으며 인신보호영장, '헤비어스 코퍼스' (habeas-corpus)의 보장을 금지, 경찰국가의 양상을 보여주었다.

꼬스따 이 씰바 대통령은 그러나 1969년 8월 31일 신병을 이유로 사임하였으며 이에 부통령이 아닌 육, 해, 공군 장관 3인으로 구성된 **군사평의회**(Junta Militar)가 구성되어 1969년 10월 30일까지 정권을 행사하였다. 군사평의회가 정권을 장악하고 있는 기간에는 도시게릴라 집단이 브라질 주재 미국 대사를 납치하여 15명의 정치범 석방을 요구하는 사건이 발생하였으며 이와 관련해 정부는 9월 18일 국가안전보장법을 공표하여 혁명 또는 반란을 기도하는 범죄자에게 유배형이나 살인형을 부과할 수 있도록 하였다. 한편 군사평의회는 1969년 10월 17일 헌법 수정안을 통과시켜 의회에서 에밀리우 가하스따주 메디치를 차기 대통령으로 선출하였다.

Ⅳ. 에밀리우 메디치 정부

군사평의회에 의하여 새로운 대통령으로 임명된 에밀리우 메디치(Emílio Medici) 대통령(1969.10.31-1974.3.15) 정부는 '브라질을 사랑하든지 아니면 포기하라!'(Brasil: ame-o ou deixe-o)라는 슬로건 하에 군사정권 내에서 가장 강제적이고 탄압적인 정치를 펼쳐 그의 재임

기간은 이른바 '납(연, 鉛)의 세월'이라는 별칭으로 불리고 있었다. 따라서 국민들의 무력 항쟁에 대한 탄압은 보다 강화되었으며 신문과 방송, 서적, 음악, 연극, 영화 등에 대한 비밀경찰의 검열이 강화되어 수많은 교수와 정치인, 예술가 음악인 그리고 작가 등이 체포, 구금 또는 해외 유배에 처해지기도 하였다. 이러한 정부의 탄압에 맞서 1972년에서 1974년까지 아라구아이와 지역에서는 브라질 공산당(PC do B) 당원들로 구성된 농촌 게릴라활동이 전국적으로 발생하였으나 정부군의 무차별 공격에 의해 진압되고 말았다.

〈에밀리우 메디치〉

한편 메디치 대통령의 집권 시기 중 1969년부터 1973년까지는 유례없는 경제성장을 기록하였는데 이 기간 중 '전국통합계획'(PIN)과 '사회통합계획'(PIS)과 함께 '제 1차 국가경제개발계획'(I PND)을 실행하여 인플레는 18%에 그쳤지만 연간 12%이상의 경제성장률을 기록함으로써 이른바 '브라질의 경제 기적'을 이룩하기도 하였다. 또한 국내 투자 및 해외 차관의 확대를 통하여 경제 하부구조의 현대화에 노력함과 동시에 백만 명 이상의 일자리를 제공하기도 하였다. 아마존 횡단 고속도로와 이따이뿌 댐, 히우-니떼로이를 연결하는 다리의 건설도 이 당시 이루어졌으며, 브라질의 월드컵 축구대회 3년승의 위업도 1970년에 달성되었다. 그러나 메디치 정권은 외교관 납치, 바리그항공사 여객기납치 및 은행

〈히우-니떼로이 다리(13.29Km)〉

강도 사건, 그리고 도시 및 농촌 게릴라 집단의 출현 등으로 많은 곤경에 처하기도 하였다.

Ⅴ. 에르네스뚜 가이젤 정부

〈에르네스트 가이젤〉

1974년 3월 선출된 에르네스뚜 가이젤(Ernesto Geisel) 대통령(1974.3.15－1979.3.15)은 브라질 민주화로의 질서 회복을 위하여 '완만한, 점진적인 그리고 안전한 개방'이라는 슬로건의 정치 발전계획을 수립하였다. 이로서 군부 내에서 온건파의 입장이 설득력을 얻게 되었으며 고문이나 정치범의 구금은 현저히 줄어들었으며 야당의 정치적 행동반경도 그만큼 넓어지게 되었다. 특히 1974년의 의원 선거에서 야당인 MDB는 상원의 59%, 하원의 48% 그리고 대도시 대부분의 시장을 확보하는 정치적 약진을 보였으며 이에 가이젤 대통령은 제헌의회의 구성, 신헌법의 제정 및 새로운 정부의 수립을 위한 국민투표를 실시하려고 하였다. 그러나 군부는 가이젤 대통령의 온건한 정치적 행위에 불만을 품고 야당 및 좌파에 대한 탄압을 계속하였으나 1975년과 1976년에 국가정보부의 한 비밀사무실에서 조사를 받던 2명이 의문의 죽음을 당하자 야당과 국민의 반발이 거세어졌으며 급기야는 가톨릭 교회가 공식적으로 군부 독재를 비난하고 나섰다.

한편 가이젤 대통령은 1977년 4월, 주지사의 간접선거, 상원의원의 1/3 대통령의 임명 그리고 대통령의 임기 6년을 확정하는 조치를 단행하였으며, 1978년에는 군부독재 초기에 발동되었던 AI-1을 폐기하여 브라질의 민주화 회복을 위한 길을 열어놓았다.

가이젤 정부 하에서는 '**제 2차 국가경제개발계획**'(II PND)이 실시되어 적극적인 경제 · 사회 · 문화부문의 발전 전략이 수립됨으로써 1인당 국민 소득이 1,000달러, 연간 경제성장율 10%, 수출 목표 200억 달러, 700만 명의 고용 확대, 15세 이상 90%의 문맹률 퇴치, 교육 및 의료 여건의 향상, 과학과 기술 개발 등의 계획이 추진되었지만 그러나 1973년 말에 시작된 전 세계 석유 파동으로 브라질 경제는 상당한 어려움에 봉착하였다.

VI. 주엉 바찌스따 피게이레두 정부

〈피게이레두〉

1978년 10월 15일 의회의 간접 선거를 통해 가이젤 현 정부의 지지를 받은 주엉 바찌스따 피게이레두(João Batista Figueiredo) 대통령이 군정 역사상 처음으로 경선에 나선 MDB의 에울러 벤찌스(Euler Bentes) 야당 후보를 355대 266의 득표율로 이기면서 당선됨으로써 점차 민주화의 서광이 보이기 시작하였다. 피게이레두 대통령은 재임 기간(1979.3.15-1985.3.15)동안 전임대통령의 '완만하고 점진적'인 개방정책을 지속시켜 나갔으며, 1978년 8월 새로운 국가안전보장법의 개정을 통해 사면법(Lei da Anistia)을 제정하여 1964년 군사혁명 당시 체포된 정치범을 포함한 다수의 망명인사를 복권시키고, 1979년에는 정부여당인 민족혁신동맹(ARENA)을 사회민주당(PDS; Partido Democrático Socialista)으로 그리고 이것은 다시 브라질 민주운동당(PMDB; Partido do Movimento Democrático Brasileiro)으로 개편함과 동시에 양당주의를 종식하고 노동자당(PT; Partido dos Trabalhadores)과 노동민주당(PDT; Partido Democrático Trabalhista)의 창설을 허용하여 다당 체제로 전환하였다. 또한 1982년에는 주지사 선거가 국민들의 직접선거 방식으로 전환되기도 하였다. 그러나 군부 내의 강경파는 정부의 이러한 온건 정책에 불만을 품고 반정부 언론 및 사회단체에 대한 탄압행위를 계속하였는데 수십 명의 사상자를 낸 1981년 히우 지 자네이루 컨벤션 센터에서 발생한 대규모 폭발 사건도 군부의 강경파들에 의해 주도된 것으로 알려지고 있다.

한편 피게이레두 대통령 재임기간 중 전 세계의 경제위기는 제 2차 석유파동으로 인하여 가속화되었으며 브라질 또한 역사상 최악의 경제위기에 직면하기 시작하였다. 그의 재임기간 중 인플레는 43%에서 무려 229.7%로 급상승하고 또한 국내부채도 5천억 끄루제이루에서 90조 3천억 끄루제이루로 증가하였으며 외채도 1천억 달러에 이르러 1982년 11월에는 IMF와의 외채협상 건의를 수용할 수밖에 없었다. 이때 델핑 네뚜(Delfim Netto) 재무장관에 의한 비정상적인 경제위기 해결방안과 조치들은 경제위기와 환율위기를 더욱 부채질하여 1983년에는 국민총생산이 2.5%나 하락하는 결과를 낳고 말았다.

사실 1964년 군사혁명으로 시작된 군부의 통치는 초창기에 정치적 문제를 신속하게 해결한 후 민간정부에 정권을 이양할 것으로 예상되었다. 그러나 군부 내의 갈등, 기술 관료의 증대와 경제안정화 정책을 통한 국제자본과의 연계로 지배연합 세력이 형성됨으로써 관료적 권위주의 체제의 지속성이 강조되었다. 그러나 엄청난 외채와 치솟는 인플레, 침체되어 가는 경제상황에 따른 구조적 경제위기의 지속은 군부에 대한 국민들의 불신을 더욱 가중시켰다. 게다가 다당제로의 전환과 노조의 세력 확대 등으로 야당의 정치적 기반은 더욱 확대되어 군부 독재의 종식을 주장하는 목소리는 날로 높아만 가고 있었다.

결국 1984년, 야당과 예술가, 축구선수 그리고 수천 명의 군중이 참여하여 전국적으로 대통령 직선제를 요구하는 시위(일명 'Diretas-já' (디레따스-자); '지금 바로 직접선거를 실시하자'는 의미)를 비롯하여 크고 작은 시위가 연일 발생하게 되었으며, 이는 그해에 대통령 직접선거를 제안하는 단떼 지 올리베이라(Dante de Oliveira)의 헌법 수정안 가결에 호의적일 것으로 보였으나 하원에 의해 부결되어 성과를 얻지는 못하였다. 그러나 1985년 1월 선거인단을 통한 간접 선거에 의해 야당인 PMDB와 자유전선(Frente Liberal)이 연합한 민주동맹(Aliança Democrática)의 후보로 나선 민간인 땅끄레두 네비스(Tancredo

〈Diretas-já를 위한 시위〉

Neves)가 군부의 후보로 나선 PSD당의 빠울루 말루피(Paulo Maluf)후보를 이기고 승리하여 21년간의 군사독재는 그 막을 내리고 브라질 민주화의 새로운 국면을 맞이하게 되었다. 그러나 땅끄레두 네비스 대통령 당선자는 취임 직전 병으로 사망하여(1985년 4월 21일) 부통령으로 당선된 주제 싸르네이(José Sarney)가 대통령직에 취임함으로써 브라질은 다시 민주화로 복귀하게 되었다.

제20장 현대의 브라질(1985-현재)

1985년 1월, 비록 선거인단의 간접선거 방식이긴 하였지만 민간 정치인인 땅끄레두 네비스(Tancredo Neves)가 대통령에 당선됨으로써 브라질은 군사 독재의 시대를 마감하고 재민주화의 시대를 개막하였다. 이 시대는 브라질 역사에서 군사독재 종식 후의 '새로운 공화국'(Nova República)의 시대로 불리고 있지만, 1945-1964년의 '신공화국'(República Nova)과 구별하기 위해 일반적으로 '현대의 브라질'(Brasil Contemporâneo) 또는 '**재민주화**'(Redemocratização) 시대라고 부르고 있다.

재민주화 시대의 첫 번째 대통령 당선자인 땅끄레두 네비스는 그러나 취임 전 심장병으로 갑자기 사망함으로써 부통령 당선자인 주제 싸르네이가 승계하여 신임 대통령에 취임하게 되었는데 그는 1985년 5월에 군사독재 시대의 잔재들을 청산하는 헌법 수정안을 제출하여 의회의 통과를 얻었으며, 그의 재임 기간 중 1988년에는 민주주의 체제와 대통령중심제의 공화국을 제도화하는 신헌법을 공표하여 1993년 4월 21일의 국민투표를 통하여 헌법이 공식 선포되었다.

Ⅰ. 주제 싸르네이 정부

〈주제 싸르네이〉

1964년 군사혁명 이후 당선된 첫 번째 민간인 대통령 당선자 땅끄레두 네비스가 병으로 취임하지 못하자 1985년 3월 15일 임시로 대통령을 대행한 주제 싸르네이(José Sarney) 부통령은 땅끄레두 네비스가 사망한 4월 21일에야 공식적으로 대통령(1985. 4.21－1990.3.15)에 취임하였다. 그는 5월 8일, 군사시대의 잔재를 청산하고자 의회가 통과시킨 헌법 수정안을 6월 28일 재가하였는데 여기에는 1, 2차의 대통령 직접 선거 실시(1차 투표에서 유권자 과반수 이상의 득표자가 없을 경우 상위 득표자 두 후보에 대한 2차 투표 실시)와 문맹자들에 대한 투표권 인정, 그리고 공산당의 활동 금지를 포함하는 조치 내용이 들어 있었다. 그는 또한 1987년 2월에 소집된 의회에서 신헌법 제정을 논의하여 1988년 10월에 확정, 공표하여 본격적인 민주화의 터전을 마련하였다.

그러나 주제 싸르네이 대통령은 지난 군사정권으로부터 물려받은 고인플레 때문에 3개월 단위의 임금 재조정, 실질 임금 협상, 주 40시간 노동 등을 주장하는 근로자들의 파업이 1985년 한해에만 400－500여건에 달하는 등 사르네이 정부는 끊임없는 파업의 혼란과 경제위기 속에 빠져들었다. 이에 당시 재무 장관이었던 딜손 푸나루(Dilson

Funaro)가 1986년 2월 28일 '**끄루자두 계획**'(Plano Cruzado)이라는 초강경, 반인플레 또는 경제안정화계획을 발표하게 되었다. 그 주요 내용은, 첫째, 기존의 끄루제이루(Cruzeiro; Cr$) 화폐를 끄루자두(Cruzado; Cr$)로 바꾸면서 1,000 : 1 단위로 화폐 개혁을 단행하였으며, 둘째, 1986년 2월을 기준으로 1년간 임금 및 물가를 동결하고, 셋째, 국영 기업의 민영화와 넷째, 정부의 재정 지원 20% 감축 등이 포함되어 있었다.

하지만 이 계획은 인위적인 물가와 임금 통제였기 때문에 초기에는 국민들의 높은 지지를 얻었으나 그해 하반기에 접어들면서 점차 문제점들이 표출되었다. 1986년 11월, 주지사 선거 직후 싸르네이 정부는, 대폭적인 공공요금 인상, 인플레 억제, 빈부 격차 해소, 만성적인 실업 해소를 주요 목표로 하는 '**제 2의 끄루자두 계획**'(Plano Cruzado II)을 발표하지만 성공을 거두지 못하고 경제는 더욱 혼란에 빠져들었다. 그 후 인플레는 천정부지로 오르고 경제 상황은 악화일로로 치닫게 되자 사르네이 정부는 1987년 1월 20일 모라토리움을 선언하고 외채의 지불을 중지하는 조치를 단행하게 되었다.

그리고 1987년 6월에는, 90일간의 물가 동결과 임금 연동제 등을 주요 골자로 하는 일명 '**브레쎄르 계획**'(Plano Bresser, 당시 교체, 임명된 브레쎄르 뻬레이라(Bresser Pereira) 재무장관의 이름에서 따옴)을 발표하였지만 인플레가 진정되지 않아 1988년 1월 재무장관을 마일손 다 노브레가(Maílson da Nóbrega)로 교체되기도 하였다. 이어 싸르네이 대통령은 1989년 1월 15일, '**하계경제계획**'(Plano de Verão)을 발표, 끄루자두에서 끄루자두 노부(Cruzado Novo; Crz$)로의 화폐를 변경하고 더불어 기존 화폐와의 1,000 : 1 평가 절하 그리고 일일 물가 임금지수를

OTN 사용을 골자로 하는 정책을 취하였지만 여전히 물가는 천정부지로 뛰어 오르고 실직과 실질 임금의 하락은 계속되었고 이로 인해 사르네이의 집권 기간 중에는 총 10,000여건의 크고 작은 파업이 발생하였다.

II. 페르난두 꼴로르 지 멜루 정부

〈꼴로르 지 멜루〉

1989년 11월의 브라질 대통령선거에서는 모두 22명의 후보들이 난립하였으나 2차 투표에서 알라고아스 주지사였던 국가재건당(PRN; Partido da Reconstrução Nacional))의 페르난두 꼴로르 데 멜루(Fernando Collor de Mello) 후보가 노동자당(PT)의 후보 루이스 이나씨우 룰라 다 씰바(Luiz Inácio Lula da Silva) 후보를 누르고 군부정권 이래 최초로 국민의 직접선거로 대통령으로 당선되었다. 그의 소속 정당은 우익 진보주의를 표방하며 당시의 대통령 선거를 위하여 급조되어 후보인 꼴로르 지 멜루는 전국적인 인물이 아니었음에도 불구하고 젊고 역동적인 이미지의 지도력을 보여주며(당선 당시 그의 나이는 41세였다) 브라질이 처한 고율의 인플레 퇴치와 경제 회복, 그리고 부정부패 추방이라는 공격적인 선거 유세 덕택과, 그리고 룰라 후보의 당선으로 브라질이 노동자들에게만 유리한 좌경 정부가 될지도 모른다는 우려를 지닌 기업인과 우파의 지원으로 대통령에 당선되었다.

꼴로르 지 멜루 대통령(1990.3.15－1992.12.29)은 취임하자마자 인플레 퇴치와 브라질 경제 재건을 위해 여성재무장관 젤리아 까르도주 데 멜루(Zélia Cardoso de Melo)로 하여금 국내시장 개방과 공기업의 민영화를 목표로 일명 '**꼴로르 플랜**'(Plano Collor 혹은 '신 브라질 계획' ; Plano Brasil)을 발표하였으며 그 주요 내용은, 기존 화폐인 끄루자두 노부를 끄루제이루(Cruzeiro; Cr$)로 바꾸면서 1,000 : 1로 평가 절하하는 화폐 개혁을 단행하고 18개월간 개인의 은행 구좌의 인출을 중단하며 국영 기업체들을 민영화하는 것 등이었다. 이와 함께 점진적인 관세 인하와 더불어 컴퓨터 산업을 포함, 국내 시장을 개방하며 정부의 각종 재정 지원금을 대폭 삭감하는 것을 골자로 하고 있었다. '꼴로르 플랜'은 브라질 역사상 전대미문의 초강력 반인플레 정책으로 알려지고 있지만 시간이 흐르면서 인플레가 다시 고개를 들기 시작하였고 급기야 1991년 1월에 이 계획의 보완을 이유로 '제 2차 꼴로르 플랜'을 발표하기에 이르렀지만 이 경제계획도 실효를 거두지 못한 채 표류하였었다.

꼴로르 대통령은 그러나 1992년 12월 자신의 친동생인 뻬드루 꼴로르지 멜루가 언론을 통해 고발한 이른바 '**PC 사건**'(꼴로르의 선거 자금 담당 참모였던 빠울루 쎄자르 파리아스(Paulo César Farias)의 이름을 딴 것)이라는 독직 사건에 연루됐음이 밝혀져 의회에서 탄핵을 당해 대통령직에서 물러나고 당시 부통령이었던 이따마르 프랑꾸(Itamar Franco)가 잔여 임기를 채우게 되었다. 대통령에서 사임한 꼴로르는 상원에서 향후 10년간의 정치활동 금지라는 결정을 받아 미국의 마이애미로 거처를 옮겼지만 2006년 의원 선거에 출마하여 상원위원에 당선되어 2007년부터 임기를 시작, 오늘에 이르고 있다.

한편 이따마르 프랑꾸 대통령(1992.10.2－1995.1.1)은 그해 10월 2일

임시로 대통령 직무대행을 수행하였지만 꼴로르 대통령이 공식 사임한 12월 29일에 대통령으로 취임하였다. 그의 집권 첫해에 누적 인플레는 1100% 그리고 그 이듬해인 1993년에는 연간 누적 인플레가 무려 6000%에 이르는 등 브라질의 경제 위기는 심각한 지경에 이르러 재무장관이 수차례 경질되면서 경제안정을 위해 모든 노력을 경주하였다.

〈이따마르 프랑꾸〉

이를 위해 재무장관에 임명된 **페르난두 엥리끼 까르도주**(Fernando Henrique Cardoso, 일명 FHC로 불림)는 1994년 3월, 화폐의 '실질 가치 단위'(URV; Unidade Real de Valor)도입과 더불어 대 달러 연동제를 운영하고 그해 7월 1일부로 기존의 화폐를 헤알(Real; R$)로 개명하면서 대 달러화 환율을 1:1로 하는 화폐 개혁을 주 골자로 하는 일명 **'헤알 계획'**(Plano Real)을 단행하였다. '헤알 계획'을 통해 이따마르 프랑꾸 정부는 상대적인 헤알화의 강세에도 불구하고 월 1－3%의 낮은 물가 인상률을 기록하면서 치솟던 고 인플레를 잡는데 성공하였다. 이로서 FHC는 자신이 재무장관으로서 실행한 '헤알 계획'을 통해 국민의 신임을 받는데 성공, 1994년 10월 대통령선거에서 차기 대통령으로 당선되었다.

한편 이따마르 프랑꾸 대통령은 1993년 4월, 1988년 헌법에 명시된 브라질 정부체제 선택에 관한 국민투표를 실시하였는데 70%의 투표율 가운데 66%가 공화국을 선택한 반면 10%만이 군주제를 선택하여 브라질의 정치체제는 공화국으로 확정되었으며. 이와 함께 대통령 중심제는 55%의 지지율로(의원내각제는 25%) 대통령 중심제가 그대로 유지되게 되었다.

III. 페르난두 엥리끼 까르도주 정부

〈엥리끼 까르도주〉

1994년 10월 실시된 대통령 선거 1차 투표에서 브라질 민주사회당(PSDB; Partido Socialista Democrático Brasileiro)의 페르난두 엥리끼 까르도주(Fernando Henrique Cardoso) 후보는 유효투표의 54.3%를 획득, 가장 강력한 경쟁 후보로 27%의 지지를 얻은 노동자당(PT) 룰라 다 씰바 후보보다 2배 이상의 득표를 함으로써 결선투표 없이 차기 대통령(1995.1.1－1999.1.1)으로 당선되었다. 그에 대한 이러한 압도적 인지지율은 무엇보다도 까르도주가 전임 프랑꾸 정부의 재무장관으로 '**헤알 계획**'을 주도하여 브라질의 고질적인 인플레를 비롯한 경제적 불안정을 어느 정도 해소하는데 성공하였기 때문이었다. 특히 경제적 안정과 발전, 그리고 사회경제적 불평등의 완화를 기대하는 브라질 국민의 다수의 선택이었다. 그는 재임 4년 동안 그러한 기대를 저버리지 않았고 브라질 국민들은 헌법 개정과 재선으로 보답하였다.

까르도주 대통령은 취임 후 기본적으로 워싱턴 컨센서스가 권고하는 신자유주의적 경제정책을 추진하였다. 그 내용으로는 첫째, 비관세장벽을 철폐하고 1998년에는 관세를 15.6%까지 인하하여 국내시장을 개방하였다. 이는 외국 상품의 유통을 원활히 하여 결과적으로 국내 기업의 경쟁력을 높이고 물가도 안정시키려는 정책이었다. 그리고 상품시장 뿐만 아니라 자본시장도 적극적으로 개방하였다. 이를 위해 외국의 자본을 유치하여 환율을 안정시키고 투자도 증대시키기 위하여 광산이나 석유, 가스 개발과 같은 국내 주요 산업 부문에 외국자본의 국내 투자를 허용하는 헌법 개정을 단행하기도 하였다. 둘째, 공기업의 민영화는 꼴로르 전 정부에서 시작하였으나 1996년 까르도주 정부에서 보다 적극적으로 추진되어 특히 광산, 통신, 전력, 도로, 철도 등 국가 기간산업 부문에서 민영화가 추진되었는데 까르도주 대통령은 이러한 민영화를 통하여 공기업의 효율성을 높이고 정부의 재정적자도 해결하려고 하였다. 셋째, 교육, 보건, 노동 그리고 빈곤 등 사회복지 부문의 정부예산을 감축하였는데 이는 궁극적으로 국민생활에 대한 국가의 개입 역할이나 기능을 축소하려는 목적에서 비롯되었다.

이와 같은 경제개혁 정책과 함께 그가 전임정부 하에서 재무장관으로 주도한 '헤알 계획'이 결과적으로 그의 첫 번째 대통령 재임기간 동안에 가시적인 성과가 나타나기 시작하였다. 특히 인플레는 1994년 1093.9%에서 까르도주 대통령 취임 첫 해인 1995년에 14.8%, 그리고 첫 번째 까르도주 정부의 마지막 해인 1998년에는 1.7%까지 급격하게 하락하였다. 그 외의 거시 경제적 측면에서는 일반적으로 성과는 다소 부정적이거나 미미하였는데 경제성장과 무역수지, 정부재정, 실업 그리고 소득불평등 등이 다소 악화된 반면에 생산성 대비 실질임금은 다소 향상되었을 뿐이다. 그러나 이러한 경제적 성과도 아시아(1997)와 러시아(1998)의 경제위기가 초래한 외환위기로 퇴색하고 말았다.

까르도주 대통령은 특히 경제개혁 정책과 관련하여 비상법령 선포권을 통하여 독선적인 리더십을 행사하였는데 경제개혁을 추진하는 과정에서 전임 대통령들보다도 **비상법령 선포권**을 적극적으로 그리고 빈번하게 행사하였다. 전임 대통령인 꼴로르와 프랑꾸는 과거 5년 동안 비상법령권을 803회 발동한 반면, 까르도주는 첫 번째 재임 5년 동안(1995－1999년) 무려 3,223회를 사용하였다. 까로도주 대통령의 비상법령은 의회에서 한 번도 부결된 적이 없으며 의회가 투표한 대통령 비상법령의 1/3만이 수정되었을 뿐이다. 이러한 까르도주 대통령의

'포고령 정치'(Decreto Político)에도 불구하고 경제안정화에 어느 정도 성공한 까르도주 대통령은 1997년 헌법 개정을 통하여 연임에 성공하였다.

까르도주 대통령은 1998년의 대통령 선거에서도 1994년과 거의 유사하게 1차 투표에서 53.1%의 지지를 받아 결선투표 없이 재선되었다. 까르도주 대통령의 2기 정부(1999.1.1－2003.1.1)에서도 제한적인 변동환율제 채택, 은퇴 공무원의 사회보장기금 의무적 가입, 증세, 재정책임법 제정 등을 실시하였으며 이외에도 무역, 외국자본, 민영화, 재정규제, 사회보장, 사회복지 등의 분야에서 다양한 개혁정책이 실시되었다. 까르도주 대통령은 경제개혁을 추진함에 있어서 1기 정부 때와 마찬가지로 의회를 통한 입법과정보다는 독단적인 대통령 비상법령 선포권에 빈번하게 의존하였다. 이 상황에서 의회는 대통령을 견제하기 위하여 대통령 비상법령의 효력을 60일로 제한하고 재선포를 방지하는 법률 개정안을 2000년 12월 의결하였으나 2001년 9월에는 다소 완화하여 1회에 한하여 재 선포할 수 있도록 허용하였다.

한편 2002년 10월 실시된 차기 대통령 선거에서는 까르도주 대통령 하에서 야당인 PT의 룰라 다 씰바 후보가 오랜 와신상담 끝에 여당인 PSDB의 주제 쎄하 후보를 누르고 대통령에 당선, 노동자 출신의 첫 번째 좌파 대통령이라는 새로운 기록을 브라질 역사에 남기게 되었다.

Ⅳ. 루이스 이나씨우 룰라 다 씰바 정부

〈룰라 다 씰바〉

2002년 10월 실시된 브라질 대선에서는 '3전 4기' 끝에 브라질 노동운동의 대부였던 브라질 노동자당(PT)의 루이스 이나씨우 룰라 다 씰바(Luiz Inácio Lula da Silva) 후보가 대통령에 당선되었다. 1차 선거에서 47%를 차지, 23%의 득표를 기록한 여당인 브라질 사회민주당(PSDB)의 주제 쎄하(José Serra)후보를 누른 룰라후보는 이어 치러진 2차 결선투표에서 이미지 변신과 중산층 공략의 주효로 61.27%를 얻어 제 38대 브라질 대통령(2003.1.1－2007.1.1)에 당선되었다.

구두닦이 소년에서 노동운동의 대부로 성장해 브라질 헌정사상 첫 좌파 대통령에 오르기까지 그의 인생 역정은 한편의 잘 짜인 인생 대역전 드라마였다. 브라질 북동부 오지의 가난한 집안에서 8남매의 일곱째로 태어난 룰라는 어린 시절 더 인간적인 삶을 찾아 가족을 따라 싸웅 빠울루로 이주해 초등교육을 겨우 마친 뒤 열다섯 살 때 선반공으로서 노동자의 삶을 시작하였다. 60년대 군사정권 아래서 노조운동을 시작한 그는, 국경을 초월한 자본의 노동착취와 매판적 군사정권이 근본적으로 노동자의 인간다운 삶과 양립할 수 없다는 것을 절감하였다. 마르크스주의와 해방신학은 그에게 세상을 보는 눈을 뜨게 했으며 노동자당 창당(1980년)을 앞서 이끈 것은 당연한 것이었다. 1986년 연방하원의원 당선, 1989년 대선출마 등의 경력은 강한 신념과 솔직한 성품, 대화와 타협을 중시하는 그의 평소 인간 철학 등에 힘입은 바 컸다.

대통령 당선 직후 그는 '세계인구의 절반은 배고픔을 겪고 있는 반면, 나머지 절반은 다이어트를 하고 있다'면서 '**포미(fome, 굶주림)제로 프로젝트**'를 시작하였다. 하지만 그가 해야 할 일은 브라질의 경제성장과 경제정의 실현, 정치개혁, 부패와의 전쟁, 소외계층 포용, 자주적 대외정책 등 한 두 가지가 아니었다.

룰라의 대통령 당선은 우선 오랫동안 집권을 꿈꾼 브라질 좌파가 헌정사상 처음으로 대통령을 배출했다는 점에서 가장 큰 의미가 있었다. 좌파들은 룰라의 당선을 신자유주의 경제정책에 대한 민중의 거부로 해석하기도 하였다. 실제로 저성장과 실업률 증가, 극심한 빈부격차를 초래한 전임 페르난두 엥리끼 까르도주 정부의 경제정책에 대한 실패가 룰라 당선의 주요한 토양이었다.

그의 당선은 일부 정치 선동가들의 나눠 먹기식 정치와 우파정치에만 길들여져 있던 브라질에서 노동자당이 지방행정 경험에 기초한 대중적 신뢰를 기반으로 집권에 성공했다는 점에서 나름의 정치 문화적 혁신을 이뤘다는 해석을 낳고 있다. 또한 그의 당선은 또 정치지형에서도 변화를 초래해 우파에 길들여져 온 브라질 정치구도를 좌파 중심의 중도좌파 연정 등으로 바꾸면서 남미 대륙에 좌파 바람을 일으키는 요소로도 작용하였다.

한편 룰라 대통령은 취임 후 먼저 15%에 이르는 고 실업률과 침체된 경제를 회생시켜야 할 절체절명의 과제를 안고 있었으며 또한 자신에 대해 여전히 불안한 시선을 감추지 않는 시장의 신뢰를 얻기 위해 IMF 차관공여 조건 준수, 당선 직후 되도록 빨리 경제팀 발표 등 반발을 누그러뜨릴 수 있는 공약을 잇달아 내놓았었다. 그는 또한 경제안정을 위해 전임정부 경제정책의 기조 아래 긴축재정과 수출촉진,

고용확대 정책을 추진해 경제성장률과 내외국인의 투자를 회복시킴으로써 일단 경제안정에 주력하고자 하였다.

취임이후 재선에 성공하기 까지 룰라 행정부가 추진해온 주요 개혁의 내용은 고강도의 긴축정책을 중심으로 세제개혁과 연금개혁 그리고 농지개혁에 집중되어 왔다. 이를 뒷받침하기 위해 능력위주의 인사배치와 빈곤층에 대한 지원정책 그리고 특히 경제부문에 있어서 원칙과 실용주의 노선을 추구하여 내수위주의 정책에서 탈피, 수출주도와 개방경제로 전환하는 실용주의적－시장친화적 통상정책을 추구하였다. 그 결과 1999년 IMF 구제금융 지원과 함께 2002년 10월 2,436포인트 급상승한 국가위험도가 2003년 말에는 468포인트로 급강하였으며, 2003년의 무역수지 역시 전년에 비해 두 배에 달하는 248억 달러의 흑자를 기록하였다.

또한 대외정책에 있어서도 실용주의 노선을 추구함으로써 국제무대에서 자국의 영향력을 극대화하여 왔는데 그 한 예로 2003년의 WTO 각료회의에서는 **G-22 결성**을 주도함으로써 선진국에 맞서 개도국들의 입장을 대변하는 수장의 역할을 하였고, 이어 아프리카와 중동지방을 순방하여 개도국들 간의 협력강화를 모색하기도 하였다.

이러한 그의 대내외 정치활동의 결과로 2006년 10월 29일의 대통령선거에서 룰라 대통령은 2차의 결선투표까지 가는 상황에서 경쟁자인 제랄두 알끼민(Geraldo Alckmin) 전 싸웅 빠울루 주지사를 누르고 61%에 가까운 득표율로 승리, 재선에 성공하였다. 두 후보 모두 스스로를 '중도 좌파'라고 규정한 가운데 치러진 이 선거에서 룰라는 노동계급과 빈민층으로부터 압도적인 지지를 받았고, 알끼민은 친 재계 인사로 부각되면서 결선투표에서 참패하였다.

결선투표를 위한 유세에서 룰라는 자신의 집권 4년 동안 브라질 역사상 최초로 빈곤 감소가 이뤄졌으며, 알끼민이 당선된다면 무자비한 비용 삭감을 통해 복지 제도의 근간을 무너뜨릴 것이고 브라질에 그나마 남아 있는 나머지 국영기업들을 민영화할 것이라고 주장하면서 민심을 잡았다. 이 선거에서 역사적으로 경제양극화, 폭력범죄, 교육불평등, 의료비 문제에 시달려온 브라질 국민은 우파의 처방책이 아닌 좌파의 처방책을 선택한 것으로 보이며, 룰라 정부의 사회민주주의 정책에 손을 들어준 것으로 풀이되었다.

브라질 국민으로부터 4년간의 임기 연장을 보장받은 룰라 대통령(2007.1.1－현재)은 국내적으로 정치, 경제, 사회 각 분야에 대한 강력한 개혁 작업을 주도하는 한편 대외적으로는 중남미 최대국가로서 유엔 안보리 상임이사국 진출, WTO 협상, 남남(南南) 협력, 중남미 통합 등에 더욱 주력하고 있다. 그러나 신흥 경제대국을 상징하는 '**브릭스**'(BRICs) 국가이면서도 저 성장세를 벗어나지 못하는 현 상황을 타개할 뚜렷한 방안이 떠오르지 않는 점은 룰라 대통령에게 상당한 고심거리가 될 전망이다. 또 대선 과정에서 확인된 것처럼 지역적으로 지지율에 큰 차이를 보이고 있고, 지난 4년간의 노력에도 불구하고 빈부격차

가 여전히 심각한 문제가 되고 있다는 점은 2기 정부에 사회갈등 해소라는 무거운 과제를 던져주고 있다.

룰라 대통령은 2기 정부 정책의 초점을 성장률 제고에 맞출 것이라고 밝히고 있다. 같은 '**브릭스**' 국가인 중국과 인도에는 미치지 못하지만 최소한 5%대의 성장을 지속할 수 있도록 하겠다는 뜻을 여러 차례 강조해 왔었다. 그러나 미국 달러화 가치 하락에 따라 수출 감소가 예상되는 상황에서 이러한 의지가 현실 경제에 얼마나 반영될 수 있을지는 미지수이다. 다행히 아직까지는 농산물과 광물자원을 중심으로 수출 증가가 계속되면서 지난 해 무역수지 흑자 규모가 440억 달러에 달할 것이라는 전망이 그나마 위안이 되고 있다.

브라질 재계는 정부지출 축소와 연기금 재원 활용을 통해 항만, 철도, 에너지 등 인프라 부문에 대한 투자를 확대하는 방식으로 빠른 시일 안에 성장 동력을 구축할 것을 촉구하고 있다. 이에 대해 룰라 대통령은 2008년부터 2022년 사이 안정적인 소득 재분배를 수반하는 연평균 6%의 성장률을 목표로 한 장기 성장전략계획을 발표했으나, 재계는 '연간 6%의 성장으로도 중국을 따라잡기 어렵다'면서 분배보다는 성장을 앞세운 정책을 강력하게 요구하고 있다.

빈부격차 해소 문제는 2기 정부에도 여전히 가장 중요한 현안으로 남아있다. 룰라 대통령은 집권 이후 '기아 제로'와 '저소득층 가족 생계수당 지급' 등 사회구호정책으로 빈곤층을 줄이는데 주력해 왔다. 또 최저임금을 지속적으로 인상하면서 서민과 노동자 계층으로부터 상당한 호응을 얻어왔다. 그러나 상위 10% 계층이 전체 국민소득의 절반을 차지하는 현재의 상황에서는 빈곤 및 기아 해소에 뚜렷한 성과를 기대하기는 어려운 실정이다. 최근 한 연구소의 조사 결과 최저 생계비(월 55달러) 이하 빈곤층이 4천260만 명에 달한다는 것은 이러한 현실을 잘 반영하고 있다. 이외에도 실업문제 또한 심각한 상황으로 룰라 정부는 대도시 서비스 업종의 고용 규모 확대와 함께 현재 역점 사업으로 추진하고 있는 바이오 에너지 생산 확대를 통해 농촌 지역의 고용창출과 소득증대를 추진하고 있으나 어느 정도나 성과로 나타날지는 알 수 없다.

| 참고문헌

ABREU, J. Capistrano de, *O Descobrimento do Brasil*, São Paulo, Civilização Brasileira, 1976.

ALENCAR, Francisco et alii, *História da Sociedade Brasileira*, Rio de Janeiro, Livro Técnico, 1996.

ALENCAR, Geraldo de, *Brasil e seu Futuro*, São Paulo, Makron Books, 1996.

BELLO, José M., *A History of Modern Brazil*, 1889–1964, Stanford, Stanford Univ. Press, 1966.

BETHELL, Leslie, *Brazil: empire and republic*, 1822–1930, Cambridge, Cambridge University Press, 1989.

_______, *Colonial Brazil*, Cambridge, Cambridge University Press, 1987.

_______, ed., *The Cambridge History of Latin America*, Cambridge, Cambridge Univ. Press, 1987.

_______, *The Independence of Latin America*, Cambridge, Cambridge Univ. Press, 1987.

BONAVIDES, Paulo e AMARAL, Roberto, *Textos Políticos da História do Brasil*, 9 volumes, DF, Senado Federal, 2002.

BOSI, Alfredo (org.), *Cultura Brasileira: Temas e Situações*, São Paulo, Ática, 1987.

BUENO, Eduardo (org.), *História do Brasil*, São Paulo, Publifolha, 1997.

_______, *Uma História–A Incrível Saga de um País*, São Paulo, Ática,

2003.

CALDEIRA, Jorge (org.), *Viagem pela História do Brasil*, São Paulo, Companhia das Letras, 1997.

COSTA, Clovis Correa da, *A História do Futuro do Brasil*, São Paulo, Saraiva, 2007.

COUTO, Jorge. *A Construção do Brasil*, Lisboa, Cosmos, 1995.

DONATO, Hernâni, *Dicionário das Batalhas Brasileiras*, São Paulo, Editora Ibrasa, 1987.

FAUSTO, Boris, *História Concisa do Brasil*, São Paulo, Edusp, 2001.

______________, *História Geral da Civilização Brasileira*, São Paulo, Difel, Tomo III, Vol.10, 1983.

FAUSTO, Carlos, *História do Brasil*, São Paulo, Edusp, 1994.

HOLANDA, Sérgio Buarque de, *Raízes do Brasil, Rio de Janeiro*, José Olympio, 1969.

JÚNIOR, Caio Prado, *Formação do Brasil Contemporâneo*, São Paulo, Brasiliense, 1963.

___________________, *História Econômica do Brasil*, São Paulo, Brasiliense, 1997.

KLEIN, Herbert S., *A Escravidão Africana, América Latina e Caribe*, São Paulo, Brasiliense, 1987.

LINHARES. Aria Yedda(org.), *História Geral do Brasil, Rio de Janeiro*, Campus, 1988.

MAIOR, A. Souto, *História do Brasil: Para o Curso Colégio e Vestibulares*, São Paulo, Companhia Editora Nacional, 1969.

LOPEZ, Adriana e MOTA, Carlos Guilherme, *História do Brasil－Uma Interpretação*, Senac, São Paulo, 1997.

MACE, Eduardo & RIBEIRO, Marco Aurélio de Sá, *História do Brasil*, Rio de Janeiro, ATR, 1995.

MACEDO, Joaquim Manuel de, *Lições da História do Brasil*, Livraria

Garnier, Rio de Janeiro.

MAIOR, Armando Souto, *História do Brasil*, São Paulo, Campanhia Editora Nacional, 1976.

MARQUES, João Martins, *Descobrimentos Portugueses—Documentos para a sua História*, Lisboa, I.A.C., 1994.

MONTEIRO, H. de Mattos, *Brasil Império*, São Paulo, Ática, 1986.

PILAGALLO, Oscar, *A História do Brasil no Século 20—1900 a 1920*, Publifolha, 2002.

_______________, *A História do Brasil no Século 20—1940 a 1960*, Publifolha, 2002.

_______________, *A História do Brasil no Século 20—1960 a 1980*, Publifolha, 2002.

_______________, A História do Brasil no Século 20—1980 a 2000, Publifolha, 2002.

PITA, Sebastião da Rocha, *História da América Portuguesa*, Belo Horizonte, Livraria Itatiaia Editora, 1976.

RIBEIRO, Darcy, *O Povo Brasileiro—A Formação e o Sentido do Brasil*, São Paulo, Companhia das Letras, 1995/1996.

RODRIGUES, José Honório, *Teoria da História do Brasil*, Coleção Brasiliana, volume 11, Companhia Editora Nacional, 1978.

_______________________, *História da História do Brasil*, Coleção Brasiliana, volume 21, Companhia Editora Nacional, 1979.

_______________________, *A Pesquisa Histórica no Brasil*, Coleção Brasiliana, Companhia Editora Nacional, 1978.

ROLLEMBERG, Denise, *Que história é essa?*, Rio de Janeiro, Relume-Dumará, 1994.

SKIDMORE, Thomas E., et als., *Modern Latin America*, N.Y., Oxford Univ. Press, 1984.

TEIXEIRA, Francisco & DANTES, José, *História do Brasil da Colonia*

República, São Paulo, Editora Moderna, 1984.
강석영외, "스페인 · 포르투갈史", 서울, 대한교과서주식회사, 1990.
권문술, 민만식, "전환기의 라틴아메리카", 서울, 탐구당, 1985.
민만식외, "중남미사", 서울, 민음사, 1994.
이광윤외, "포르투갈, 브라질 역사문화기행", 부산, 부산외대 출판부, 2008.

| 부 록

【브라질 역사 연대기】

1500년 1월 22일	스페인 항해가 비쎈떼 야네즈 삔존(Yañez Pinzón), 브라질 북동부 해안 지역에 도착.
4월 22일	포르투갈의 뻬드루 알바리스 까브랄(Pedro Álvares Cabral), 브라질 북동부 해안지역에 도착(공식 발견일)
1501년	아메리꾸 베스푸치오(Américo Vespúcio)를 대장으로 한 브라질 탐험대의 활동시작
1530-1533년	마르띵 아퐁쑤 지 쏘우자(Martim Afonso de Souza)의 탐험활동
1532년	싸웅 비쎈찌(São Vicente) 마을 건설 및 브라질에서 공식적으로 사탕수수 경작 시작
1534년	세습봉토제(Capitanias Hereditárias) 실시
1548년	예수회 소속의 마누엘 다 노브레가(Manuel da Nobrega) 신부 브라질 도착 및 첫 번째 아프리카 노예 브라질 도착
1549년	쌀바도르(Salvador)시 건설
1621년	네덜란드 동인도회사 설치
1624-1625년	네덜란드의 첫 번째 브라질 침략
1630-1654년	네덜란드의 두 번째 브라질 침략
1640년	스페인 지배로부터 포르투갈 독립

1680년	싸끄라멘뚜(Sacramento) 식민지 건설
1684년	마란냐웅 주에서의 베끼망 폭동(Revolta dos Beckman)
1693년	미나스 제라이스 주에서 최초로 금 발견
1708년	미나스 제라이스 주에서의 엠보아바스 전쟁(Guerra dos Emboabas)
1750년	스페인과 포르투갈 간의 마드리드 조약(Tratado de Madrid)
1759년	세습봉토제의 종식
1763년	식민지 수도를 히우 지 자네이루(Rio de Janeiro)로 이전
1789년	미네이라 사람의 불충 사건(Inconfidência Mineira) 발생
1808년	포르투갈 왕정의 브라질 이전 및 브라질 항구 개방
1815년	포르투갈 부왕령으로 브라질 승격
1821년	포르투갈 왕정의 포르투갈 귀환
1822년 1월 9일	"머무름의 선언일"(Dia do Fico)
9월 7일	브라질 독립 선포
10월 12일	동 뻬드루 1세(D. Pedro I)의 브라질 황제 등극
1828년	씨스쁠라띠나 전쟁(Guerra da Cisplatina) 발발
1831년	동 뻬드루 1세의 왕위 양도
1840년	동 뻬드루 2세의 등극
1865–1870년	빠라과이 전쟁
1870년	공화주의 선언
1888년 5월 13일	브라질에서 노예제도 종식을 위한 아우레아법(Lei Áurea) 서명 및 발효
1889년 11월 15일	공화국 선포
1891년	첫 번째 공화국 헌법 공표

1894년		첫 번째 민간인 대통령 쁘루덴찌 지 모라이스(Prudente de Morais) 당선
1930년		제뚤리우 바르가스(Getúlio Vargas)의 10월 혁명 발생 및 대통령 취임
1942년		브라질, 제 2차 세계대전 개입
1946년		제뚤리우 바르가스 사임 후 가스빠르 두뜨라(Gaspar Dutra) 취임
1950년		제뚤리우 바르가스의 대통령 당선
1954년		제뚤리우 바르가스의 자살 및 부통령 까페 필류(Café Filho)의 대통령직 승계
1955년		주셀리누 꾸비체끄(Juscelino Kubitschek) 대통령 당선
1960년		신수도 브라질리아 건설
1961년	1월	자니우 꽈드루스(Jânio Quadros) 대통령 취임
	8월	자니우 꽈드루스 사임 및 주엉 굴라르(João Goulart) 부통령 대통령직 승계
1964년	3월 31일	군부 쿠데타 발발 및 까스뗄루 브랑꾸(Castello Branco) 장군 대통령 취임
1967년		6번째 브라질 헌법 의회 통과, 아르뚜르 꼬스따 이 씰바(Artur da Costa e Silva) 장군 대통령 취임 및 의회 해산
1969년		에밀리우 메디치(Emílio Médici) 장군 대통령 취임
1974년		에르네스뜨 가이젤(Ernesto Geisel) 장군 대통령 취임
1979년		주엉 피게이레두(João Figueiredo) 장군 대통령 취임
1980년		브라질 노동자당 창당
1985년	1월 15일	땅끄레두 네베스(Tancredo Neves) 대통령 후보 당선
	4월 21일	땅끄레두 네베스 대통령 당선자의 사망

4월 22일 부통령 후보인 주제 싸르네이(José Sarney)의 대통령직 승계

1986년 3월 1일 끄루자두 경제 계획(Plano Cruzado) 발표 및 신화폐 끄루자두(Cz$) 통용

1988년 신헌법 공표

1989년 페르난두 꼴로르 지 멜루(Fernando Collor de Mello) 대통령 당선

1992년 페르난두 꼴로르 지 멜루 대통령 탄핵 후 사임, 부통령 이따마르 프랑꾸(Itamar Franco) 대통령직 승계

1994년 페르난두 엥리께 까르도주(Fernando Henrique Cardoso) 재무장관에 의해 헤알 경제 계획(Plano Real) 발표

1995년 페르난두 엥리께 까르도주 대통령 당선

1999년 페르난두 엥리께 까르도주 대통령 재선

2003년 루이스 이나씨우 룰라 다 씰바(Luiz Inácio Lula da Silva) 대통령 당선

2006년 루이스 이나씨우 룰라 다 씰바 대통령 재선

【브라질 역대 대통령】

제1대 : 데오도르 다 폰쎄까(Deodoro da Fonseca, 1889. 11. 15－1891 . 11. 23)

제2대 : 플로리아누 뻬이쇼뚜(Floriano Peixoto, 1891. 11. 23－1894. 11. 15)

제3대 : 쁘루덴찌 지 모라이스(Prudente de Morais, 1894. 11. 15－1898. 11. 15)

제4대 : 깜뿌스 쌀레스(Campos Sales, 1898. 11. 15－1902. 11. 15)

제5대 : 호드리게스 알비스(Rodrigues Alves, 1902. 11. 15－1906. 11. 15)

제6대 : 아퐁쑤 뻬나(Afonso Pena, 1906. 11. 15－1909. 6. 14)

제7대 : 닐루 뻬쌍냐(Nilo Peçanha, 1909. 6. 14－1910. 11. 15)
제8대 : 에르메스 다 폰쎄까(Hermes da Fonseca, 1910. 11. 15－1914. 11. 15)
제9대 : 벤세슬라우 브라스(Venceslau Brás, 1914. 11. 15－1918. 11. 15)
제10대 : 델핑 모레이라(Delfim Moreira, 1918. 11. 15－1919. 7. 28)
제11대 : 에삐따씨우 뻬쏘아(Epitácio Pessoa, 1919. 7. 28－1922. 11. 15)
제12대 : 아르뚜르 베르나르데스(Artur Bernardes, 1922. 11. 15－1926. 11. 15)
제13대 : 와싱똔 루이스(Washington Luís, 1926. 11. 15－1930. 11. 24)
제14대 : 제뚤리우 바르가스(Getúlio Vargas, 1930. 11. 3－1945. 10. 29)
제15대 : 주제 링냐리스(José Linhares, 1945. 10. 29－1946. 1. 31)
제16대 : 가스빠르 두뜨라(Gaspar Dutra, 1946. 1. 31－1951. 1. 31)
제17대 : 제뚤리우 바르가스(Getúlio Vargas, 1951. 1. 31－1954. 8. 24)
제18대 : 까페 필류(Café Filho, 1954. 8. 24－1955. 11. 9)
제19대 : 까를로스 루즈(Carlos Luz, 1955. 11. 9－1955. 11. 11)
제20대 : 네레우 하무스(Nereu Ramos, 1955. 11. 11－1956. 1. 31)
제21대 : 주셀리누 꾸비체끄(Juscelino Kubitschek, 1956. 1. 31－1961. 1. 31)
제22대 : 자니우 꽈드루스(Jânio Quadros, 1961. 1. 31－1961. 8. 25)
제23대 : 하니에리 마찔리(Ranieri Mazzilli, 1961. 8. 25－1961. 7. 10)
제24대 : 주엉 굴라르(João Goulart, 1961. 10. 7－1964. 3. 31)
제25대 : 하니에리 마찔리(Ranieri Mazzilli, 1964. 3. 31－)
제26대 : 까스뗄루 브랑꾸(Castelo Branco, 1964－1967)
제27대 : 꼬스따 이 씰바(Costa e Silva, 1967－1969)
제28대 : 에밀리우 메디치(Emilio Medici, 1969－1974)
제29대 : 에르네스뜨 가이젤(Ernesto Geisel, 1974－1979)
제30대 : 주엉 피게이레두(João Figueiredo, 1979－1985)
제31대 : 주제 싸르네이(José Sarney, 1985－1990)
제32대 : 페르난두 꼴로르(Fernando Collor, 1990－1992)

제33대 : 이따마르 프랑꾸(Itamar Franco, 1992－1995)

제34대 : 페르난두 엥리께 까르도주(Fernando Henrique Cardoso, 1995－2003)

제35대 : 루이스 이나씨우 룰라 다 씰바(Luiz Inácio Lula da Silva, 2003－현재)